PINAR ATALAY

Schwimmen muss man selbst

Wie ich als Arbeiterkind den Weg ins
deutsche Fernsehen fand

Für meine Eltern

Inhalt

Für dieses Buch geführte Interviews

Prolog

Als ich ein Kind war, schien alles sehr einfach. Meine Welt bestand aus dem Dorf, in dem ich lebte. Etwa 4000 Einwohner, ziemlich viele Hügel, ziemlich viel Grün, ziemlich wenig los. Es gab eine kleine Grundschule, die alle Kinder des Ortes besuchten. Ich hatte es nicht weit dorthin, über einen Pattweg machte ich mich tagtäglich mit meinem Ranzen auf den Weg zu Frau Küster, meiner klein gewachsenen, weißhaarigen Klassenlehrerin, von der noch die Rede sein wird. Lief ich den Hügel an der Grundschule weiter, kam ich in die kleine Einkaufsstraße – Flecken genannt –, offizieller Mittelpunkt für die umliegenden noch kleineren Dörfer, immerhin. Im Flecken reihten sich kleine Bäckereien an einen örtlichen Fleischer und einen vollgepfropften Schreibwarenladen, in dem ich am liebsten Stunden verbracht hätte. Doch meist war schon nach fünf Minuten das wenige Geld in meinem Glitzerbeutelchen verplant.

Auf dem Weg nach Hause kam ich fast täglich an dem verhältnismäßig großen Friedhof vorbei, der uns Kindern oft als Abkürzung zum Reitstall diente und bei Dunkelheit das Gruseln lehrte. Fuhr ich mit dem Rad noch ein Stückchen weiter, war das Dorf schon wieder zu Ende. Extertal-Bösingfeld – auf Wiedersehen.

Wir lebten in einem trostlos schwarz geklinkerten Sozialbau auf zweieinhalb Zimmern, Küche, Bad und einem Balkon, der immerhin auf eine grüne Wiese blicken ließ. Wir, das waren meine Mutter, mein Vater, meine Schwester und ich. Der Rest der Familie war in der fernen Türkei, Oma, Opa, Tante, Onkel, Cousinen und Cousins. Wir waren es gewohnt, im Viererpack zu leben. Nach der Schule trennte ich Hosensäume auf, um meiner Mutter in ihrer Schneiderei zu helfen. Nachmittags freute ich mich auf meinen Vater, der mit seinen verstaubten Tischler-Hosen von der Schicht nach Hause kam.

Ich hatte eine glückliche Kindheit, die wunderbare lippische Natur bot Raum für alle erdenklichen Spiele an der frischen Luft, und irgendeines der Nachbarskinder saß immer in der Sandkiste und wartete auf Unterstützung beim Burgenbauen. Meine Eltern taten alles, um mir diese schöne Kindheit zu ermöglichen und mich einfach Kind sein zu lassen. Doch je älter ich wurde, desto komplizierter wurde es. Als Teenager wurde mir nach und nach immer mehr bewusst: Irgendetwas ist anders als bei meinen Freundinnen und Freunden. Es war nicht nur der Name, den sonst keiner trug, nicht die dunklen Augen und das tiefbraune Haar, das zwischen all meinen meist hellhaarigen Freundinnen und Freunden herausstach. Nicht die andere Sprache, in der wir uns zu Hause unterhielten, oder die Tausende Kilometer entfernt lebende Verwandtschaft, die ich einmal im Jahr sah. Nein: Die Eltern meiner Freundinnen und Freunde waren Lehrerinnen und Lehrer, Geschäftsführer oder Ärzte. Sie gingen regelmäßig ins Theater, hatten ein Klavier in ihrem Wohnzimmer stehen, hörten mit ihrer Großmutter bei Nachmittagskaffee und Bienenstich Beethovens Neunte und spielten mit dem

Onkel Canasta. An Weihnachten feierten sie mit der ganzen Familie unterm dicht behangenen Christbaum samt Festbraten, Rotwein und Geschenken. Und wenn sie in den Urlaub fuhren, brachten sie Souvenirs aus Mallorca mit oder eine magnetische Freiheitsstatue aus New York für den Kühlschrank. Sie segelten durch Schwedens Schärengärten und genossen frisch gebackene Croissants in Paris. Waren sie zu Hause, wohnten meine Freundinnen und Freunde mit ihrer Familie meist in einem ganzen Haus für sich. Wie oft stand ich vor den hell erleuchteten Einfamilienhäusern und wunderte mich, dass tatsächlich nur eine einzige Familie dort lebte, auf zwei oder sogar mehr Stockwerken. EIN-Familienhaus! Ich kannte nur Plattenbau.

Wenn ich die Eltern meiner Freundinnen und Freunde gefragt hätte, was ihre Kinder später mal nach der Schule machen sollten, hätten sie geantwortet: studieren. So wie sie es selbst getan hatten. In Berlin, in München, in London oder Madrid. Für mich hätte sich das angehört, als zögen sie auf den Mond. Ich hatte es nur mit viel Überredungskunst von der Grundschule auf das Gymnasium geschafft. Nicht weil ich in der Schule schlechter gewesen wäre als die anderen. Aber ich war nun mal das türkische Mädchen, das Arbeiterkind aus einer bildungsfernen Familie. Und dem traute man in den 80er-Jahren noch weniger zu als heute. Mein Weg in der deutschen Gesellschaft schien vorgezeichnet: höchstens Realschule, danach eine Lehre. Vielleicht auch in der Schneiderei, wie meine Mutter, oder beim Friseur, wie eines der anderen türkischstämmigen Mädchen aus der Nachbarschaft? Die Vorstellungskraft der alteingesessenen Bevölkerung und auch der Politik, was die Kinder der sogenannten Gastarbeiterinnen und Gastarbeiter in Deutschland erreichen könnten, war nicht besonders ausgeprägt. Schließlich würden sie ja ohnehin bald wieder zurückkehren in das Land, aus dem ihre Eltern kamen.

Das war die Idee hinter dem System: Die Italiener, Türken, Portugiesen sollten die Arbeit bewältigen, solange sie anfiel. Fiel keine mehr an, sollten sie Deutschland wieder verlassen. Dem damaligen Bundeskanzler Helmut Kohl schwebte offenbar eine konkrete Idee vor: Man sollte die Türken möglichst wieder loswerden. In den sogenannten Thatcher-Protokollen, die von Gesprächen des Altkanzlers mit der damaligen britischen Premierministerin zeugen, heißt es: »Kanzler Kohl sagte, (…) über die nächsten vier Jahre werde es notwendig sein, die Zahl der Türken um 50 Prozent zu reduzieren – aber er könne dies noch nicht öffentlich sagen.« Weiter soll er laut Protokoll geäußert haben: »Deutschland habe kein Problem mit den Portugiesen, den Italienern, selbst den Südostasiaten, weil diese Gemeinschaften sich gut integrierten. Aber die Türken kämen aus einer sehr andersartigen Kultur.«

Insgesamt war der damalige gesellschaftliche Konsens in der Bundesrepublik: »Die Türken sind Gastarbeiter und müssen heim«, wie es der Freiburger Historiker Ulrich Herbert ausdrückt. In diesem gesellschaftlichen Klima wäre es also nur normal gewesen, hätte ich einen Job an der Supermarktkasse angenommen und wäre dann schnellstmöglich mit meinen Eltern in die Türkei gezogen, auf Nimmerwiedersehen. Doch es kam anders.

Ich werde immer wieder gefragt, wie ich es »geschafft« habe. Was bei mir anders war als bei anderen mit ähnlichen Voraussetzungen. Wie aus dem Arbeiterkind mit türkischen Wurzeln, aufgewachsen in einem Dorf im Kreis Lippe, die bundesweit bekannte Journalistin und Moderatorin wurde, die ihre Zuschauer und Zuschauerinnen zur besten Sendezeit im deutschen Fernsehen begrüßt. Die den Bundespräsidenten trifft, für ein Interview mit dem türkischen Ministerpräsidenten mal eben in die Türkei fliegt. Gesundheitsminister Jens Spahn zur Corona-Krise interviewt und Kanzlerin Angela Merkel zur Jugend von heute. Die einen Politik-Talk moderiert und ein Kanzler-Innen-Triell. Deren Vater, ein treuer Nachrichtengucker, es manchmal immer noch nicht glauben kann, dass sein Nachname im deutschen Fernsehen auftaucht. Dem Fernsehen, mit dem er, wie viele andere Migranten auch, einst die deutsche Sprache gelernt hat.

Wie kann der Aufstieg gelingen für Menschen, die eine andere soziale Herkunft haben? Die nicht zum Bildungsbürgertum gehören und denen von außen betrachtet keine aussichtsreichen Chancen in die Wiege gelegt wurden. Deren Eltern zumal nicht im deutschen System groß geworden sind, die hiesige Sprache erst erlernen mussten und ebenso die kulturellen Gepflogenheiten. Eltern, die anfangs im Hinterkopf hatten, ohnehin irgendwann wieder in die Heimat zurückzukehren. Was wir übrigens 1986 auch taten. Ich war gerade acht Jahre alt, als wir mit Sack und Pack nach Istanbul zogen. Dieses einschneidende Erlebnis ist ein Kapitel für sich, von dem ich später erzählen will.

Wie gelingt es, den vermeintlich vorgezeichneten Weg zu verlassen, zum Aufsteiger zu werden und sein soziales Umfeld zu verändern?

Es ist nicht der eine Punkt, der die Wende bringt. Nicht der eine Mensch, der einem hilft. Nicht der eine Schritt, den man selber geht. Nicht die eine gesellschaftliche Veränderung, die entscheidend ist. Es ist eine multikausale

Erzählung. Eine Erzählung, die individuell betrachtet werden sollte, die aber gleichzeitig ohne bestimmte äußere Faktoren nicht auskommt. Es ist eine Erzählung, über die ich mir vor allem nach meinem Start bei den tagesthemen viele Gedanken gemacht habe. Wurde ich doch ab diesem Moment zur bundesweit bekannten »Moderatorin mit Migrationshintergrund«, im Winter 2013/2014, als ich bereits seit fast 15 Jahren als Journalistin und Moderatorin arbeitete. Die Wochenzeitung *Die Zeit* titelte damals: »Sie sprechen aber gut Deutsch« – ein merkwürdiger Satz, von dem ich der Autorin erzählt hatte, weil ich ihn immer wieder in meinem Leben zu hören bekam. Die Schlagzeile bei *Spiegel Online* lautete: »Türken haben immer noch ein Gastarbeiter-Image.« Auch eines meiner Zitate, allerdings ebenso eines von vielen anderen, die ich in dem Interview geäußert hatte. Aber dieses schaffte es in die Headline. Fast kein Interview, kein Zeitungsbericht wurde verfasst ohne den Hinweis auf meine türkische Herkunft, meinen sogenannten Migrationshintergrund. Von außen betrachtet, schien dieser Punkt der wichtigste zu sein, wenn es um die Moderation der tagesthemen ging.

Mich hat das in dieser Massivität überrascht. Schließlich war ich in Deutschland geboren, hatte den deutschen Pass und arbeitete schon seit einer gefühlten Ewigkeit für Rundfunk und Fernsehen. Ich habe mich immer als natürlichen Teil der Gesellschaft gesehen. Nie aus einer Opferperspektive auf die Welt geblickt. Und nie aus der Sicht einer Minderheit. Trotzdem konnte ich den Impuls der Kolleginnen und Kollegen verstehen, denn es war ungewöhnlich, dass eine Frau wie ich es zu einer der bekanntesten Nachrichtenmoderatorinnen des Landes brachte. Ich war nicht für ein einflussreiches Leben bestimmt, wie andere in diesen Positionen vielleicht eher. Es war ungewöhnlich, dass eine türkischstämmige Frau vollkommen selbstverständlich die Nachrichten präsentiert, Nachrichten, die alle etwas angehen, Primetime, kein leichtes Format, das irgendwo im Nachmittagsprogramm läuft. Es fiel also auf. Ich fiel auf. Und so bewegte ich mich damals zwischen Freude und Hader. Freude, weil ich diesen besonderen Job machen würde, in einem tollen Team. Ich würde eine der wichtigsten Nachrichtensendungen im deutschen Fernsehen moderieren. Eine Kollegin schrieb mir damals eine Mail mit den Worten »Das ist ja wie ein Sechser im Lotto«. Das beschreibt es eigentlich ganz gut. Ich war glücklich und demütig ob der Aufgabe. Aber es war da eben auch Hader, weil mich diese neue, besondere Rolle mit Fragen und Klischees konfrontierte, die ich bislang in dieser Intensität nicht gespürt hatte.

Ich beschäftige mich seit Jahren mit der Frage, welche Rolle Herkunft spielt und welche Rolle sie dagegen nicht spielen sollte. Und vor allem mit der Frage, was Herkunft eigentlich impliziert. Geht es um die ethnische Herkunft, Nationalität, darum, wo die Eltern oder man selbst geboren wurde? Geht es um die soziale Herkunft, also darum, welchen Bildungsgrad die Eltern und Verwandten haben, welchen man selbst hat und wie viel Geld der Familie zur Verfügung steht? Wie spielt beides zusammen?

Schon in der Überlegung zum Titel dieses Buches spiegelt sich mein »Hader und Freude« wider. Oder eher in der Überlegung zum Untertitel: »Wie ich als Arbeiterkind den Weg ins deutsche Fernsehen fand« – sollte da noch das »türkische« hinzukommen? Aber es stand für mich persönlich doch nicht dauerhaft im Vordergrund. Ging es mir nicht viel mehr um das Arbeiterkind, das aus einem bildungsfernen Haushalt kommt? Ließ sich meine Situation dagegen ohne das »türkische« genügend beschreiben, und welchen Blick lenkt der Begriff »Arbeiterkind« auf mich, eine Frau Anfang vierzig, die schon lange mit beiden Beinen im Leben steht?

Dieses Buch ist eine Auseinandersetzung mit all diesen Fragen, die sich viele Menschen stellen. Solche, die selbst betroffen sind, ob nun als »Migrantenkinder« oder »Arbeiterkinder« oder, wie in meinem Fall, als »türkischstämmiges Arbeiterkind«. Aber auch als Deutsche, die im Osten Deutschlands groß geworden sind, vor der Wende. Die also auch aus einem anderen System »dazukamen«, oft schwierige Startbedingungen hatten und noch heute manches Mal ein Außenseitergefühl spüren. Und solche, die sich der gesellschaftlichen Debatte stellen, die diese Thematik mit sich bringt.

Ich halte die Frage nach Herkunft und danach, was sie bedeutet, welche Konsequenzen sie hat, für eine der wichtigsten Fragen unserer Zeit und unserer Zukunft. Entscheidet sie doch über das Zusammenleben in diesem Land, über seinen Erfolg und seine gesellschaftlichen Perspektiven. Und auch über ein friedvolles Zusammenleben.

Diese multikausale Erzählung, sie ist meine persönliche, aber auch eine gesellschaftliche, und sie ist offen für den Diskurs. Ich habe für dieses Buch viele Gespräche geführt. Mit Menschen, die mich in meinem Leben begleitet und gefördert haben, wie meine ehemalige Reitlehrerin oder mein Jahrgangsstufenleiter am Gymnasium. Es war spannend, sie so viele Jahre später als Erwachsene zu treffen und ihre Sicht auf mich und die Dinge zu erfahren. Ich sprach auch mit dem NDR-Chefredakteur, ohne dessen Hilfe ich wohl kaum den Sprung nach oben geschafft hätte. Mit jenen, die selbst BildungsaufsteigerInnen sind, wie die »First Lady«, Elke Büdenbender. Sie hat als Erste in ihrer Familie studiert und arbeitete sich hoch von der Auszubildenden in einem Maschinenbaubetrieb zur Verwaltungsrichterin. Als Ehefrau des Bundespräsidenten Frank-Walter Steinmeier setzt sie sie sich heute für junge Menschen ein, damit diese ihren Weg gehen können. Beeindruckt hat mich auch die junge Autorin Deniz Ohde, Tochter eines Türken und einer Deutschen, aufgewachsen in einer Arbeiterfamilie in Frankfurt am Main. In ihrem zum Teil autobiografischen Debütroman beschreibt sie die Unterschiede der Klassengesellschaft, was Herkunft, das Milieu, aus dem sie stammt, bedeuten. Der CDU-Vorsitzende und nordrhein-westfälische Ministerpräsident Armin Laschet kann eine Schlüsselrolle spielen, wenn es um mehr Chancengerechtigkeit geht, möglicherweise ist er zum Zeitpunkt der Veröffentlichung meines Buches Bundeskanzler – die Chance besteht, heute im Sommer 2021. Der Sohn eines Bergarbeiters bekennt sich in unserem Gespräch zu Deutschland als Einwanderungsland und hätte seinen Bildungsweg ohne Hilfe kaum geschafft, wie er selbst sagt. Die Schauspielerin Sibel Kekilli, die ich gut kenne, hat einen kometenhaften Start hingelegt, als sie mit der Hauptrolle in »Gegen die Wand« über Nacht berühmt wurde. Sie hatte es schwer als Kind und muss jetzt noch gegen Klischees kämpfen. Ist heute aber eine starke Frau, die ein selbstbestimmtes Leben führt. Die Ministerpräsidentin von Mecklenburg-Vorpommern und SPD-Politikerin Manuela Schwesig, aufgewachsen in einem kleinen Ort in der damaligen DDR, wurde oft unterschätzt, nach dem Motto: jung, blond, ostdeutsch. Was sie aber noch stärker gemacht hat. Der Regisseur Andreas Dresen, ebenso geboren und aufgewachsen in Ostdeutschland, sieht auch das kapitalistische System als Hinderungsgrund für Chancengerechtigkeit und sieht die Chancen Ost- und Westdeutscher noch immer ungleich verteilt. Sehr aufschlussreich und beeindruckend war auch mein Gespräch mit der Grünen-Politikerin Aminata Touré, Kind malinesischer Flüchtlinge und Vizepräsidentin des Schleswig-Holsteinischen Landtags. Sie muss sich immer wieder rechtfertigen und fragt sich manchmal, ob sie mit ihrer Geschichte richtig ist unter all den weißen, älteren Politikern.

Meine Gesprächspartnerinnen und -partner hatten alle mit Barrieren zu kämpfen, mit handfesten und solchen in den Köpfen anderer. Sie alle haben den Aufstieg geschafft, obwohl sie aus einem Umfeld kommen, das ihnen das Leben nicht leichter gemacht hat. Sie alle erzählen mir ihre persönliche Geschichte, erzählen von Vorurteilen und Schwierigkeiten. Aber auch von ihren Gedanken, ihrer Selbstwahrnehmung, davon, ob sie sich überhaupt als Aufsteiger oder Aufsteigerin sehen, als jemanden, der es »geschafft« hat. Sie alle haben die Hürden überwunden und verraten, wer oder was sie unterstützt hat auf ihrem Weg. Sie gehen mit mir in die Analyse, suchen nach Gründen für Ungerechtigkeiten und Ungleichheiten. Und sie sind teils selbst in der Verantwortung, dagegen anzugehen.

Ich will nicht nur zurückschauen, sondern wissen, wie es vor allem junge Menschen künftig leichter haben können, trotz ihrer sogenannten Klassenzugehörigkeit. Ich habe darüber nachgedacht, ob es richtig ist, nur mit denen zu sprechen, die es »geschafft« haben. Die heute ein mehr oder weniger privilegiertes Leben führen und bekannt sind. Und ich bin zu dem Schluss gekommen, dass es diese Geschichten sind, die Mut machen können, die zeigen, was

wichtig sein kann, welche Lebensmomente und Unter-
stützer eine Rolle spielen. Es sind Geschichten mitten aus
dem Leben, die etwas verändern können, und die will ich,
zusammen mit meiner eigenen, erzählen.

Eine Bestandsaufnahme vorab

Blickt man sich in den Redaktionen der großen deutschen Fernsehsender und Zeitungshäuser um, ist ein Name wie Pinar Atalay immer noch mehr Ausnahme als Regel. Auch wenn Menschen mit »anderen« Hintergründen in den vergangenen Jahren präsenter geworden sind und auch in wichtigen und prominenten Positionen arbeiten. Mittlerweile werden ihre Namen sogar richtig ausgesprochen. Ja, die Ös und Üs und diese in der deutschen Sprache ungewohnten Ğs und Şs (wie bei Uğur Şahin) tauchen auf, aber in der Mehrheitsgesellschaft geht das oft unter, denn es sind prozentual gesehen viel zu wenige – repräsentativ ist das nicht. Ein Bericht der Neuen Deutschen Medienmacher, der sich mit Diversität in den Medien befasst, zeigt: Vor allem Chefredaktionen sind geschlossene Gesellschaften. Gerade mal sechs Prozent der Chefredakteurinnen und Chefredakteure haben einen sogenannten Migrationshintergrund. Und unter diesen wenigen ist keine Einzige und kein Einziger, der aus einer der größeren Einwanderungsgruppen stammt. Also türkischstämmig ist, russische Eltern hat oder polnische. Es sind Chefinnen und Chefs, deren einer Elternteil aus den deutschen Nachbarländern kommt oder aus einem anderen EU-Land. Verwunderlich, nach mehr als sechs Jahrzehnten Arbeitsmigration und vier Jahrzehnten Fluchtmigration, so das Fazit der Neuen Deutschen Medienmacher.

Dabei ist es nicht so, dass die Redaktionen keine Menschen mit anderen Hintergründen haben wollen. Fragt man die Verantwortlichen, liegt es oft an der mangelnden Qualifikation der Bewerber. Doch so einfach lässt es sich nicht erklären. Denn hört man die jungen Leute, die potenziellen Journalistinnen und Journalisten, dann sind es viele verschiedene Gründe, die sie davon abhalten, in den Journalismus zu gehen.

Der WDR versucht mit einem eigenen Projekt, »WDR grenzenlos«, mehr junge Frauen und Männer aus unterschiedlichen sozialen Schichten und mit Migrationsgeschichte in den Sender zu holen. Bei einer Moderation des Grenzenlos-Alumni-Tages in Köln durfte ich viele der Teilnehmer und Teilnehmerinnen kennenlernen. Sie alle einte, dass sie nicht den klassischen Lebenslauf vorlegen konnten. Entweder waren sie erst wenige Jahre in Deutschland, oder sie hatten nicht die finanziellen Mittel für eine journalistische Ausbildung, oft kam beides zusammen. Manche hatten bereits erste Erfahrungen gemacht, andere entdeckten die Medien neu für sich. Im Gespräch erzählten mir einige der jungen Leute, dass sie sich nicht getraut hatten, sich »normal« zu bewerben. Die Chance, dass jemand sich für sie interessieren würde, mit ihrem Lebenslauf, schätzten sie als gering ein. Und so ließen sie es eben. Auch im Elternhaus spürten sie nicht immer Rückhalt: Journalismus? Lässt sich damit die Miete zahlen und eine Familie gründen? Muss man dafür nicht studiert haben wie die »weißen« Kinder aus den wohlhabenderen Stadtteilen? Ist das überhaupt ein erstrebenswerter Beruf? Denn Journalistinnen und Journalisten in anderen Ländern haben oft ein schlechtes Image.

Die Skepsis ist immer wieder groß, der Druck, Geld zu verdienen ebenso, da scheint ein übliches Handwerk oder ein Beruf wie Ingenieur/Ingenieurin die sicherere Variante zu sein. Manche der Teilnehmerinnen und Teilnehmer waren bereits vor zehn Jahren bei dem Programm dabei gewesen und hatten mittlerweile als Reporterinnen und Reporter, Moderatorinnen und Moderatoren oder Redakteurinnen und Redakteure Fuß gefasst. Andere überwanden im aktuellen Programm die Grenzen der Medienwelt.

Aber taten sie das wirklich? Ich war erstaunt, wie kontrovers sie das Projekt und auch ihren Sender, der ihnen immerhin eine Chance gab, sahen. Zwar waren alle dankbar, dass der WDR ein solches Programm anbot. Aber der ein oder andere war frustriert, weil es nach dem Projektjahr oft nicht wie gewünscht weiterging. Viele fanden sich, wenn überhaupt, als freie Mitarbeiterinnen und Mitarbeiter in Redaktionen wieder, die sich um »Migrationsthemen« kümmern. Dabei würden viele der jungen Leute lieber beim hippen Radio arbeiten oder in einem Fernseh-Regionalstudio. Der WDR-Leitung muss man zugutehalten, dass sie die Kritik ernst nimmt und sich der Diskussion und den Sorgen stellt.

Wie wichtig es ist, dass Menschen mit verschiedenen Migrationsgeschichten und unterschiedlichem sozialen Status in den Medien sichtbar und hörbar sind, zeigt sich immer wieder in Studien. Fragt man nach, ob sich Türkischstämmige, Arbeiterkinder oder Ostdeutsche in den Medien grundsätzlich wiederfinden, wird das meist mit »Nein« beantwortet. Dabei brauchen gerade junge Leute Menschen, mit denen sie sich identifizieren können. Deren Lebenswege ihren eigenen nahe sind, die ihnen auch äußerlich ähnlich sehen und ihnen Mut machen, dass auch sie einen entsprechenden Weg einschlagen können. Die ihnen zeigen, dass sie Teil dieser Gesellschaft sind. Moderatorinnen wie Palina Rojinski oder Nazan Eckes in der Unterhaltung oder eben eine Pinar Atalay in der Information zeigen ihnen, dass ihre eigenen, vermeintlich schwer auszusprechenden Namen in Deutschland genauso dazugehören wie Laura oder Lukas. Die Möglichkeit der Identifikation gibt ihnen Selbstbewusstsein und lindert das Gefühl der Ausgrenzung, das viele empfinden. Und sie motiviert, sie zeigt Perspektiven auf, die andere sind als jene des direkten Umfeldes.

In den Redaktionen und auf dem Fernsehbildschirm wird die Gesellschaft, wie sie ist, nicht ausreichend abgebildet. Es ist noch zu selten, dass Menschen mit türkischen Wurzeln oder Schwarze oder jemand, dessen Eltern aus Asien kommen, in den Medien ganz natürlich auftauchen. Nicht nur als Macher, auch als Protagonisten. Ob in einem Fernsehfilm, in der Werbung, in einem Beitrag in der Zeitung, in einem Nachrichtenbericht im TV. Menschen mit Migrationsgeschichte kommen kaum zu Wort. Auf Initiative der Bremischen Landesmedienanstalt haben sich Medienhäuser wie ARD und ZDF sowie die Mediengruppe RTL im Februar 2020 zusammengetan und das Bündnis »Medien für Vielfalt« gegründet. Eine Art Bekenntnis, dass sich etwas ändern muss, und ich denke: Lieber spät als nie. Denn es läuft seit vielen Jahrzehnten etwas schief, in den meisten Bereichen. Blickt man beispielsweise auf deutsche Polit-Talkshows, hat sich vor allem in der Corona-Krise gezeigt, dass an der Diversität noch gearbeitet werden muss. Es ging nicht um die Flüchtlingskrise, die die Talks lange Zeit beschäftigt hatte und in der vielleicht die ein oder andere Person of Color mehr befragt wurde. Es ging um eine Pandemie und eine Berichterstattung, wie ich sie bislang nicht erlebt hatte. Wir alle im Nachrichtenbereich berichten noch immer nonstop über die Pandemie und die Folgen der Corona-Krise, zu Recht. Das ganze Land, ja die ganze Welt ist davon betroffen, und so geht es auch jeden etwas an, wenn Intensivbetten knapp werden, Finanzpakete geschnürt werden oder Kitas und Schulen dicht bleiben. Auch für mich war und ist diese Situation außergewöhnlich. Ich berichte als News-Anchor über die Katastrophen dieser Welt, derer es so viele gibt. Dieses Mal sind ausnahmslos alle betroffen. Auch ich selbst, meine Familie, meine Kolleginnen und Kollegen.

Die, die in den Talkshows zu Wort kommen, stammen meist aus der sogenannten Mehrheitsgesellschaft. Der andere Großteil der Bevölkerung ist kaum sicht- und hörbar. People of Color sitzen nur selten in den Runden. Ein Beispiel, das bundesweit für Kritik gesorgt hat, war die WDR-Sendung »Die letzte Instanz«, in der ausschließlich »weiße« Frauen und Männer aus der sogenannten Mehrheitsgesellschaft darüber redeten, was rassistisch sei und was nicht. Ob man das Z-Wort, das Sinti*zze und Rom*nja verletzt, seit Jahrzehnten, verwenden könne. Der Tenor war: »Die« sollen sich mal nicht so anstellen. Kein von Rassismus Betroffener war dabei, keiner kam zu Wort. Der WDR und auch Teilnehmende dieser fragwürdigen Sendung haben sich entschuldigt. Möge sie als Beispiel in die Geschichte eingehen, wie man es nicht machen sollte.

Das Medienmagazin *Übermedien* hat im Juli 2020 eine sehr aufschlussreiche Analyse veröffentlicht: Im ersten Halbjahr 2020 waren in den öffentlich-rechtlichen Talkshows, also »Anne Will«, »Hart aber Fair«, »Maischberger«

und »Maybrit Illner«, gerade mal 8,1 Prozent der Gäste PoC. Wenn es ausschließlich um das Thema Corona ging, waren es sogar nur 4,6 Prozent.

Nun kann man sagen, es gibt nicht so viele potenzielle Gäste mit Migrationsgeschichte, die eingeladen werden könnten. Die Redaktionen versuchen es, aber entweder sie finden keine geeigneten Gesprächspartner, oder die Angesprochenen sagen ab. Wenn es darum geht, die Frauenquote zu steigern, hört man diese Argumente auch häufig. Und aus eigener Erfahrung weiß ich – ich habe vier Jahre lang die Phoenix Runde moderiert –, dass es tatsächlich nicht immer einfach ist. Und dass sich geschätzte Kolleginnen wie Anne Will oder Sandra Maischberger damit auseinandersetzen und auf möglichst diverse Rundenbesetzung achten. Aber ich weiß auch, dass es umfassenderer Änderungen bedarf, zu viel hängt daran. Die Erklärung, wir versuchen es, aber es klappt nicht, reicht nicht aus. Denn in den Talks sitzen häufig Schauspielerinnen und Schauspieler oder fachfremde Journalistinnen und Journalisten, so das Fazit von *Übermedien*. Da ließe sich durchaus auch »anders« einladen. Es sind sicher eingespielte Einladungsprozesse, die hier greifen. Expertinnen- und Experten-, Politikerinnen- und Politikerlisten, die man über die Jahre aufgebaut hat. Oft muss es schnell gehen, viele Faktoren spielen bei der Besetzung einer Talkrunde eine Rolle. In den meisten Redaktionen nimmt das Bewusstsein zu, die Umsetzung wird nur wohl noch etwas dauern.

Für diejenige oder denjenigen, der vor dem Fernseher sitzt und Sendungen wie »Hart aber Fair« oder »Anne Will« schaut, heißt das: Sie oder er fühlt sich weniger repräsentiert. Das passiert sicher oft eher unterbewusst. Das Thema betrifft einen ja nun mal ebenso wie den Nachbarn, die

Gäste sind spannend, die Sendung ist interessant. Und doch sind es meist die »weißen« alteingesessenen deutschen, eher männlichen, eher gut situierten Gäste, die einem die Welt erklären. Die Akademiker und Akademikerinnen. Und so ist deren Ansehen in der Gesellschaft auch größer, sie sind präsenter, haben mehr zu sagen.

Wenn Frauen und Männer, die einen anderen Hintergrund haben und nicht zu den »Weißen« oder den »Gebildeten« gezählt werden, weniger zu Wort kommen, werden sie auch weniger ernst genommen, ihnen fehlt im Wortsinne eine Stimme. Es gibt viele Menschen, deren Eltern aus dem Iran, aus Russland, der Türkei oder Pakistan kommen und die auf wichtigen Posten sitzen. Die Ärzte sind, Ingenieurinnen, Vorstandsvorsitzende, Sportlerinnen und Sportler, Künstler, ich kann die Liste noch beliebig fortführen. Die andere Qualitäten haben, als ausschließlich über Migrationsthemen zu sprechen oder die Probleme der Integration. Die ebenso in dieser Gesellschaft leben und sie mitgestalten wollen, in allen Bereichen.

Doch sie kommen eben seltener zu Wort. Meist wird über sie gesprochen, nicht mit ihnen. Blickt man über die eine Sendungsform des Polittalks hinaus auf die gesamte Medienlandschaft, zeigt sich dieses Bild: In nur 12,3 Prozent der TV- und Zeitungsberichte über Eingewanderte werden die Betroffenen im O-Ton zitiert. Zu dem Ergebnis kommt Thomas Hestermann von der Hochschule Macromedia in einer Expertise für den *Mediendienst*. Für die Studie wurden die acht reichweitenstärksten Fernsehsender und die auflagenstärksten überregionalen Tageszeitungen untersucht. Mehr als 25 Prozent der untersuchten Berichte über Menschen mit Einwanderungsgeschichte handeln von Gewalttaten. Und es geht meist um die Risiken der Einwanderung, nicht um die Chancen. Dazu wird den Menschen oft ein bestimmtes Klischee angehaftet, dass nicht immer passend ist. Gerade junge Leute identifizieren sich mit Fernsehfiguren. In meinem Gespräch mit der Autorin Deniz Ohde offenbarte sie mir, wie sehr sie sich gefreut habe, als Sibel Kekilli auf dem Bildschirm auftauchte. Denn die meisten haben nicht die Chance, sich zu identifizieren, sie erkennen sich nicht wieder. In Fernsehfilmen sind Russen, Türken, Polen oft kriminell und zwielichtig. Schauspieler mit Migrationsgeschichte kennen es nur zu gut; wenn sie für Filme angefragt werden, sind sie oft die Bad Guys. Selten bietet man ihnen die Hauptrolle in der bayerischen Romanze an. Warum spielen Schauspielerinnen und Schauspieler mit türkischen Wurzeln im TV meist den Türken, der am besten noch kriminell ist oder mit seiner Migrationsgeschichte hadert? Warum nicht den Bergdoktor, warum ist er nicht ein Florian Silbereisen mit schwarzen Haaren und braunen Augen? Die Schauspielerin Sibel Kekilli hat gezeigt, dass man in einem »Tatort« auch Sarah Brand spielen, dass man in der internationalen Produktion »Game of Thrones« Erfolg haben kann. Doch auch sie wird vor allem in Deutschland immer wieder auf die ihr vermeintlich zugeteilte Rolle der türkischstämmigen Frau, die aus prekären Verhältnissen entkommen konnte, zurückgeworfen. Im Interview spreche ich noch mit ihr darüber.

Was sagt diese Sicht auf Menschen über eine Gesellschaft? Kinder aus sozialökonomisch schwachen Verhältnissen haben es meist schwerer, aufzusteigen. Und viele Menschen mit Migrationsgeschichte sind finanziell eher schwächer als der Rest der Gesellschaft. Das ist es, was mich in erster Linie immer wieder beschäftigt und beschäftigt hat. Seit meiner Kindheit. Diese Faktoren ergeben ein Sammelsurium an Gründen, das es Kindern und Jugendlichen schwerer macht, aufzusteigen. Ich gehörte zu diesen Kindern, die vor Probleme gestellt wurden, die andere womöglich in dieser Form nicht kennen. Es ist die Diversität der Probleme, um dieses Wort einmal in diesem Zusammenhang zu hören, die einem Steine in den Weg legen kann. Sogenannter Migrationshintergrund, Arbeiterfamilie, familiär niedriger Bildungsstatus, Dorfbewohnerin, Frau. Die Startbedingungen könnten einfacher sein.

Ich möchte nicht auf meine Migrationsgeschichte reduziert werden. Sie gehört zu mir, und das ist auch gut so. Es ist auch unmöglich, diese Tatsache zu ändern. Meine Eltern kommen aus der Türkei. Punkt. Und doch lässt sie sich nicht ausblenden, weil wir in einer Gesellschaft leben, in der es diese Kategorie gibt: »Mensch mit Migrationshintergrund«. Auch wenn die Einwanderer seit mehreren Generationen in Deutschland leben. Das Label loszuwerden scheint schier unmöglich, es haftet an einem. Und auch, dass meine Eltern nicht als Akademikerin und Akademiker in dieses Land kamen, sondern als Arbeiter, ist ein Fakt, an dem nicht zu rütteln ist. Auch das ist gut so, denn meine hart arbeitenden Eltern haben mir viel mit auf den Weg gegeben. Nämlich dass Fleiß sich auszahlt.

All das begleitet mich, mein Leben lang, und das, was daraus entstehen kann, muss variabel sein. Aus der Tatsache, dass die Eltern oder Großeltern nicht in Deutschland geboren wurden, aus dem Fakt, dass sie kein Abitur oder gar ein Studium vorweisen können, sollte nicht der Schluss gezogen werden, der eigene Weg sei vorgezeichnet. Das, was aus Voraussetzungen entstehen kann, liegt in unserer Macht. In erster Linie ist es Aufgabe einer modernen Gesellschaft, auch dies zur Modernität zu zählen. Und es ist das Individuum selbst, das Individualität im eigenen Lebenslauf zulässt und möglich macht. Auch wenn es schwierig erscheint. Denn Kombinationen wie »Migrationsgeschichte/einkommensschwach/Frau« können den Lebensweg erschweren.

Wer beispielsweise aus einer Hartz-IV-Familie kommt, in der noch nie jemand einen höheren Bildungsweg eingeschlagen hat, der wird sich selbst ebenso weniger dafür interessieren. Oft machen diese Jugendlichen weiter wie die Eltern, sie landen im Niedriglohnsektor oder machen höchstens einen Realschulabschluss. Was ja auch in Ordnung ist, wenn sie das selbst so für sich entscheiden. Aber wenn sie mehr wollen, kommt meist die gläserne Decke, oder eher eine aus Beton. In Deutschland hängen Bildungschancen von Kindern stark von der sozialen Lage und dem Bildungsstand ihrer Eltern ab. Kinder gering gebildeter Eltern haben bei gleichen kognitiven Leistungen schlechtere Aussichten. Die Chancen von Kindern aus Akademikerfamilien auf einen Gymnasialbesuch sind fast viermal so hoch wie für Facharbeiterkinder und fast sechsmal so hoch wie für Kinder von Un- und Angelernten. Aus diesem Kreislauf zu entkommen, ist ein Kraftakt. Denn den Kindern und Jugendlichen wird weniger an die Hand gegeben, sie müssen es meist aus eigenem Antrieb schaffen. Sie sind seltener Mitglied in einem Verein, denn der kostet Geld. Sportarten wie Reiten, Tennis oder Segeln muss man sich leisten können. Und auch weniger »elitäre« Sportarten wie Turnen oder Tanzen müssen erst einmal bezahlt werden und es muss erst einmal die Zeit und die Motivation da sein, das Kind dort anzumelden. Umso weniger verwundert es, dass viele Kinder aus sozial schwachen Familien eher nicht in einem Club Sport treiben, sondern Fußball spielen. Bolzen geht immer und überall und kostet ein Paar Schuhe und einen Ball. Auch der Klavierunterricht oder die Sprachschule werden eher zu teuer sein, auch hier trennt sich schon in jungen Jahren die Spreu vom Weizen. Insgesamt hängen diese Kinder und Jugendlichen hinterher, wenn es um die Förderung geht.

Die Corona-Krise zeigt auf bittere Art und Weise, wie Kinder und Jugendliche vor allem aus dem unteren sozialen Milieu abgehängt werden, wie sehr sie die Situation psychisch belastet und wie alleingelassen sie oftmals sind. Eine Umfrage des Universitätsklinikums Hamburg-Eppendorf hat gezeigt, wie sich die Pandemie auf die psychische Gesundheit von Kindern und Jugendlichen auswirkt. Demnach fühlten sich 70 Prozent der Befragten seelisch belastet. Stress, Angst, Depressionen. Betroffen waren vor allem Kinder aus sozial schwachen Familien. Die »COPSY«-Studie belegt, dass ein geringeres Einkommen der Eltern und beengter Wohnraum das Auftreten psychischer Auffälligkeiten bei Kindern fördern. Diesen Kindern wurde weniger Struktur im Tagesablauf angeboten, sie hatten keine Rückzugsmöglichkeiten, wenn drei Geschwister in einem Zimmer leben und es auch kein vernünftiges Wohnzimmer gibt. In der Schule wurden sie ohnehin abgehängt, ohne Laptop zu Hause lässt sich nicht am Online-Unterricht teilnehmen. Ohne Geld kein Gerät. Wenn es laut ist zu Hause, weil der Raum zu beengt ist, weil die Eltern frustriert streiten, weil sie ihren Job verloren haben, der ohnehin kaum etwas einbrachte, dann leiden diese Kinder, und es wird immer schwerer, aus diesem Teufelskreis herauszukommen. Viele werden in ihren Sprachkenntnissen zurückgeworfen, weil sie fast nur noch in der Familiensprache kommunizieren, und die ist bei vielen nicht Deutsch.

Die Kita oder die Schule als Ausgleich fehlen, und das macht sich bei manchen Kindern doppelt und dreifach bemerkbar. Die Pandemie-Ausnahmesituation zeigt Ungleichheiten noch stärker auf, und sie verstärkt sie.

Den Eltern einen Vorwurf zu machen, weil sie ihren Kindern nicht vorlesen oder ihnen nicht bei den Hausaufgaben helfen, weil sie sie nicht genügend fördern und unterstützen, wäre zu kurz gegriffen. Doch sie ganz aus der Verantwortung herauszulassen, geht ebenso wenig. Die Eltern selbst müssen gestärkt und ermutigt werden. Es gibt zum Beispiel immer häufiger Familienhilfen, also Ehrenamtliche, die in die Familien gehen und sie bei Alltagsfragen unterstützen. Oder IntegrationslotsInnen, die Eltern, die sich in Deutschland nicht besonders gut zurechtfinden, bei Behördengängen und Schulfragen helfen. Eine solche Unterstützung, die oft auch die Kommunen selbst anbieten, hilft am Ende allen Eltern, egal welchen Hintergrund sie mitbringen. Eltern, die andere Wurzeln haben als deutsche, müssen aber oft noch einmal zusätzlich an die Hand genommen werden. Das Leben in Deutschland stellt sie meist vor Herausforderungen sprachlicher und/oder kultureller Art, das kann auch in der zweiten oder dritten Generation noch so sein. Sich abzuschotten kann nicht die Lösung sein. Vor allem Eltern mit nichtdeutschen Wurzeln müssen erkennen: Die Kinder gehen nun mal in Deutschland zur Schule, sie haben deutsche Freunde, werden zum Geburtstag mit Würstchen und Kartoffelsalat eingeladen und wollen an der Klassenfahrt teilnehmen. Sie müssen Teil der Gesellschaft sein, von Beginn an, sonst werden sie immer wieder in eine Außenseiterposition kommen. Es sind immer zwei Seiten, die zählen. Die Alteingesessenen, aber auch die Neuankömmlinge sollten aufeinander zugehen und Verständnis aufbringen. Den Kindern selbst lässt sich das schwer abverlangen, hier sind die Erwachsenen in der Verantwortung. Die Kinder sind, was sie sind, Kinder. Und das müssen sie auch sein dürfen.

Die Schauspielerin Sibel Kekilli hat selbst als Kind erlebt, wie schwer es sein kann, ohne Unterstützung von zu Hause. Sie wuchs in Heilbronn auf, hat drei Geschwister. Ihre Eltern kamen Ende der 1970er-Jahre aus der Türkei nach Deutschland und waren Arbeiter, der Vater in der Fabrik, die Mutter Reinigungshilfe. Sibel und ich kennen uns gut, und ohne Pandemie würden wir viel öfter gemeinsam am Küchentisch beim Abendessen sitzen. Diese besondere, ausgezeichnete deutsche Schauspielerin hat einen steinigen Weg hinter sich. Mit 23 Jahren wurde sie über Nacht berühmt, durch ihre Hauptrolle in Fatih Akins Film »Gegen die Wand«. Sie spielt dort eine junge Frau, Tochter einer strenggläubigen und traditionsbewussten türkischstämmigen Familie. Sie will frei leben, ohne das erdrückende Korsett, und heiratet einen desillusionierten Alkoholiker.

»Gegen die Wand« ist einer der besten Filme, die ich bisher gesehen habe. Er hat mich berührt, aufgebracht, nachdenklich gestimmt, und das lag zu großen Teilen an Sibel, die wie gemacht ist für diese Rolle; aber auch daran, dass mir das Thema selbst so nah war. Später wurde Sibel international bekannt durch die Erfolgsserie »Game of Thrones«. In der Fantasy-Saga, die zu den meistgesehenen und beliebtesten Serien der Welt gehört (ich habe übrigens in durchgemachten Nächten GOT-Bingewatching betrieben), spielte Sibel Kekilli »Shae«, die Geliebte von Tyrion Lennister. Nun schwärme ich regelrecht für Sibel, es geht aber über ihre Schauspielerinnenleistungen hinaus.

Ich habe selten jemanden getroffen, der sich so durch- und hochgekämpft hat. Der oft allein mit sich und den Problemen war, und doch eine solche Stärke bewiesen hat. Das bewegt mich immer wieder. Ich traf Sibel bei ihr zu Hause am Küchentisch, bei Apfelkuchen und Cappuccino. Und es sollte ein intensives Gespräch werden.

PINAR: Sibel, ich bin ja ein wenig neidisch auf dich …

SIBEL KEKILLI: Wieso?

PINAR: Du hast die Schule als Klassenbeste beendet.

SIBEL KEKILLI: (lacht laut und herzlich) Ja, das stimmt.

PINAR: Also ich habe gerade so bestanden.

SIBEL KEKILLI: Aber du hast bestanden, das ist doch das Wichtigste.

PINAR: Warst du eine Streberin?

SIBEL KEKILLI: Ja, schon. Ich hatte, ehrlich gesagt, nicht viel anderes als das Lernen in meinem Leben, das war mein Anker. Ich habe es gehasst, wenn Feiertage waren oder Wochenende und ich nicht in die Schule gehen konnte. Denn zu Hause durfte ich nicht viel, ich wurde weder gefordert noch gefördert, und so war das Einzige, was ich hatte, die Schule. Dort war ich dann tatsächlich eine Streberin, und ich war schon manchmal auch eine unangenehme Streberin.

PINAR: Warum unangenehm?

SIBEL KEKILLI: Ich habe mal die Klasse verpetzt, als die anderen Schüler hinter dem Rücken der Lehrerin geschummelt haben, mit Spickzetteln. Das habe ich der Lehrerin gesagt, das würde ich heute nie mehr im Leben machen, aber damals ging es mir um Gerechtigkeit, dachte ich zumindest. Ich hatte so viel gelernt für die Klassenarbeiten oder Tests, die meisten anderen nicht, und deswegen wollte ich, dass es gerecht läuft und nicht geschummelt wird. (lacht) Und deswegen war ich wohl nicht besonders beliebt in der Klasse.

PINAR: Wie bist du mit deinen Lehrern ausgekommen?

SIBEL KEKILLI: Ich hatte meist ein sehr gutes Verhältnis zu meinen Lehrern. Mein Klassenlehrer etwa vertraute mir so sehr, dass ich mal eine wichtige Klassenarbeit zu Hause nachschreiben durfte. Ohne Aufsicht. Er wusste, dass ich nicht schummeln würde, und ich habe sein Vertrauen natürlich nicht ausgenutzt.

PINAR: War die Schule Zufluchtsort für dich?

SIBEL KEKILLI: Ja, absolut. Ich war zwar eine Einzelgängerin in der Schule, aus verschiedensten Gründen. Aber trotzdem habe ich die Schule geliebt. Denn für mich bedeutete es ja, dass ich rauskonnte aus dem Haus.

PINAR: Ich finde beeindruckend, dass du dich ganz allein so motiviert hast und in der Schule immer besser wurdest, obwohl dir eigentlich keiner geholfen hat.

SIBEL KEKILLI: Mir blieb ja nichts anderes übrig. Die Familie verstand kein Deutsch, ich hatte keine Nachhilfemöglichkeiten, also musste ich selber handeln. Und obwohl ich zu Hause bereits Lesen, Schreiben und das Einmaleins gelernt hatte und damit in der ersten Klasse den anderen weit voraus war, änderte sich das schnell, weil ich der deutschen Sprache nicht mächtig war. Ich habe viele Textaufgaben einfach nicht verstanden. Und eine gezielte Förderung an der Grundschule gab es nicht. Netterweise gab es ein paar Eltern von Mitschülern, die uns Hausaufgabenhilfe anboten. Unsere damalige Klassenlehrerin aber konnte mit den wenigen ausländischen Kindern nichts anfangen. Wir waren daher auf uns alleine gestellt.

PINAR: Also war das Problem die Sprache.

SIBEL KEKILLI: Natürlich. Ich kam erst sehr spät in den Kindergarten, mit fünf Jahren, wenn ich mich recht erinnern kann. Zu Hause wurde nur Türkisch gesprochen. Und das führte dazu, dass ich nicht gut genug Deutsch sprach und deshalb erst mal nach dem Kindergarten für ein Jahr in die Vorschule gehen musste.

PINAR: Wie hast du dann richtig Deutsch gelernt?

SIBEL KEKILLI: Durch die Schule. In der Grundschule gab es damals nicht so viele deutsch-ausländische Kinder. Im Kindergarten war ich sogar das einzige deutsche Kind mit Zuwanderungsgeschichte. Also war ich gezwungen, Deutsch zu lernen, um überhaupt kommunizieren zu können. Aber dieses »Es-sich-selbst-Beibringen« geht ja auch nur bis zu einem gewissen Grad. Wenn man keine gezielte Förderung bekommt, weder zu Hause noch in der Schule, und kein Wunderkind mit außergewöhnlicher Begabung ist, dann geht das ab einem bestimmten Punkt nicht mehr weiter.

PINAR: Und so bist du dann auch auf der Hauptschule geblieben.

SIBEL KEKILLI: Ja, da meine Eltern nicht verstanden haben, dass die weiterführende Schule ein ganz wichtiger Baustein für den späteren Berufsweg und -erfolg sein kann. Dass ich allein aufgrund dessen in meinen Möglichkeiten nun limitiert sein könnte, kam ihnen gar nicht in den Sinn. Auch meine Grundschullehrerin war nicht sonderlich daran interessiert, uns das wirklich klar und greifbar zu machen. Immerhin eine Lehrerin hatte die Schwierigkeiten bemerkt und früh Kontakt zu meinen Eltern gesucht. Leider verabschiedete sie sich dann bald in ein Soziallehrprojekt nach Afrika. Genau solche Menschen haben mir damals gefehlt. Im Rückblick wundere ich mich, dass ich nicht total abgefallen bin in der Schule.

Nach der 4. Klasse kam ich dann auf die Hauptschule. Auch da hätte man bis zur 6. oder 7. Klasse die Chance gehabt, noch auf eine weiterführende, bessere Schule zu kommen. Meine Eltern aber redeten mal kurz davon, nur wie sollte das gehen, ohne Hilfe und gezielte Förderung?!

Allerdings gab es diese Förderung woanders schon, etwa bei den Kindern von Aussiedlerfamilien, Familien, die nicht aus Deutschland stammten. So kamen anfangs Prüfer mit in die Schule und stellten fest, welchen Bildungsstand diese Schüler tatsächlich hatten und ob sie von der Förderklasse etwa gleich auf die Realschule oder auf das Gymnasium konnten. Ich empfand das als sehr ungerecht. Da bei uns davon ausgegangen wurde, wer hier geboren ist, braucht diese Förderung nicht.

PINAR: Fühltest du dich nicht wirklich integriert?

SIBEL KEKILLI: Nein, ganz im Gegenteil. Wir wurden vom offiziellen Schulsystem teilweise sogar davon abgehalten, uns zu integrieren. An der Hauptschule etwa wurde ein Lehrerehepaar aus der Türkei angestellt, mit dem Ziel, bei den Türken für einen Unterricht auf Türkisch zu werben. Diese Kinder mussten sich dann entscheiden, ob sie statt Englisch Türkisch unterrichtet werden wollten. Das war eigentlich furchtbar. Denn somit wurde diesen Kindern, meistens Mädchen aus ohnehin religiösen, traditionellen Familien, die Chance verwehrt, sich überhaupt in ihre Umgebung und spätere Berufswelt zu integrieren. Und dieses Paar war hartnäckig. Weil meine Eltern sich für Englisch für mich entschieden hatten, haben sie wiederholt versucht, sie umzustimmen. Hier war mein Vater aber weitsichtig genug, sich nicht umstimmen zu lassen. Am Ende konnte ich immerhin meinen Realschulabschluss machen, für den Englisch ja eine Voraussetzung war.

PINAR: Hättest du gerne Abitur gemacht?

SIBEL KEKILLI: Ja, natürlich. Vor allem, wenn meine Eltern von anderen türkischstämmigen Kindern hörten, dass sie Jura oder Medizin studierten, wurden sie von ihnen in den Himmel gelobt. Das hätte ich mir auch gewünscht. Aber nach meinem Realschulabschluss war Schluss. Das lag vor allem daran, dass meine Eltern hier sehr konservativ gedacht haben. Bildung, ja, aber nur das Nötigste. Arbeit, eine solide Ausbildung und letzten Endes war schnell Geld zu verdienen ein ausschlaggebendes Kriterium. Dieser Geist von »wir haben dich jetzt bis zu deinem 17. Lebensjahr durchgefüttert, nun bist du dran, zurückzuzahlen«. Auch kam hinzu, dass am Gymnasium die Gefahr größer gewesen wäre, mit anderen Jungs in Kontakt zu kommen, die älter und somit auch »gefährlicher« waren. Diese Gedanken wurden natürlich nicht ausgesprochen, schwangen aber immer mit. Außerdem, was sollte man mit einem Abitur in der Tasche machen, wenn man nicht in eine andere Stadt zum Studieren ziehen durfte?! Also blieb mir nur übrig, mich zu bewerben. Aber auch hier gab es Grenzen. Keine Männerberufe, nichts Medizinisches, wo man womöglich noch an männlichen Körpern hätte etwas untersuchen müssen. Schließlich habe ich mich für die Verwaltungsfachangestellte entschieden.

PINAR: Hast du den Job denn gerne gemacht?

SIBEL KEKILLI: Jein. Vor allem habe ich es gemocht, zumindest ein wenig finanziell unabhängiger zu sein. Von Anfang an musste ich aber fast die Hälfte meines Ausbildungsgehaltes zu Hause abgeben. Doch zumindest konnte ich mir mal einen Lippenstift oder einen Rock kaufen. Ersterer durfte natürlich nicht zu knallig sein und Letzterer nicht zu kurz. Aber meine Eltern hatten einen großen Respekt vor der Verwaltung. Und sie waren stolz, dass es eine »Türkin« ins Rathaus geschafft hatte, und somit hatte ich ihren Respekt verdient. Doch selbst wenn das ein toller, vielseitiger und sicherer Beruf ist, wie soll man etwas zu schätzen wissen oder gar lieben, wenn es letztes Endes nicht die eigene Entscheidung war, sondern man eher reingezwängt wurde?!

PINAR: Was hätte dir geholfen, in der Schule, bei der Jobsuche?

SIBEL KEKILLI: In der Grundschule hätten die Lehrer hinterfragen müssen, warum ich Probleme hatte. Vor allem, nachdem sie mitbekommen hatten, dass ich in vielen Dingen am Anfang den anderen voraus war. Sie hätten merken müssen, dass es an der Sprache lag – und das auffangen mit individueller Förderung durch zusätzlichen Unterricht. Es hätte vielleicht auch geholfen, nicht vier, sondern sechs Jahre in der Grundschule zu bleiben, um dann beim Wechsel auf die weiterführende Schule schon älter, reifer zu sein und selbst besser zu verstehen, was einen erwartet. Man muss so früh wie möglich die Kinder an die Hand nehmen, am besten mit einer sehr frühen Kita-Pflicht, extra Sprachförderprogrammen, verpflichtendem Schwimm- und Sportunterricht, vielfältigeren AG-Angeboten, aus denen man mindestens zwei wählen müsste. Leichter wäre es auch, wenn es keinen Türkischunterricht an der Schule gäbe, Problemkinder sollten einen Paten aus einer höheren Stufe bekommen. Das wäre sicherlich hilfreich.

Bei meiner Jobsuche hat das Arbeitsamt das Nötigste gemacht. Am Ende konnten sie nachträglich natürlich nicht die Aufgaben der Eltern übernehmen. Hier sind wieder die im Vorteil, die früh gefördert wurden und die sich ausprobieren durften. Wenn ich die Möglichkeiten gehabt hätte, mich in den Bereichen Kunst, Sport, Sprachen, soziales Engagement, Schauspiel, Tanz, Wissenschaft usw. ein wenig umzuschauen, dann hätte ich viel mehr gewusst, das macht mir Spaß, das will ich und das will ich gar nicht.

PINAR: Du kommst ja aus einer Arbeiterfamilie, wie sehr hat dich das Umfeld geprägt?

SIBEL KEKILLI: Auch wenn sich meine Eltern nach außen hin sehr modern und sogar etwas linksliberal gaben, waren sie doch tief verwurzelt in Tradition und Religion. Diese Werte und dass man genug Geld verdiente, waren wichtiger als eine hohe gesellschaftliche und berufliche Bildung, was ein Widerspruch in sich ist. Wir sollten uns weltmännisch geben und auch so benehmen, dabei wurde ich in sehr vielen Bereichen einfach nur begrenzt und abgeschottet. Ähnlich war es mit der Schule. Ich sollte sehr gut sein in allen Fächern, wurde aber nie unterstützt, vielmehr nur ausgebremst. Selbst wenn eine wichtige Arbeit bevorstand, durfte ich zwar nicht durchfallen, musste aber meist vorher trotzdem die Hausarbeit erledigt haben, anstatt in Ruhe zu lernen. Es gibt auch andere Beispiele, Arbeiterfamilien, für die die Bildung ihrer Kinder das Wichtigste überhaupt ist. Bei uns aber war es eben anders.

PINAR: Du hattest es in vielerlei Hinsicht schwer. Arbeiterfamilie, traditionell denkende türkische Eltern, Mädchen, all das spielte immer eine Rolle. Du setzt dich heute für andere ein, engagierst dich sozial, vor allem für Mädchen und Frauen.

SIBEL KEKILLI: Ich wünsche mir dringlichst, dass Mädchen und junge Frauen sehr früh Zugang zu Bildung bekommen und dadurch bessere Möglichkeit haben. Dass sie möglichst früh integriert werden, egal ob das die Eltern wollen oder nicht. Bei einem Projekt im bulgarischen Burgas kümmere ich mich etwa um Roma-Mädchen. So kommen sie zumindest mal von zu Hause weg, erhalten Hausaufgabenhilfe und können gemeinsam mit anderen Mädchen etwas unternehmen. Kochen, Tanzen, Nähen. Vor allem versuchen wir sie davor zu schützen, dass sie nicht schon mit zwölf Jahren verheiratet werden und Kinder bekommen oder zwangsprostituiert werden, was leider immer wieder passiert.

Es braucht neben der Politik vor allem die Menschen, die sich einem annehmen, und mir ist es wichtig, andere zu unterstützen.

PINAR: Was glaubst du, warum sind die Chancen auch bei uns in einem wohlhabenden, modernen Land immer noch so ungleich verteilt?

SIBEL KEKILLI: Wir denken in Deutschland noch zu sehr in Schubladen. Es wird darauf geachtet, was auf dem Papier steht, ob jemand studiert und den Bachelor- oder Masterabschluss absolviert hat. Es wird nur geschaut, was auf dem Zettel steht, aber nicht, was jemand wirklich kann. Es zählen Herkunft, Titel, soziales Umfeld. Und diese Milieus vermischen sich auch nicht willkürlich, sondern sie bleiben gerne unter sich. Somit hast du in Deutschland so gut wie keine Chance, wenn du nicht genau in diese Schubladen passt. Es gibt zwar Ausnahmen, aber sie sind selten. Und wenn du es dann schaffst, musst du dreimal so gut sein wie die anderen und dich immer wieder beweisen.

PINAR: Du hast ja mit deiner Hauptrolle bei »Gegen die Wand« einen kometenhaften Start hingelegt. Alle kannten dich auf einmal, du bekamst Preise. Hast du das persönlich als Aufstieg wahrgenommen?

SIBEL KEKILLI: In diesem Beruf muss man sich ja sowieso immer wieder neu beweisen, was dann auch den Druck erhöht. Aber natürlich war es eine sehr große Sache für mich. Die öffentliche Wahrnehmung hatte allerdings auch ihre Schattenseiten.

PINAR: Du hast bei der international erfolgreichen Serie »Game of Thrones« mitgespielt, hat da jemanden deine Herkunft interessiert?

SIBEL KEKILLI: Bei »Game of Thrones« haben sie in mir die erfolgreiche deutsche Schauspielerin gesehen. Es hat sie nicht interessiert, ob ich Arbeiterkind bin oder türkische Eltern habe, da war ich einfach eine Schauspielerin, zufällig mit deutschem Pass.

PINAR: Und hier, in Deutschland?

SIBEL KEKILLI: Vermutlich werde ich hier für viele wohl immer die Deutschtürkin bleiben. Die Wurzeln meiner Familie sind in der Türkei. Das kann und will ich gar nicht verleugnen. Aber ich bin in Deutschland geboren – und ich bin keiner Religion zugehörig. Diese Mischung ist für viele verwirrend. Beim »Tatort«, der deutschesten aller

Serien, habe ich eine Sarah Brandt gespielt. Da wurde ich dann mindestens vier lange Jahre von Journalisten gefragt, warum ich denn eine Deutsche spielen würde. Das ist ermüdend! Bei Matthias Schweighöfers Komödie »What a Man« spielte ich eine Deutsche, und beim Pressegespräch begann die Journalistin mit dem Satz: »Sie spielen ja wieder eine Deutschtürkin.« Das war einfach in ihrem Kopf. Und genau das ist hierzulande das Problem. Egal wie man aussieht, wie hochdeutsch man spricht, sobald der Name vermeintlich türkisch klingt, bist du Türkin. Aber ich möchte nicht ungerecht sein. Es kommen durchaus immer wieder auch Rollenangebote, die nichts mit dem »deutsch-türkischen Klischee« zu tun haben.

PINAR: Ich erinnere einen ganz besonderen Moment, als du das Bundesverdienstkreuz bekommen hast, damals überreicht von Bundespräsident Joachim Gauck. Für dein Engagement für Frauen- und Mädchenrechte, 2017 war das. Da hast du geweint, warum hat dich das so stark berührt?

SIBEL KEKILLI: Da ging mir tatsächlich so viel durch den Kopf und gleichzeitig auch nichts. Aber an zwei Gedanken kann ich mich gut erinnern. Erstens: Wahnsinn! Ich, aus einfachen Verhältnissen, ohne große Unterstützung, stehe hier und bekomme die wichtigste Ehrung in Deutschland. Ich bin im Schloss Bellevue und erhalte das Bundesverdienstkreuz überreicht von unserem Bundespräsidenten. Der zweite Gedanke war: All die Beschimpfungen und Drohungen, die ich als Person und wegen meines Engagements all die Jahre über erhalten habe, von deutscher, aber vor allem auch von türkischer Seite, von Männern wie von Frauen, das alles darf mich nicht verletzen. Ich muss weitermachen. Genau für diese Mädchen und Frauen kämpfen, die vielleicht Ähnliches durchmachen mussten wie ich selbst.

PINAR: Und jetzt eine Frage, die ich selber gar nicht mag, deswegen darfst du mit mir schimpfen. Fühlst du dich als Vorbild?

SIBEL KEKILLI: Wenn andere ein Vorbild in mir sehen, dann freue ich mich. Ich aber sehe mich als normalen Menschen, der anderen auch helfen möchte. Der selbst viele Steine in den Weg gelegt bekam und bekommt – und die meistens alleine beiseiteräumt.

PINAR: Würdest du dich denn heute als Aufsteigerin bezeichnen, die vor allem aus eigener Kraft so weit gekommen ist?

SIBEL KEKILLI: Ja, auch wenn der Anfang äußerst steinig war, bin ich stolz auf das Erreichte. Ich habe mich aus meinen Fesseln befreit und lebe heute ein freies und selbstbestimmtes Leben.

Mich beeindruckt, wie Sibel Kekilli es geschafft hat, aus eigener Kraft ihr Leben in die Hand zu nehmen. Sich ungewohnten Situationen zu stellen, mehr oder weniger allein. Und bei alldem den Mut nicht zu verlieren. Gleichzeitig betrübt mich, wie wenig Unterstützung sie bekam, und ihr, sogar ganz im Gegenteil, das Leben noch schwerer gemacht wurde. Weil das Schulsystem nicht gut genug war, sie aufzufangen und ihre Stärken zu erkennen. Weil es Vorurteile gab, gegenüber Menschen mit Migrationsgeschichte und Menschen, die vermeintlich nicht dem sozialen Status entsprachen, den man als bildungswürdig ansah.

Sie ist kein Einzelfall, es sind diese Kombinationen, die es Kindern schwermachen. Lehrer, die nicht helfen oder sich sogar ablehnend verhalten. Eltern, die überfordert sind und den Sinn der Bildung nicht sehen und dazu noch in traditionellem Denken verhaftet sind. Hier sind es dann Zufälle, die ein Leben verändern können, und die eigene Kraft des Kindes. Aber sollte man Menschen einfach ihrem Schicksal überlassen? Wohl kaum, nicht in einem Land wie Deutschland, das in der Theorie viele Möglichkeiten bietet. Auch die Eltern, die aus anderen Ländern und Kulturen nach Deutschland kamen und kommen, um ein finanziell besseres und ein sichereres Leben zu führen, sollten eben erkennen, dass es genau darum geht. Ein besseres Leben zu haben, auch für die Kinder, und das heißt: Lasst sie teilhaben.

Meine Eltern haben das früh begriffen, ich war schon als Kind Teil der Gesellschaft und wurde nicht von ihr ferngehalten. Wurde ich zu einem Kindergeburtstag alteingesessener deutscher Familien eingeladen, wo Topfschlagen und Heißwürstchen auf dem Programm standen, war ich selbstverständlich dabei. Übrigens ist es heutzutage etwas einfacher, der Schweinewurst zu entkommen. Vegetarisch, vegan, Gluten, auch andere Kinder haben Gründe, die klassische Heißwurst links liegen zu lassen. Meine Mutter sah damals darüber hinweg, dass in ihrer Religion und Kultur eher kein Schweinefleisch gegessen wurde. Sie zog meine Zufriedenheit und mein Dazugehörigkeitsgefühl vor, es fiel ihr sicher auch nicht leicht. Gesellschaftlichen Druck aus der sogenannten türkischen Community bekamen meine Eltern auch im Dorf zu spüren. Es hatten durchaus viele Türkischstämmige das Gefühl, auf ihre Traditionen und religiösen Ansichten besonderes Augenmerk legen zu müssen und auch zu schauen, wie andere Familien damit umgingen. Oftmals aus Unsicherheit. Das Festhalten an Traditionen und der Religion kann Sicherheit geben, das haben viele Menschen in der Diaspora gemein. Doch meine Eltern versuchten, diese Erwartungen nicht allzu sehr an sich und damit uns Kinder heranzulassen. Ihr Freundeskreis war geprägt von weniger traditionellen Familien, und so kam der Druck der »Community« bei mir weniger stark an. Ganz frei davon waren auch wir nicht, aber es war nicht so massiv, als dass mein Leben dadurch zu sehr beengt worden wäre.

Um noch einmal auf den Gedanken des Zugehörigkeitsgefühls zurückzukommen: Blickt man auf das Freizeitverhalten, auf Dinge, die Kinder gerne tun, Dinge wie reiten oder bei Klassenfahrten mitmachen oder eben zu Kindergeburtstagen gehen, dann ist all das für viele total normal, solche Dinge sind eigentlich selbstverständlich. Sie sind es aber in manchen Familien aus verschiedenen Gründen nicht. Dabei ist es wichtig, gerade als Kind natürlicher Teil des engeren Umfelds zu sein, in dem man sich tagtäglich bewegt. In der Schule und in der Nachbarschaft, ich bin so groß geworden. Ich hatte als Kind nicht das Gefühl, die feiern ohne mich, die laden mich nicht ein, ich soll nicht mit ihnen spielen, das sind die anderen und ich gehöre nicht dazu. Oder ich darf nicht in diesen oder jenen Verein, ich darf nicht zum Schwimmunterricht oder auf die Klassenfahrt. Ich machte alles mit, wie die meisten anderen Kinder auch. Das hat mir auf meinem Weg geholfen. Ich fühlte mich nicht ausgeschlossen, daran hat vor allem meine Mutter großen Anteil, aber auch viele Nachbarinnen und Nachbarn in dem kleinen Ort, die mich nicht außen vor ließen.

Das Gefühl, dass etwas anders ist, dass in der Selbstreflexion Faktoren auftauchen, die andere nicht ihr eigen nennen würden, dass andere Menschen einen anders sehen, dieses Gefühl kam später. Es wurde stärker, je älter ich wurde. Nach der klassischen Teenagerzeit, in der sich junge Frauen und Männer wohl weltweit in vielem ähnlich sind, in der ohnehin alles hinterfragt und problematisiert wird, kam die Zeit, in der Unterschiede deutlicher wurden und zu einem Problem werden konnten. In denen ich auch viele Diskussionen mit meinen Eltern führte, wie sagt man so schön: Kleine Kinder, kleine Probleme, große Kinder, große Probleme. Doch mir war schnell klar, dass ich vieles nicht hinnehmen würde und die Erzählung über mich selbst schreiben wollte. Dass ich selbst dafür sorgen kann, dass sich etwas ändert, und dass ohne mein Zutun gar nichts passiert. Also fing ich damit an.

Pommes und Pfefferminztee

Für mich war es völlig normal, dass meine Eltern arbeiteten. Also beide, Mutter und Vater, Vollzeit. Mit zwei Kindern zu Hause, wir brauchten das Geld. Und schließlich waren sie ja auch deswegen nach Deutschland gekommen: Um zu arbeiten. Der Traum von einem anderen Leben, er ließ sich nur verwirklichen, wenn sie den finanziellen Aufstieg schafften und damit uns Kindern dazu verhalfen, ebenso mehr aus unseren Möglichkeiten zu machen. Das war das Ziel meiner Eltern, als sie entschieden, nach Deutschland zu ziehen. Ihr bisheriges Leben und ihre Familien zurück-zulassen fiel ihnen nicht leicht, aber die Aussicht, wirt-schaftlich unabhängiger zu sein, ließ den Schmerz erträg-licher werden. Fragt man sie heute, was ausschlaggebend für sie war, dieses Abenteuer auf sich zu nehmen, sagen sie immer: Wir wollten unseren Kindern mehr bieten und für unsere Leistung fair bezahlt werden. In der Türkei war das oft nicht gegeben, manche Freunde und Verwandte mei-ner Eltern ackerten für einen Hungerlohn und lebten von der Hand in den Mund. Auch meine Eltern selbst mussten jeden Kuruş umdrehen, bevor sie das Land verließen. Es konnte also nur besser werden, so ihre Hoffnung. Schließ-lich versprach Deutschland seinen Gastarbeitern genau das: Hier werdet ihr gebraucht, hier könnt ihr Geld verdienen.

In Deutschland angekommen, war neben der neuen Sprache, der anderen Kultur und dem miesen Wetter im Lipperland eine der größten Herausforderung, ohne die Familie zu sein. Auf sich gestellt zu sein, egal was da kommt. Keine Oma, die sich mal um meine Schwester kümmern konnte, keine Freunde, die mal Rat gaben und halfen. Sie kannten niemanden. Ich war noch nicht geboren, als sie Anfang der 1970er-Jahre mit Sack und Pack nach Deutschland zogen. Als ich dann 1978 zur Welt kam, war die Situation ähnlich. Meine Eltern hatten einige Freunde gefunden, mit denen sie wochenends bei Raki und Schafskäse in den Erinnerungen der alten Heimat schwelgten und die politische Situation in ihrer neuen Heimat diskutierten. Doch die Familie fehlte noch immer. Vor allem meiner Mutter setzte es oft zu, Vollzeit zu arbeiten und gleichzeitig den Kindern gerecht werden zu wollen. Aber eine wirkliche Alternative hatte sie kaum. In den 70er- und 80er-Jahren kam das Wort »Teilzeit« nur in Modellrechnungen, die für die ferne Zukunft gemacht waren, vor. Eine Entlastung für Eltern gab es damals nicht wirklich, erst in den 90er-Jahren sollte sich das Teilzeit-Modell langsam durchsetzen. Und so blieb ihnen nicht viel anderes übrig, als jeden Tag zu malochen, in der vollen Stundenzahl.

Da es auch noch keine Kita gab, erst ab drei Jahren konnten Mädchen und Jungen in den Kindergarten gehen, mussten meine Eltern sich etwas überlegen. Wenn die Familie fehlte, musste ein adäquater Ersatz her. Und so wurde schon früh nach einer Tagesmutter für mich gesucht. Ich hatte unglaubliches Glück: Am anderen Ende des Dorfes lebte Frau Knaup. Sie hatte Zeit, sich neben ihren schon älteren Enkeln auch um mich zu kümmern. So fuhren mich meine Eltern in aller Herrgottsfrühe jeden Tag vor der Arbeit zu ihr, und meine Mutter holte mich am Nachmittag nach der Schicht in der Textilfabrik, in der sie damals noch arbeitete, wieder ab.

Frau Knaup war eine ältere Dame mit warmherzigen Augen, immer ein Lächeln im Gesicht. Die adrette Frisur saß auch morgens früh um sieben schon. Mit karierter Kochschürze und Puschen an den Füßen empfing sie mich in ihrer wohlig warmen Wohnung, und ich kann mich dunkel erinnern, dass ich noch schlaftrunken auf den großen Küchentisch gesetzt wurde und meine Mutter mir half, meine Jacke auszuziehen, bevor sie sich mit einem Küsschen verabschiedete und in die Fabrik eilte.

Woran ich mich sehr gut erinnern kann, ist der alte Teekessel. Er pfiff laut, wenn das Wasser kochte, und Oma Knaup eilte mit schnellen Schritten zum Herd, stellte den Kessel auf die kalte Nachbarplatte und suchte mir eine bunte Tasse aus dem Regal. Das Geräusch des Teekochers höre ich heute noch gerne: Dieses eigentlich unangenehm zischende Pfeifen, das immer lauter wurde, bedeutete, dass es Pfefferminztee geben würde. Und meist noch einen knusprigen Keks dazu.

Für mich war sie Oma Knaup, eine liebevolle Ersatz-Omi, die einen wunderbaren Garten hinter dem Haus hatte. Mit Voliere, in der kunterbunte Vögel zwitscherten, und einem Mini-Freigehege für eine Schildkröte, die ich mit verwelkten Salatblättern füttern durfte. Ein Paradies für ein Kleinkind. Glücklicherweise wohnte Oma Knaup auch noch neben einer Pommesbude. Häufiger, als ihr lieb war, bekam ich sie dazu, mir Fritten mit Ketchup zu kaufen. Immer wenn ich irgendwo Imbissgeruch vernehme, muss ich an sie denken, heute noch. Wie sie mir immer die knusprigsten Fritten überließ, die mochte ich lieber als die dicken, mit Fett vollgesaugten, und eigentlich ging es mir ohnehin nur um den süßen Ketchup.

Nun werden viele Kinder meiner Generation wunderschöne Erinnerungen an Menschen haben, die auf sie aufpassten, während ihre Eltern zur Arbeit gingen. Für mich war die Tagesmutter aber nicht nur jemand, der Mama und Papa vertrat und somit half, dass sie arbeiten konnten. Der mich hütete, weil sonst keiner da war. Meine Eltern hatten hier eine kluge Entscheidung getroffen, die schon in Kindertagen mein späteres Leben prägen sollte. Denn sie schickten mich nicht zur türkischstämmigen Nachbarin, die sicher günstiger und rein von der Entfernung her praktischer gewesen wäre, sicher auch genauso liebevoll. Nein, sie schickten mich zu Frau Knaup. Einer deutschen älteren Dame, die eben Deutsch mit mir sprach, die nicht wie wir in einem Sozialbau lebte, sondern in einem netten Häuschen mit Garten. Die mir Weihnachtskekse backte und Geschichten der Brüder Grimm vorlas. Die mir eine Welt schuf, die ich sonst als Kleinkind kaum hätte erleben können. Raus aus dem »Arbeiterhaushalt«, rein in einen gewöhnlichen deutschen Haushalt, in dem mehrere Generationen lebten. Oma Knaup war sicher auch nicht wohlhabend, und doch war es ein anderes Umfeld. Und der wichtigste Punkt war eben die Sprache, denn zu Hause wurde Türkisch gesprochen, es war unsere Familiensprache. Oma Knaup verstand natürlich kein Wort meiner »Zuhause-Sprache«, also lernte ich Deutsch.

Dass wir als Familie Türkisch sprachen, sah und sehe ich nicht generell problematisch. Es kommt darauf an, was darüber hinaus passiert. Dass die Familiensprache eine andere ist als Deutsch, muss kein Nachteil sein. Es muss aber dafür gesorgt werden, dass schon Kleinkinder in ihrem Alltag Deutsch hören und sprechen und sie somit mit zwei Sprachen gleichermaßen groß werden. Auch sollte es keinen Unterschied machen, ob es nun das weit verbreitete Englisch ist, das zu Hause gesprochen wird, oder das wohlklingende Französisch. Es darf nicht weniger Wert sein, wenn Kinder Türkisch, Arabisch oder Vietnamesisch sprechen.

Ich habe es oft so empfunden, dass die »Zuhause-Sprache« nicht als Plus, sondern als Makel gesehen wurde. Und auch heute werden Studien veröffentlicht, die suggerieren, wer zu Hause Türkisch spricht, der macht alles falsch und tut seinen Kindern Schlechtes. Im September 2020 lief die Meldung »Jedes fünfte Kita-Kind spricht zu Hause kaum Deutsch«. Der Anteil der Kita-Kinder, die aus nicht oder kaum Deutsch sprechenden Haushalten kamen, sei gestiegen, hieß es in den Zeitungen der Funke Mediengruppe, die sich wiederum auf eine Antwort des Bundesfamilienministeriums auf eine Anfrage der FDP-Bundestagsfraktion bezog. Die damalige hamburgische FDP-Vorsitzende Katja Suding sagte: »Sprache entscheidet, welche Chancen ein Kind im Leben hat.« Das stimmt, ist aber zu kurz gegriffen. Sicher muss jedes Kind die Sprache des Landes, in dem es lebt, einwandfrei sprechen und verstehen können. Nur so kann es in der Schule mithalten, Freundschaften schließen, unter sprachlich gleichen Voraussetzungen starten – das ist auch in den Gesprächen, die ich für dieses Buch geführt habe, immer wieder Thema. Frühkindliche Bildung ist der Schlüssel zu Chancengerechtigkeit. Es schließt aber nicht aus, dass Kinder ebenso eine andere Sprache beherrschen können und diese Sprache jene ist, die zu Hause im Vordergrund steht, die die emotionale Sprache ist. Sowohl die

Eltern als auch die Erzieherinnen und Erzieher sowie die Lehrkräfte an den Schulen müssen dafür sorgen, dass die Kinder Deutsch als ihre Lebens- und Alltagssprache erlernen, die sie voll beherrschen sollten. Dazu gehört auch, sie in eine Kita oder zu einer Tagesmutter zu schicken. Die Familiensprache ist das Plus, egal um welche Sprache es sich handelt, und sollte gleichwertig sein, denn jede Sprache hat einen Mehrwert. Kinder, die bilingual aufwachsen, haben es später oft leichter, weitere Sprachen zu erlernen. Sie leisten zudem mehr, da sie zwei oder manchmal sogar mehr Sprachfarben erlernen müssen und ihr Vokabular größer sein muss.

Ich konnte jederzeit gut trennen, mit wem ich Türkisch und mit wem ich Deutsch sprechen konnte, und war immer schon in der Lage, schnell zu wechseln. Dazu ein kurzer Schlenker in die Gegenwart: Als die Maus von der »Sendung mit der Maus« – Sie wissen schon, die neugierige, allseits beliebte Figur des Westdeutschen Rundfunks –, als diese Maus 50 Jahre alt wurde, im März 2021, begann ich die tagesthemen ganz im Sinne der Sendung, mit der ich selbst groß geworden war. »Maus-Sprecher« und Sachgeschichten-Macher Armin Maiwald übernahm die Begrüßung: »Hier ist das Erste Deutsche Fernsehen mit den tagesthemen. Heute im Studio: Pinar Atalay und die Maus.« Ja, da standen wir, die 3-D-Maus, die ins Studio animiert war, und ich. Ich schloss an das Intro an: »Alman Birinci Televiziyonunun tagesthemen programına hoşgeldiniz Bugün stüdyoda, Pınar Atalay ve Maus. Das war Türkisch.« Ganz in Maus-Manier, um dem Geburtstagskind zu huldigen. Denn wer fühlt sich nicht zurückversetzt ins elterliche Wohnzimmer, Sonntag, 11.30 Uhr, wenn geheimnisvolle Klänge aus dem Fernseher drangen, die sich kurz darauf als Spanisch, Polnisch oder Aramäisch herausstellten? Oder eben Türkisch.

Für mich war es völlig normal, zwischen den beiden Sprachen, die ich am besten spreche, zu switchen, und die Maus gehört für mich zum ehrwürdigen deutschen Kulturgut. Das sahen auch fast alle Zuschauerinnen und Zuschauer und auch die Presse so. Es wurde mehr als positiv aufgenommen, die tagesthemen so ungewöhnlich zu beginnen. In den sozialen Medien gab es einen Candystorm, das Video wurde millionenfach angesehen, gelikt und geteilt. Natürlich gab es aber auch jene, die den Untergang des Abendlandes kommen sahen, weil in einer deutschen Nachrichtensendung Türkisch gesprochen wurde. Mit Kommentaren wie »Geh doch in die Türkei zurück«, »Für Türken zahle ich keine Gebühren« oder »Jetzt sprechen sie im deutschen Fernsehen auch noch Türkisch« echauffierten sich Populisten und Rechte im Netz, aber, wohl gemerkt, es waren vielleicht ein Prozent der Reaktionen. Unschön und teils auch beleidigend, aber in der eindeutigen, absoluten Minderheit. Meine deutsch-türkische Eröffnungsszene schaffte es sogar bis in die türkische Presse- und Medienwelt, eher mit dem Tenor, dass Rechte mich dafür angriffen. Was mir einen weiteren Candystorm bescherte, diesmal von Menschen aus der Türkei, aber auch Deutschtürken hierzulande, die mir ihre Solidarität bekundeten.

Überrascht war ich nicht, dass ein paar Worte Türkisch in den tagesthemen so viele Reaktionen auslösten. Und doch erstaunte mich die Intensität. Im positiven Sinne, denn was blieb, war das, was es sein sollte. Eine Hommage an die Maus. Klingt komisch, ist aber so.

Zurück zu meinem eigentlichen Punkt: Sprache, Bilingualität. Für mich war und ist die türkische Sprache ein Bonus. Auch wenn mein Deutsch schon immer besser war als mein Türkisch, bin ich vor allem froh, dass ich mit meinen Verwandten in der Türkei kommunizieren konnte und kann – ohne Türkischkenntnisse wäre ich ihnen ferner geblieben. Als Erwachsene habe ich meinen Wortschatz im Türkischen deutlich vergrößert und mir auch politisches Vokabular angeeignet. Ich wuchs aber von vornherein mit beiden Sprachen gleichermaßen auf. Zu Hause Türkisch, bei Oma Knaup Deutsch. Die beiden Sprachen in einem Satz zu vermischen, war verpönt, und so trennte ich sie von Beginn an.

Neben der deutschen Sprache, die ich damals vor allem durch Oma Knaup früh lernte, erlebte ich dank meiner Tagesmutter außerdem einen gewöhnlichen deutschen Alltag, außerhalb der »Arbeitersiedlung«, außerhalb des türkisch geprägten Zuhauses. Diese Kombination war ausschlaggebend für meinen weiteren Weg. Was andere Kinder aus Arbeiterfamilien und dazu noch auch sogenannten Gastarbeiterfamilien immer wieder erleben, ist, dass sie quasi gefangen sind in ihrer Welt, dass sie keine Möglichkeiten haben, sich außerhalb dieser Welt natürlich zu bewegen und somit beide Welten kennenzulernen und zu vereinen. Das bedeutet sicher nicht, dass sie sich unbedingt unglücklicher fühlen, es ist ihre Realität und der Mensch versucht für gewöhnlich, das Beste aus seiner Situation zu machen. Und auch die Eltern wünschen sich nur das Beste für ihre Kinder – auch hier kann der Weg völlig unproblematisch verlaufen.

Doch die Mädchen und Jungen, die eher beengt groß werden, die nicht die Möglichkeiten haben, ihren Horizont früh zu erweitern, kennen meist kaum Leute aus anderen

Schichten, lernen eher keine anderen Lebensmodelle kennen. Sie bleiben quasi in ihrer Klasse stecken. Haben Schwierigkeiten, Deutsch zu lernen, haben Schwierigkeiten, sich in der Gesellschaft natürlich zu bewegen und in eine andere »Klasse« aufzusteigen. Oft sprechen Kinder aus der zweiten oder dritten »Gastarbeiter«-Generation beide Sprachen nicht fehlerfrei. Oder sie mischen in einem Satz Deutsch und Türkisch. Mangelnde Sprachkenntnisse können zu Ausgrenzung führen, in beiden Sprachwelten. Und so bleibt man lieber unter sich. Hält sich in den Kreisen auf, in denen alle mehr oder weniger in der gleichen Lage sind. Was meist auch durch die Wohnlage ohnehin vorgegeben ist, wer in einem sogenannten Ghetto groß wird, kennt nicht viel anderes. Das Thema Wohnen wird später noch zur Sprache kommen.

Kinder aus Arbeiterfamilien und speziell Zuwandererfamilien sind sich ihrer Situation meist durchaus bewusst. Sie bekommen mit, wie das Leben von Kindern aus Akademikerfamilien oder aus wohlhabenderen Familien aussehen kann, welche Möglichkeiten diese haben, im Gegensatz zu ihnen. Durch das Fernsehen, durch die sozialen Medien, durch Schulkameraden und Schulkameradinnen. Doch meist kennen sie nur den Blick von außen, selten sind sie Teil dieser »anderen« Gesellschaft. Dass ein Arbeiterkind bei dem Kind aus einem intellektuell geprägten, wohlhabenden Haushalt zum Geburtstag eingeladen wird, ist eher unwahrscheinlich. Dass diese Kinder zusammen zum Sport gehen, auch. Und so sind die Arbeiterkinder Beobachter, die mit dem Gefühl groß werden, sie bleiben unter ihresgleichen. Das fühlt sich auch sicherer an, und sie finden sich schnell damit ab, dass sie es wohl kaum auf die »andere Seite« schaffen werden. Ihre Freunde in der Schule kommen aus demselben Umfeld wie sie, und am Nachmittag geht es nicht zum Hockeyspielen oder zum Klavierunterricht, sondern vor die Playstation oder zum Abhängen mit den Kids auf einem runtergekommenen Spielplatz. Sie bewegen sich in ihrem sozialen Milieu. Wobei ich den Begriff »soziales Milieu« eigentlich ungern nutze, weil ihm oft etwas Negatives anhaftet. Wenn von Akademikern in der schönen Altbauwohnung mit Bio-Hochgarten auf dem Balkon und Hipster-Rad im Keller gesprochen wird, nutzt man diesen Begriff eher selten. »Soziales Milieu«, das ist schnell verbunden mit Mietwohnung im Hochhaus, Arbeitslosigkeit. Dabei bedeutet »soziales Milieu« so vieles. Es gibt das traditionell bürgerliche, das aufstiegsorientierte, das liberal-intellektuelle, und eben das Arbeitermilieu. Doch diesen Kindern haftet an, aus einem »Milieu« zu stammen, und somit sinken ihre Chancen, diesem zu entkommen.

Kinder aus Arbeiterfamilien haben weniger Möglichkeiten, sich zu entwickeln. Ihnen bleiben viele Türen verschlossen: Vereinsleben, Urlaub in fernen Ländern, oftmals Urlaub überhaupt. Bis ich mal mit der Schule ins europäische Ausland reiste, kannte ich nichts anderes als den Familienurlaub in der Türkei. Strandurlaub, keinen Bildungsurlaub. Und da hatte ich noch Glück, zumindest gönnten sich meine Eltern für sich und uns immer 14 Tage Hotelurlaub am Meer, mit leckerem Buffet, Sandstrand und Swimmingpool. Den Rest der Ferien verbrachten wir dann mit der Familie in Istanbul oder bei den Großeltern auf dem Dorf in der Westtürkei. Meine Eltern arbeiteten das ganze Jahr und legten Geld für diesen einen Urlaub zurück. Zugegeben, ich fand es wunderschön: Es war warm, wir konnten im Meer schwimmen, ich sah Oma und Opa, meine Cousinen und Cousins, Tante, Onkel.

Aber wir fuhren nicht in den Osterferien zum Skifahren nach Österreich oder in den Herbstferien mal zu einem Städtetrip nach London oder Paris. Ich lernte Geschichte nicht vor Ort kennen, weil wir in Rom das Kolosseum besuchten oder in Berlin die Mauer. Das kam erst später, durch die Schule, und dann auch durch eigenes Interesse. All diese wichtigen Eindrücke, die man durch Reisen gewinnen kann, waren nicht drin. Weil wir es uns schwer hätten leisten können und auch, weil mangelnde Sprachkenntnisse etwa in Englisch oder Französisch meine Eltern davon abhielten, ins Ausland zu fahren.

Als Kind fehlte es mir nicht, europäische Länder abzuklappern, um andere Lebenswelten zu sehen, andere Sprachen zu hören, andere Kulturen kennenzulernen. Erst als Teenager merkte ich, wie eingeschränkt ich war. Während meine Freundinnen mir von den Fjorden in Norwegen und Pizzaabenden in Italien erzählten, ging mir auf, dass ich immer das Gleiche erlebte. Dass mir andere Welten nur in der Theorie bekannt waren. Eine Reise in die USA, sie war völlig undenkbar. Auf meinem Mini-Fernseher sah ich die spannende Hollywood-Welt, die so nah schien und doch so fern war. Erst in meiner Gymnasialzeit fuhr ich dank reiselustiger Lehrkräfte nach Paris, nach Warschau, nach Rom. Auch andere große Städte in Deutschland lernte ich erst viel später kennen. Meinen Eltern kann ich daraus keinen Vorwurf machen, es war finanziell nicht möglich und die Urlaubstage reichten nicht für Kurztrips hier und da. Sie wurden aufgebraucht für diese Wochen im Sommer, in denen sie einfach mal ihre Eltern und Geschwister sehen wollten. Wer kann es ihnen verdenken?

Für Kinder aus finanziell schwächeren Familien bleibt Urlaub etwas Besonders. Es gibt viele, die noch nie in einem Hotel übernachtet, noch nie einen Wochenendtrip nach Berlin gemacht haben. Die vielleicht mal an die Nordsee gefahren sind, wenn überhaupt. Sie kennen alles nur aus der Theorie, sie sind Beobachter. Und da das schnell frustrieren kann, findet man sich eben mit dem ab, was man hat. Man bleibt unter sich, öffnet sich Neuem eher weniger und ist weniger motiviert.

Ich wollte mich nicht abfinden, ich war zu neugierig auf das, was es auf dieser Welt gab. Ich wollte teilhaben. Also suchte ich mir Wege, die es mir ermöglichten. Das passiert eher unbewusst, es beginnt damit, welche Freundinnen und Freunde man wählt. Welche Bücher man liest, welche Musik man hört. Dass man sich einen Verein sucht, Sport, schlichtweg Kontakt zu anderen Menschen.

Und damit verbunden auch Kontakt zu anderen »Klassen«. Es waren keine bewussten Entscheidungen, die ich traf, ich war noch jung. Ich handelte wohl eher aus einem Bauchgefühl heraus, das mir sagte: Es ändert sich nur etwas, wenn ich etwas ändere. Also nahm ich es in die Hand.

Singen und kämpfen

»Guten Morgen, liebe Sonne« – »Guten Morgen, Frau Küster« – »Guten Morgen, Kinder.« Jeden Tag das gleiche Ritual.
Grundschule Bösingfeld; mein etwas in die Jahre gekom-
mener Klassenraum wurde morgens mit unseren Stimm-
chen erhellt, die die Sonne singend begrüßten, und meine
Klassenlehrerin stimmte gutgelaunt mit ein. Ich ging gerne
zur Grundschule, wissbegierig, wie ich war, freute ich mich
auf Lesen, Rechnen, Schreiben. Es gab nur eine Schule im
Ort, alle Kinder kamen hierhin. Ob reich, ob arm. Ob blond,
ob braunhaarig. Das war sicher ein Glück, denn so ging ich
nicht auf eine »Brennpunktschule«, wo es oft noch schwieriger ist, aus dem vermeintlich programmierten Lebenslauf
herauszukommen. Es gab nicht besonders viele Kinder mit
Migrationsgeschichte. Aber es waren viele dabei, die aus
bildungsfernen Familien stammten und finanziell nicht
sonderlich gut gestellt waren. In der Grundschule lernten
aber alle Kinder erst einmal das Gleiche. Groß- und Klein-
schreibung, das Einmaleins, Malen, Singen, Turnen. Ich
machte alles gerne mit und war eher fleißig als faul.

Doch so gemischt die Klassen waren, es gab klare Unterschiede, und diese führten, wenn auch oft unterbewusst,
zu Konsequenzen. Schon in den 80ern war es ein Thema,

wer was trägt. Wer coole Turnschuhe hat und wer nicht. Drei Streifen oder zwei. Wer zu welchem Geburtstag eingeladen wird und ob es dort einen schönen Garten mit Rutsche und Sandkiste gibt oder nur ein kleines Zimmer mit üblichem Spielzeug, das auch noch mit den Geschwistern geteilt wird. Man achtete durchaus darauf, wer besser Deutsch konnte als die anderen Mitschülerinnen und Mitschüler, und das bezog sich nicht nur auf Kinder mit nichtdeutschen Wurzeln. Es spielte auch eine große Rolle, wer am Ende zur Haupt- oder Realschule und wer zum Gymnasium geschickt wurde. Vermutlich war es bei uns nicht so extrem wie in einer Großstadt, irgendwie kannte jeder jeden, und wenn nur um ein paar Ecken, und so lief der Schulalltag einigermaßen reibungslos.

Und doch war schon die Grundschule nicht frei von Vorurteilen, Missgunst und Schubladendenken. Für Kinder wie mich oder auch Kinder, deren Eltern zwar im Ort geboren waren, aber weniger gebildet und finanziell schlecht aufgestellt, sah es schlechter aus als für andere. Vor allem bei dem Übergang an die weiterführende Schule. Für meine Eltern stand schnell fest, dass ich so wie meine engsten Freundinnen zum Gymnasium gehen würde. Aber mancher Lehrer und manche Lehrerin sah das anders. Was konnten sie einem Mädchen mit türkischen Eltern aus der »Arbeiterklasse« zutrauen? Dessen Eltern selbst in der Türkei gerade mal fünf Jahre zur Grundschule gegangen waren, was damals zu deren Kindheit vor allem in ländlichen Regionen völlig normal und verbreitet gewesen war. Hatte dieses Kind, die kleine Pinar Atalay, unter diesen Voraussetzungen die gleichen Chancen wie Tanja aus der Nachbarklasse, deren Eltern Bankangestellte waren und die schon seit Generationen im selben Ort lebten?

Wurde es gleich angesehen, weil es die gleichen Zensuren hatte, weil es schulisch gleichauf war? In der Theorie sicher. Schon damals galt, wie wohl heute auch, dass theoretisch die Durchlässigkeit an den Schulen gegeben ist. Dass jeder und jede auf dem Papier die bestmögliche Förderung bekommt und die bestmögliche Schulbildung. Nur die Praxis sieht oft anders aus.

Meine Eltern mussten es quasi erkämpfen, dass ich nicht zur Realschule ging, sondern einen höheren Bildungsweg einschlug. Meine Mutter musste, obwohl ihr das sprachlich schwerfiel und sie es nicht gewohnt war, in eine Auseinandersetzung mit einer Lehrkraft zu treten, starke Argumente bringen, damit ich die Empfehlung zum Gymnasium bekam. Meine Klassenlehrerin wollte mich, so erzählen es meine Eltern, davor bewahren, dass ich es nicht schaffte und am Ende vom Gymnasium auf die Realschule zurückgestuft werden müsste. Sie hat es vermutlich gut gemeint, wollte mich schützen, ich kam gut mit ihr aus. In ihrer Betrachtung wäre ich der Mehrheit gefolgt – Kinder wie ich gingen nun mal nicht zum Gymnasium.

Aber wie gut gemeint ist dieser Rat wirklich? Wenn die anderen mit gleicher Leistung selbstverständlich den besseren Weg gehen sollen, man selbst aber vorsichtshalber nicht? Wenn dadurch Freundschaften aufs Spiel gesetzt werden, denn meine Freundinnen und Freunde sollten die höchste Schulbildung genießen. Wenn an diesem Punkt Eltern nicht selbstbewusst genug sind und der Sprache mächtig genug, um zu widersprechen, kann der Aufstieg schon im Alter von neun Jahren ausgebremst werden.

Ich bin meinen Eltern dankbar, dass sie sich für mich starkgemacht haben, dass sie den Mut hatten, einer Lehrerin zu widersprechen, und gleichzeitig dafür sorgten, dass ich von alldem wenig mitbekam. Ich mochte meine Klassenlehrerin und sie mich auch, sie schrieb mir sogar Urlaubskarten aus dem Türkei-Urlaub mit Anekdoten von ihren Erlebnissen und dem ein oder anderen türkischen Wort. Jedes Jahr fuhr sie nach Kuşadası an die türkische Westküste und erzählte mir immer, wie schön es dort sei. Ihre Entscheidungsgrundlage hatte wohl eher mit Automatismen und festgesetzten Vorurteilen zu tun.

Meine sechs Jahre ältere Schwester hatte es noch schwerer. Auch sie eine gute Schülerin und im Unterricht immer fleißiger als ich. Doch als erstes Kind standen ihre Chancen schlechter. Meine Eltern hatten noch nicht die Erfahrung, den Mut, sich dem Urteil der Lehrkräfte zu widersetzen. Auch waren ihre Sprachkenntnisse damals noch nicht gut genug, und mit einem Kleinkind im Schlepptau, ich war damals um die drei Jahre alt, hatten sie sicher noch weniger Kraft, sich zu verkämpfen. Zumal es eben damals noch ungewöhnlicher war, dass ein türkisches Arbeiterkind auf eine höhere weiterführende Schule kam. Meine Schwester wurde zur Realschule geschickt, gegen ihren Willen. Um dann allerdings zum Gymnasium zu wechseln. Um dann ein Einser-Abitur zu machen und ein Einser-Studium, übrigens in Germanistik und Medienwissenschaften.

Für Kinder und Jugendliche aus der unteren Schicht – welche nicht ausschließlich mit der finanziellen Lage verbunden sein muss, sondern auch mit Bildungsnähe beziehungsweise -ferne zusammenhängt, mit der dann wiederum Anerkennung und Teilhabe in einer Gesellschaft einhergehen – beginnt der Ernst des Lebens häufig früher. Für gleiche Ergebnisse müssen sie mehr Leistung bringen, immer wieder überzeugen. Sie können sich schwer zurücklehnen und sich auf ihren Lorbeeren ausruhen, sie müssen sich immer wieder beweisen. Das wird in den Gesprächen, die ich für dieses Buch geführt habe, immer wieder deutlich. Auch haben diese Kinder oft den Eindruck, sie dürfen sich keinen Patzer erlauben, denn es gibt kein wohl temperiertes Auffangbecken. Wenn sie fallen, wird es gleich eiskalt. Weil Vater und Mutter selbst viel Kraft aufbringen müssen, um wenigstens ihren Status zu halten. Weil sie gegen Vorurteile kämpfen müssen und selbst keinen Zutritt zu anderen Schichten bekommen. Weil sie sicher auch Angst haben, dass das Kind mit solch hehren Zielen wie »ich will Anwältin werden oder Kunst studieren« nur tief fallen kann. Oder aber sich von ihnen entfernen könnte. Weil sie dann vielleicht das Gefühl haben, nicht mehr gut genug zu sein für ihre Kinder.

Die Schriftstellerin Deniz Ohde hat mit ihrem Debütroman *Streulicht* wie keine andere beschrieben, was Klassenzugehörigkeit und Herkunft bedeuten können. In ihrer ganz eigenen und wunderbaren Sprache zeigt sie auf, wie eine von Rassismus, Bildungsferne und Aussichtslosigkeit geprägte Kindheit aussehen kann, am Rande eines Industrieorts, im Frankfurter Westen. Sie erkundet die feinen Unterschiede in unserer Gesellschaft, so heißt es in der Buchbeschreibung. Ihr Text ist oft trist, düster, beim Lesen musste ich mich manchmal zwicken, um weiterzublättern, denn das Buch nahm mich mit. So viel Ungerechtigkeit, so vieles, das ich nachempfinden konnte, und ebenso vieles, das mir fremd war. Es geht um Ausgrenzung, um Sprachlosigkeit und prekäre Verhältnisse, denen man nicht zu entkommen scheint.

Als ich Deniz Ohde anschrieb und um ein Interview bat, sagte sie sofort zu. Wir kannten uns nicht, und doch entstand gleich eine gute Gesprächsatmosphäre.

In *Streulicht* nimmt eine Ich-Erzählerin die Leserinnen und Leser mit auf eine literarische Reise ins millionenfach Gelebte, in einen Alltag, den viele teilen, der aber wenig Beachtung findet. Es ist ein Stück weit ihre eigene Geschichte, die Deniz Ohde hier erzählt. Sie stammt selbst aus einer Arbeiterfamilie, ist Deutschtürkin und schaffte über den zweiten Bildungsweg das Abitur. Wir schalteten uns per Videotelefonie zusammen, sie aus Leipzig, wo sie lebt, ich aus Hamburg, aus dem Homeoffice.

PINAR: Frau Ohde, ich habe Ihr Buch innerhalb eines Tages durchgelesen, und wissen Sie, warum ich es nicht weglegen konnte? Weil mich das total aufgebracht hat, weil ich so mitgelitten habe mit Ihrer Figur. Wieso wird sie so unfair behandelt?

DENIZ OHDE: Wieso? (lacht) Ja, das ist natürlich die große Frage. Mein Versuch war, diese abstrakten Begriffe von Bildungsaufstieg oder Migrationshintergrund aufzunehmen. Themen, die auch Reizthemen sind, über die man sich im Diskurs unterhält, da wollte ich hinschauen. Wo in einer Biografie solche Ungerechtigkeiten, die einem dadurch passieren können, sichtbar werden und wo die erlebbar sind. Und wie eine Person die konkret erlebt. Auch an den Stellen, die nicht so leicht greifbar sind. Mir ging es vor allem darum, Situationen zu zeigen, die mehrdeutig sein können. Zum Beispiel diese erste Verletzung, die die Figur erlebt. Auf dem Schulhof, wo sie geschubst wird, das hätte auch ein einfacher Unfall sein können. Aber diese Vermutung, dass es an etwas anderem liegt, die man schon sehr früh als Kind spüren kann, die habe ich versucht sichtbar zu machen.

PINAR: Das Mädchen wird auf dem Schulhof von einem anderen Kind geschubst und es fällt hin. Und dann wird ihr gegenüber, wie sie es im Buch nennen, das K-Wort genutzt. Sie wird also Kanake genannt.

DENIZ OHDE: Die Gründe für diese Behandlung sind abstrakte und historisch gewachsene Ungerechtigkeiten, die wollte ich nicht direkt benennen, ich habe versucht eine andere Sprache dafür zu finden.

PINAR: Und warum? Weil es schwer ist, sie zu benennen?

DENIZ OHDE: Weil ich das Gefühl habe, wenn ich da jetzt reingeschrieben hätte, das ist Rassismus, dann wäre das nicht mehr literarisch gewesen. Ich habe mir schon den Maßstab gesetzt, keine Alltagssprache zu verwenden oder eine Sprache, die man im politischen Diskurs verwenden würde.

PINAR: Die junge Frau macht sich selbst verantwortlich für alles und dabei gibt sie ihr Bestes. Wollten Sie damit die Machtlosigkeit zeigen, junge Frau gegen starres System?

DENIZ OHDE: Vor allem ging es mir um den Mechanismus, der sehr oft greift: Die Person, die Opfer einer Sache wird, in Verantwortung zu ziehen dafür, was ihr passiert. Auch das auf verschiedenen Ebenen. Es gibt da den Vorwurf, dass sie die Schule nicht schafft, liege daran, dass sie zu still sei. Dabei ist das nicht wirklich der Grund. Der Grund ist ein systemischer. Und der wird der Figur sehr früh bewusst, wenn ihr Klassenlehrer in der 5. Klasse den Leuten sagt, dass jetzt erst mal ausgesiebt wird. Es offenbart sich ja, dass es eigentlich darauf angelegt ist, dass bestimmte Leute da durchfallen sollen durch dieses Sieb. Und diesen Mechanismus, die Person verantwortlich dafür zu machen und das als Legitimation zu nehmen, dass diese Person am Ende weniger Geld im Beruf verdient beispielsweise, diesen Umstand wollte ich zeigen.

PINAR: Die Romanfigur schafft so viel, ist fleißig, boxt sich durch bis an die Uni und muss sich doch immer wieder rechtfertigen, als wäre sie nicht gut genug. Wie kommt das?

DENIZ OHDE: Weil diese Frage ihr immer wieder gestellt wird. Warum ist das passiert, warum musste sie von der Schule runter, warum kam sie nur über Umwege an die Universität? Das ist ja eine Grundfrage, der sie versucht auf den Grund zu gehen, und sie bemerkt dann auch, dass die Antwort nicht bei ihr selbst zu finden ist.

PINAR: Welche Parallelen gibt es zu Ihrer Kindheit und Jugend? Viele lesen das Buch autobiografisch.

DENIZ OHDE: Es ist kein Geheimnis, dass es auf Erfahrungen beruht, die ich selber gemacht habe. Auch der Name, der ja nie genannt wird, ist von meiner eigenen Erfahrung inspiriert. Ich habe die Erzählerin namenlos gelassen, weil ich sie nicht nach mir selbst benennen wollte, weil sie auch nicht ich ist, auch nicht von ihrer Persönlichkeit her. Aber auch weil diese Figur ein Stück weit verschwindet, nicht gesehen wird von den Leuten. Die

Erfahrung, die ich gemacht habe, ist vor allem, was den Bildungsweg angeht, dieselbe. Ich bin auch vom Gymnasium geflogen und hab dann auf der Abendschule meinen Realschulabschluss nachgeholt und bin dann auf das Regelgymnasium und saß mit 20 Jahren in der elften Jahrgangsstufe mit lauter 17-Jährigen. Ich hatte nie jemanden in meinem Umfeld, der etwas Ähnliches erlebt hat, ich hatte immer eine vereinzelte Erfahrung damit. Ich wollte zeigen, wie sich das anfühlt. Der Unterschied ist aber der Antrieb. Ich wusste, dass ich Schriftstellerin werden will und dafür bestimmte Skills erlernen muss. Die Erzählerin ist viel verlorener in dem Ganzen.

PINAR: Was hat das damals mit Ihnen gemacht, von der Schule zu fliegen?

DENIZ OHDE: Es war wirklich schlimm. Es war einfach sehr traurig, meine Freunde zu sehen, die alle einen neuen Abschnitt anfingen, in dem sie in die Oberstufe gingen, und ich habe zu Hause gesessen, war 17 und wusste nicht so richtig weiter. Ich dachte, dann werde ich einfach jetzt schon Schriftstellerin, es kann mir ja eh alles egal sein, aber das hat natürlich nicht geklappt. Die Sachen, die ich geschrieben habe, waren noch nicht gut genug dafür. Aber dann kam diese Entscheidung, weiter zur Schule zu gehen und es in Kauf zu nehmen, noch mal auf die Oberschule zu gehen, das nicht abzubrechen.

Als ich da in der 11. Klasse mit den anderen, Jüngeren saß, habe ich echt gedacht: Muss das jetzt sein, das ist ja schlimm, wieder zum Sportunterricht zu gehen, zum Beispiel, schrecklich. Aber diese Entscheidung, das auszuhalten und auch zu wissen, warum ich das mache, und auch die Entscheidung, das gut zu machen, hat schon auch mein Bild von mir selbst geprägt. Dass ich aus dieser Erfahrung heraus ein Selbstbild von mir habe, eine Person zu sein, die nicht aufgibt.

PINAR: Wie wurden Sie damals behandelt und haben Sie den Grund erkannt, warum sie von der Schule geflogen sind?

DENIZ OHDE: Vor allem in dieser Mittelstufe, in der ich war, auf dem Gymnasium, da habe ich mich sehr ungerecht behandelt gefühlt.

PINAR: Wurden Sie wegen Ihrer Herkunft so behandelt?

DENIZ OHDE: Das war teilweise diffus. Ich konnte manchmal nicht festmachen, woran es liegt. Liegt es jetzt an meinem Migrationshintergrund, liegt es daran, dass ich ein Mädchen bin? Das hat, denke ich, auch ineinandergegriffen. Und dass ich nicht einfach die Schule gewechselt, sondern abgebrochen habe, lag sicher auch daran, dass meine Eltern nicht wirklich wussten, dass das nicht in Ordnung ist. Die Gymnasialerfahrung hatten sie nicht. Die konnten dem nicht wirklich was entgegensetzen, weil sie gedacht haben, so läuft das halt. Das war mir aus dieser Perspektive heraus auch nicht bewusst, dass das nicht hätte sein müssen.

PINAR: Es braucht echt Durchhaltevermögen und Motivation, das so wie Sie durchzuziehen. Nach solch einer Erfahrung auf der Abendschule den Realschulabschluss nachzuholen, dann Abi zu machen. Also ich war keine besonders gute Schülerin, eher vorlaut und oft abgelenkt, ich habe einen schlechten Durchschnitt. War Ihnen ihre Abiturnote am Gymnasium wichtig?

DENIZ OHDE: Mir war das dann so richtig wichtig. Ich habe mit 1,9 Abi gemacht. Es war mir währenddessen klar, ich mach das jetzt nur, weil ich das für mich selbst will. Mir war klar, ich brauche den Schnitt nicht für das Germanistikstudium und das interessiert zum Schluss sowieso keinen mehr, was man für einen Schnitt gemacht hat. Aber ich wollte einen 1er-Schnitt.

PINAR: Wow.

DENIZ OHDE: (lacht) Bei so einem Bildungsaufstieg sich noch mal aufzurappeln, da spielt auch eine Rolle, in welcher Situation man sich sonst befindet. Das passiert ja nicht in einem luftleeren Raum. Ich hatte das Glück, dass ich Eltern hatte, die mich darin unterstützt haben. Ich hatte eine sichere Basis, von der aus ich das machen konnte. Es wird schwieriger, je weniger Unterstützung man sonst hat.

PINAR: Wurden Sie auf die Abendschule öfter angesprochen, mit so einem seltsamen Blick, eher belächelnd? So wie ich auf meine Zeit in der Boutique?

DENIZ OHDE: Anfangs habe ich mich gefragt, ob ich überhaupt davon erzählen soll. Ich hatte das Gefühl »Sag ich das jetzt nur, um eine Street-Credibility zu haben, denn es wird als etwas Besonderes betrachtet?« für mich eher nicht. Es gibt ja sehr viele Menschen, die den zweiten Bildungsweg eingeschlagen haben.

PINAR: Wie anstrengend finden Sie es, doch das Gefühl zu haben, immer besser sein zu müssen als die anderen, weil man einen anderen Weg hat, eine andere Herkunft?

DENIZ OHDE: Ich weiß gar nicht, ob ich das selber habe, dieses Gefühl, ich setze mich schon selber ziemlich unter Druck. Ich denke, das kommt aus dieser Erfahrung, einmal gescheitert zu sein. Ich hatte in der Schulzeit diese unglaubliche Angst, wieder schlechte Noten zu haben. Für mich ist das eher so, dass ich das Gefühl habe, ich müsste mich besonders beeilen. Dass ich denke, dass erste Buch ist viel zu spät rausgekommen, ich hätte damit viel früher sein müssen.

PINAR: Sie sind Anfang dreißig.

DENIZ OHDE: Es ist dieses Gefühl, ich habe eine Verzögerung, die andere Leute nicht haben.

PINAR: Mir ging es manchmal so, das sagen auch andere Arbeiterkinder, dass ich mich gerade als junge Frau in manchen Situationen unwohl fühlte. Dass es schwierig sein kann, sich der neuen Welt, in der man sich bewegt, zugehörig zu fühlen, weil sie so anders ist.

DENIZ OHDE: Das fällt mir schon auch auf. Dass ich anders an Sachen rangehe, das sind so kleine Situationen, in denen mir klar wird, aha, hier ist der Unterschied. Zum Beispiel nach der Buchpreisverleihung mit Leuten vom

Verlag. Wir wollten noch weiter und ich fragte: »Steigen wir hier in die U-Bahn?« Und die sagten selbstverständlich: »Nein, wir fahren natürlich Taxi.« Auch der Habitus bei den Empfängen, das ist mir schon ein wenig fremd, aber ich fühle mich deshalb nicht schlechter. Und mein inneres Bild war immer, dass ich Schriftstellerin bin, dass ich das kann und dass es mein Talent ist. Für mich war es eher so, dass ich die Leute finden musste, die das auch denken.

PINAR: Das ist ein guter Punkt. Die Selbsterkenntnis: Ich will das, ich kann das, egal wo man herkommt – ist es das, was zählt?

DENIZ OHDE: Wenn man auf Leute trifft, die das nicht in einem sehen und einen auch so behandeln, dann hat das eine Folge für das eigene Verhalten. Das beeinflusst einen ja. Es gibt so ein Beispiel aus meinem Schülerpraktikum an einer Kulturinstitution, dort wurde mir gezeigt, wie ich die Papierhandtücher im Klo wechsle. Wenn die Leute einem so begegnen, dann läuft man ja gegen Wände. Ich dachte: »Ich will doch Schriftstellerin werden.«

PINAR: Wurden Sie so behandelt ob Ihrer Herkunft, Ihres Namens?

DENIZ OHDE: Da war ich ja noch jünger, vielleicht sieht man das einem dann eher an, dass man sich unsicher in solchen Räumen bewegt. Das sind Sachen, die sehe ich als Erwachsene anders. Es gibt keinen wirklichen Unterschied, die Leute, die sich was darauf einbilden und diesen Habitus haben und sich auskennen – das ist ja nicht wirklich was, was sie ausmacht. Das kann jeder lernen.

PINAR: Man muss es aber erst mal lernen. Zu Hause gingen keine befreundeten Anwälte oder Theaterleute ein und aus, da wurde nicht am Tisch über Hochkultur und Philosophie diskutiert. Im Prinzip mussten Sie sich doch auch was raufschaffen.

DENIZ OHDE: Das ist eine zusätzliche Lernleistung, die man erbringen muss und die zusätzlich auf so einer komischen unbewussten Ebene stattfindet, und die permanent ist. Es gibt ja keinen Benimmkurs, in dem Arbeiterkinder ausgebildet werden. Aber ich habe mich auch von mir selbst aus für Kultur und Philosophie interessiert, dazu brauchte ich keine Theaterleute am Tisch.

PINAR: Eine Stelle im Buch hat mich an mich selbst erinnert: Keine Tasse mit dem eigenen Namen, die im Supermarkt an so Dreh-Teilen steht. Kein Schlüsselanhänger, keine sich selbst ähnlichen Figuren in Kinderbüchern und Schulbüchern, man findet sich nicht wieder. Wie geht es Ihnen damit?

DENIZ OHDE: Für mich war es immer Denise, nicht Deniz. Überall stand Denise. Ich fand das schlimm, es war eine merkwürdige Diskrepanz zwischen: Ich bin das doch gar nicht, draußen werde ich aber so gesehen. Dazu kam in den frühen 2000ern, als ich Teenager war, das Schönheitsideal, das verbreitet war. Paris Hilton und Britney Spears, die blonden Mädchen waren das Nonplusultra und die dünnen Augenbrauen, das waren Sachen, die konnte ich nicht erfüllen. Türken waren dagegen sowieso hässlich.

PINAR: Also dunkelhaarig, behaarter, anders?

DENIZ OHDE: Genau, und deshalb war es für mich voll das Ding, dass Sibel Kekilli aufgetaucht ist. Ich war damals Teenagerin, und auf einmal sagten Leute zu mir, du siehst ja aus wie Sibel Kekilli. Das war das erste Mal, dass jemand gesagt hat, ich sehe wie jemand aus und es ist niemand Hässliches, sondern eine schöne Schauspielerin. Das war eine Schlüsselerfahrung, durch die mir erst bewusst wurde, dass ich keine Entsprechung habe da draußen.

PINAR: Wie kann man dem klischeehaften, vorurteilsbehafteten Denken entkommen?

DENIZ OHDE: Da müssen verschiedene Sachen ineinandergreifen. Es müssen erst einmal auf der strukturellen Ebene Wege gefunden werden, dass solche Benachteiligungen nicht stattfinden. Aber wie das geht, weiß ich nicht. Und dann muss man selbst die Dinge in konkreten Situationen mit seinem Gegenüber reflektieren und daran arbeiten. Wenn man selbst all diese Sachen erfahren hat, ist es leider so, dass man die Verantwortung dafür hat, man schleppt sie mit sich herum. Aber man muss sich damit konfrontieren, um nicht verbittert zu werden oder ein schlechtes Menschenbild zu bekommen. Das ist eine tägliche Aufgabe, sonst wird man unerträglich.

Sonst wird man unerträglich, ja, die Belastung, das Erlebte, die Ungerechtigkeiten, sie können einen erdrücken. Und sie können einen ausgrenzen. Deniz Ohde hat die Chancen, die sich ihr boten, ergriffen. Hat sich nicht unterkriegen lassen und ihr Ziel verfolgt. Und doch lassen das Erlebte, die Ungerechtigkeiten, sie nicht los. Sie setzt sich auf eine sehr eigene, besondere Art mit ihrer Geschichte auseinander.

Ich finde es immens wichtig, genau solche Geschichten lesen und hören zu können. Denn sie sind Alltag, sie sind keine Einzelerfahrungen, keine Ausrutscher. Sie haben System und sie können so viele junge Menschen desillusionieren. Denn nicht immer reicht die Kraft aus, nicht immer hilft der Zufall. Für mich bleibt nach dem Gespräch das Gefühl zurück, mit einer trotzigen jungen Frau gesprochen zu haben, die feinsinnig sagt: Hier bin ich, trotz allem. Es ist keine Geschichte aus der Opferperspektive, kein Platzhalter für die Schwachen, die wir zu lesen bekommen, die Deniz Ohde selbst verkörpert.

Für mich bleibt ein Wort: Stärke. Was sie und mich verbindet, ist, dass wir nicht selbstverständlich am Ende unserer Schullaufbahn das Abitur in der Tasche hatten. Es hätte auch sehr anders laufen können, sowohl bei ihr als auch bei mir, und es hätte einem viel verwehrt bleiben können.

Für mich war es damals, mit gerade mal sechs Jahren, sicher noch nicht die Frage nach meinen Zukunftschancen, die mich zum Gymnasium gehen wollen ließ. Es waren meine Freundinnen und Freunde, mit denen ich gemeinsam die Schule wechseln wollte. Mit den Augen eines Kindes betrachtet, spielt dieser Faktor eine große Rolle. Wie enttäuschend und traurig muss es sein, wenn dieser so wichtige Wunsch nicht erfüllt wird, obwohl er doch erfüllt werden könnte. Letztendlich besuchte ich die höchste Schulform und war eine ganz normale Schülerin, mit Stärken und Schwächen. Nicht viel besser und nicht viel schlechter als die anderen Kinder. Doch ich war eine Ausnahme am Gymnasium, weder in meiner Klasse noch in den Parallelklassen waren Kinder, die türkische Eltern hatten. Es waren nur einige wenige in der ganzen Schule, und die kannte ich persönlich, weil ihre Eltern mit meinen befreundet waren. Also ein kleiner Kreis, ungewöhnlich klein bei den nicht wenigen Arbeitsmigranten, die in der Gegend wohnten. Warum das so war, darüber spreche ich hier später noch mit meinem damaligen Klassenlehrer und Jahrgangsstufenleiter am Gymnasium, Werner Damm.

Wie werden Bildungsentscheidungen eigentlich getroffen? Was prägt Bildungskarrieren? Das beschäftigt die Wissenschaft seit Jahrzehnten. Der französische Soziologe und Philosoph Raymond Boudon entwickelte die Theorie der primären und sekundären Effekte der sozialen Herkunft. Er lieferte eine analytische Unterscheidung, die in der Soziologie und in der Bildungsforschung heute noch eine wichtige Rolle spielt. Primäre Effekte sind demnach jene, die den Einfluss von Herkunft auf die Kompetenz und Leistungsentwicklung beschreiben. Dabei geht es also beispielsweise um den Zusammenhang zwischen Familie und sprachlicher Kompetenz, um die sozio-ökonomischen Ressourcen der Familie. Um die Lernförderung und Lernumgebung der Kinder, um kulturelle Anregung. Also insgesamt um die Frage, in welchem Umfeld und mit welchen Ressourcen das Kind aufwächst.

Den sekundären Bildungseffekt beschreibt Boudon so: Es geht darum, welches Entscheidungsverhalten die Eltern an den Tag legen. Dieses ist davon geprägt, welcher Schicht sie sich zugehörig fühlen. Sie bewerten ihr Bildungsziel demnach nach ihrer eigenen sozio-ökonomischen Lage: Wie viel Geld müssen sie investieren, um ihr Kind auf eine höhere Schule zu schicken? Was kostet später das Abitur, das Studium, das unbezahlte Praktikum? Und welche höheren Erträge ergeben sich auf lange Sicht für das Kind? Eine Familie aus der Unterschicht wird bereits die Realschule als ökonomische Aufstiegschance sehen, eine Akademikerfamilie selbstverständlich das Gymnasium und ein Studium. Die Realschule wäre für sie eher ein Abstieg.

So kommen die primären und sekundären Effekte der sozialen Herkunft zusammen und beeinflussen den Bildungsweg des Kindes. Größere finanzielle Ressourcen und der bessere kulturelle Anregungsgehalt in den statushöheren Familien fördern die Entwicklung von Fähigkeiten und Motivationen, für gute Schulleistungen und erfolgreiche Bildungskarriere. Kognitive und sprachliche Fähigkeiten, Leistungsmotivation, Glauben an Erfolg bei individueller Anstrengung.

Das Aufwachsen in Familien mit Ärzten, Lehrerinnen oder leitenden Angestellten fördert in der Regel, wenn auch nicht immer, eine bessere Entwicklung des latenten Leistungspotenzials als das Aufwachsen in bildungsfernen Familien. Die Chancen eines 15-Jährigen mit Eltern aus der oberen Dienstklasse, das sind meist Akademikerfamilien, ein Gymnasium zu besuchen, sind um das Sechsfache höher als bei Jugendlichen aus Facharbeiterfamilien. Und bei gleicher Leistung besuchen die statushöheren Jugendlichen dreimal häufiger ein Gymnasium. Sozial schwache Familien schicken ihre Kinder auch bei guten Leistungen und entsprechender Schulempfehlung häufig nicht zum Gymnasium. Eltern aus oberen Schichten verhalten sich genau umgekehrt: Auch bei mäßigen Leistungen drängen sie auf das Gymnasium. Und die Frage, ob Studium oder nicht, wird in den höheren Klassen oft gar nicht gestellt. Sie entscheiden sich automatisch für einen akademischen Weg.

Nichtakademikerkinder und ihre Eltern sind eher unsicher: Doch lieber arbeiten und Geld verdienen? Bringt das Studium wirklich etwas? Die jungen Leute sind meist unfreier in ihren Entscheidungen, weil sie keinen finanziellen Airbag haben, der sie zur Not auffängt. Weil sie Sorge haben, dass sie versagen und alles umsonst war, auch der Kampf gegen die Entscheidung der Eltern, die sie doch von Beginn an lieber zur Haupt- oder Realschule geschickt hätten. Wenn sie dann noch im Schulalltag erleben, dass es ungleich zugeht, kann die Motivation für eine höhere Schule im Keim erstickt werden.

Der Erziehungswissenschaftler Hartmut Ditton schreibt dazu: »Kinder der unteren Schichten werden, gemessen an ihren tatsächlichen Leistungen, zu schlecht, Angehörige der mittleren, vor allem aber der oberen Sozialgruppe werden bezogen auf die tatsächlichen Leistungen deutlich zu gut benotet.« Und das kann für die Verlierer dieses Systems frustrierend sein.

Abschied und ankommen

Ich kann mir nur vorstellen, wie es meinem Vater damals ging, als er 1972 am Bösingfelder Busbahnhof mutterseelenallein ausstieg und sich umsah. Es war Mai. Die Sonne schien trotzdem nicht, es regnete in Strömen und der Himmel präsentierte sich in allen erdenklichen Grautönen, so die Beschreibung meines Vaters. Auf den Straßen war nichts los. Wie auch, mittags in einem Dorf mit knapp 4000 Einwohnern. Von der Millionenstadt Istanbul aus war mein Vater nach München geflogen, seine erste Flugreise überhaupt. Von dort ging es mit dem Bus weiter nach Lippe. Noch einmal umsteigen, und er landete in dem Dorf, das für die nächsten Jahrzehnte sein neues Zuhause werden sollte.

Dabei war sein Leben bis zu diesem Moment ein völlig anderes gewesen. Mein Vater war 26 Jahre alt, hatte vor rund einem Jahr meine Mutter geheiratet und war gerade erst vor wenigen Tagen zum ersten Mal Vater geworden. Er kam aus einer Stadt, in der man schon im Mai verzweifelt nach Schatten sucht und einer ruhigen Ecke, die einen kurz Luft holen lässt, in der Hitze und dem nicht enden wollenden Straßenverkehr. Istanbul, die Stadt, in der er seit seiner jungen Teenagerzeit lebte, war voll, laut, aber auch spannend und vielschichtig. Mein Vater arbeitete in der Tischlerei eines sogenannten Rum. So werden die Griechen in Istanbul genannt, nach der grausamen Vertreibung in den 50er-Jahren lebten nicht mehr viele von ihnen dort. Aber der Arbeitgeber meines Vaters war geblieben und betrieb eine kleine Schreinerei. Sie verstanden sich gut, die beiden, und sein Chef konnte ihm nur Glück wünschen bei dem Abenteuer, das mein Vater auf sich nehmen wollte. Es hatte sich schon lange herumgesprochen, dass so einige Türken ihr Glück in Deutschland gesucht und gefunden hatten. Dass es dort Arbeit gab und verhältnismäßig gutes Geld.

Mein Vater war Tischler, Facharbeiter. Daher schaffte er es noch unter die letzten Bewerber, die sich in Deutschland um einen Job bemühen durften. Denn es wurden nur noch Türkinnen und Türken mit Berufsausbildung genommen. Zuvor durfte sich jeder und jede bewerben, egal ob er oder sie Qualifikationen mitbrachte oder nicht. Denn Deutschland brauchte schlichtweg einfache Arbeiter für die harten Jobs, unter Tage, am Fließband. Das Land befand sich nach den langen, schrecklichen Kriegsjahren im Aufbau. Es war genügend Arbeit da, vor allem für Ungelernte, in den Niedriglohnbereichen. Vor genau 60 Jahren, am 30. Oktober 1961, schlossen die Bundesrepublik Deutschland und die Türkei ein Anwerbeabkommen, in das Hunderttausende Türkinnen und Türken ihre Hoffnungen legten. Eigentlich sollten sie höchstens zwei Jahre in Deutschlands Fabriken malochen und dann wieder zurückkehren.

Doch wie sagte bereits 1965 der Schriftsteller Max Frisch so treffend: »Wir riefen Arbeitskräfte, und es kamen Menschen.« Diese Menschen standen in den Ford-Werken in Köln am Band und bauten Modelle wie den »Ford Taunus« zusammen. Einen »Taunus« hatten wir später übrigens auch, grün mit schwarzem Dach. Die Menschen fuhren täglich hinunter in die dunklen Tiefen ihrer neuen Heimat und holten mit ihren deutschen Kumpels Steinkohle ans Tageslicht. Sie schraubten, wie bei uns in Bösingfeld in einer Firma, Motoren und Getriebe zusammen, Akkord, am Fließband, einen Mindestlohn gab es damals noch nicht. Sie eröffneten nach und nach Geschäfte und wurden zum »Türken um die Ecke«, der das Obst verkaufte, oder zum »Döner-Mann«. Ja, sie riefen Arbeitskräfte, und es kamen Menschen, und die bekamen Kinder und Enkel. Heute leben etwa drei Millionen türkischstämmige Menschen in Deutschland. Mein Vater wusste, dass es schwieriger geworden war, ein Arbeitsvisum zu bekommen, und wusste auch, dass er ins Ungewisse fahren würde. Aber er wollte sein Glück trotzdem versuchen, er wollte mehr aus seinem Leben machen als das, was sich ihm in der Türkei bot.

Ich finde es unglaublich mutig, einen solchen Schritt zu gehen. In den 70er-Jahren, ohne Dauerkontakt über Videotelefonie und Chats oder auch nur stabile Telefonverbindungen. Frisch verheiratet, ohne Eltern im Rücken, sie waren schon lange nicht mehr auf der Welt. Und mit einem Neugeborenen, von dem man sich, kaum hatte man es kennengelernt, schon wieder verabschieden musste. Wann es ein Wiedersehen mit meiner Mutter und meiner Schwester geben würde, wusste er nicht. Womöglich nach einem Jahr, wenn alles gut lief.

Und trotzdem wagte er es. Er hatte hier und da von Leuten gehört, die bereits in Deutschland waren und denen es verhältnismäßig gut ging. Warum sollte nicht auch er es schaffen? Es war bei Leibe nicht so einfach, das Visum zu bekommen. Neben unzähligen Unterlagen wie einem polizeilichen Führungszeugnis musste er auch eine medizinische Untersuchung über sich ergehen lassen. Das mussten alle »Gastarbeiter« und »Gastarbeiterinnen«. Erst wer nach diesem unangenehmen Termin, der viele an eine Musterung beim Militär erinnerte, als gesund und arbeitsfähig eingestuft wurde, kam überhaupt infrage. Saßen die Zähne noch am rechten Platz, war jemand schwer erkrankt oder hatte eine ansteckende Krankheit? Fragebogen und Untersuchung waren gründlich, manchen zu gründlich, sie fühlten sich in ihrer Intimsphäre verletzt.

Nun gut, mein Vater war fit genug für »Almanya«, für Deutschland. Und so packte er einen einzigen Koffer, verabschiedete sich von meiner Mutter und meiner frisch geborenen Schwester und stieg in Istanbul in ein Flugzeug ein. Wo die Reise endete, ist bekannt. Busbahnhof, Extertal-Bösingfeld. Keine Sonne, viel Regen, tote Hose.

Eine kleine Tischlerei aus dem Ort hatte damals beim Arbeitsamt Bedarf angemeldet, und so wurde er dorthin gebracht. Allerdings war er überrascht: Den Arbeitsmigranten wurden Baracken zugeteilt, die einfach vor der Firma aufgestellt wurden. Einer in die Jahre gekommenen Firma, die dadurch noch weniger einladend aussah. Das war also das gepriesene, wohlhabende Deutschland, von dem alle sprachen? Das Menschen aus aller Welt ankarren ließ, um die viele Arbeit wegzuschaffen? Mein Vater hatte es sich doch etwas anders vorgestellt, lebte sich aber schnell ein und mochte seine Arbeit. Den Rest, die Baracken mit den anfangs Fremden, die Isolation, die Sprachbarriere, ignorierte er und konzentrierte sich darauf, genug Geld zusammenzubekommen. Für eine eigene Wohnung, um schnellstmöglich seine Familie nachzuholen.

Es war nicht gerade einfach, in den 70er-Jahren eine

Wohnung zu ergattern, als junger türkischer Mann. Da konnte er noch so viel erzählen, dass seine Familie bald kommen würde. Das machte es eher komplizierter, nach dem Motto: Vielleicht kommt da gleich eine ganze Großfamilie nach. Am Ende fand er aber eine Bleibe, und nachdem meine Mutter ebenso als »Gastarbeiterin« anerkannt worden war – auch sie war Facharbeiterin, Schneiderin – konnte sie sich auf den Weg machen, um das Abenteuer mit ihrem Mann und ihrer ersten Tochter zu teilen. Neben der Wiedersehensfreude war es auch Erleichterung, die meine Mutter spürte. Sie konnten gemeinsam in einer kleinen Wohnung leben und mussten sie nicht mit Fremden teilen.

Meine Mutter konnte relativ schnell anfangen zu arbeiten. Akkord an der Nähmaschine, fünf Mark die Stunde. Es war anstrengend, aber sie mochte diesen kleinen Ort, der alles hatte, was sie brauchte, und der ihr überschaubar vorkam. Gemeinsam sollten sie sich schnell einleben. Zwar waren sie die »Gastarbeiter«, genauso wie ihr direktes Umfeld. Anfangs freundeten sie sich eher mit Menschen an, die das Schicksal der Diaspora teilten. Und doch hatten sie durch die Arbeit Kolleginnen und Kollegen, die alteingesessen waren und mit denen sie sich gut verstanden, und auch in der Nachbarschaft waren ihnen die meisten wohlgesonnen. Obwohl damals keine Integrationskurse oder ausreichende Sprachkurse angeboten wurden, konnten sie sich erst mit Händen und Füßen, später mit Wissen und Worten verständigen. Ihr Deutsch wurde schnell besser und das neue Zuhause langsam, aber sicher wohlig.

Ich denke, meine Eltern hatten das Talent, anpassungsfähig zu sein, ohne sich großartig verbiegen zu müssen. Vieles war fremd, aber sie waren neugierig und fleißig, und so hart der Job auch sein konnte, sie waren froh, arbeiten und etwas Geld an die Seite legen zu können. Aber auch sie hatten im Hinterkopf, wie so viele Arbeitsmigranten ihrer Generation, dass es nur ein Gastspiel sein würde. Dass sie, sollten sie genug haben, um in der Türkei noch mal neu starten zu können, wieder zurückkehren würden in die Heimat. Zu ihren Eltern und Geschwistern, Onkeln und Tanten, zurück in das Land, in dem sie bislang die meiste Zeit ihres Lebens verbracht hatten und mit dem sie so viel verbanden. Dass sie so lange in Deutschland bleiben würden, das hätten sie anfangs nicht gedacht.

Meine Eltern wurden permanent gefragt, wann sie denn wieder zurückkehren würden. Sie empfanden diese Frage als normal, manchmal nervte sie auch, aber ein Zurück, das hieß zurück in die Türkei, wo sie geboren waren und 26 Jahre verbracht hatten. Auch wenn sie wussten, dass die Frage nicht immer nett gemeint war und im Unterton auch mal mitschwang: »Wann geht ihr endlich wieder?«, sie konnten damit leben. Denn es gab einen Ort, an den sie zurückkonnten. Und sie wollten gern dorthin zurück.

Diese Frage mir zu stellen, ist eher absurd. Wohin denn zurück? Nach Bösingfeld? Wie oft werde ich gefragt, ob ich im Sommer in die Heimat fahre. Ob ich eigentlich irgendwann wieder dorthin zurückwolle. Das irritiert mich. Ich sage dann manchmal halb im Spaß, halb genervt: »Also in Bösingfeld Arbeit zu finden, wird für mich eher schwer.« Oder: »Das Wetter ist da nicht so doll, da bleib ich lieber, wo ich bin.« Oder auch einfach nur: »Häh?« Abgesehen davon, dass mir mein Zuhause abgesprochen wird, frage ich mich, ob den Fragenden denn nichts anderes einfällt, das man mich fragen könnte. Mir ist bewusst, dass es fast nie beleidigend oder fies gemeint ist. Dass es nicht gezielt verletzend sein soll, es ist eher Gedankenlosigkeit. Aber sollten wir nicht mehr Gedanken daran verschwenden, wie es bei den Gefragten ankommt? Ich kann gut damit umgehen, ich rolle mit den Augen, aber es fasst mich nicht an. Doch ich kenne viele Menschen, deren Eltern in einem anderen Land geboren wurden und die solche Fragen verletzen. Weil sie sich dadurch reduziert und ausgegrenzt fühlen. Weil diese Fragen implizieren, man gehöre ja eigentlich nicht dazu und die Heimat sei eine andere. Man könne zurück dorthin, man wolle doch sicher gar nicht bleiben.

Ich wünschte mir, es gäbe mehr Empfindsamkeit bei diesem Thema. Weder sollte die eine Seite gleich beleidigt und vergrämt das Weite suchen. Es anzusprechen hilft meist, wie ich finde. Noch sollte die andere Seite gleich intuitiv und reflexhaft antworten, dass sei doch gar nicht so gemeint und man solle nicht so empfindlich sein. Nach dem Motto »Man darf ja gar nichts mehr sagen«. Doch, man darf sehr vieles sagen, aber eben nicht alles. In den USA übrigens, das erzählte ja auch Sibel Kekilli, bekommt man solche Fragen eher nicht gestellt. Das Land hat beileibe selbst massiv mit Rassismus zu kämpfen, aber zumindest habe ich es bei meinen Aufenthalten sie so erlebt, dass man sich als Erstes für meine Herkunft interessierte.

Ein anderes Absurdum, dass mich in Deutschland begleitet: Ich werde immer wieder gefragt, wie ich mich fühle. Eher deutsch oder eher türkisch? So sehr ich den Gedanken hinter dieser Frage nachvollziehen kann, so sehr irritiert mich die Überlegung auch immer wieder. Wie ließe sich diese Frage einfach beantworten? Und muss ich sie eigentlich beantworten? Ich sitze nicht zwischen zwei Stühlen, sondern auf beiden, und ich denke ehrlich gesagt wenig darüber nach. Wohl so wenig wie eine Hamburgerin, deren Mutter in München und deren Vater in Dortmund geboren ist. »Fühlen Sie sich eher bayerisch oder eher nach Pott?« Das wäre vermutlich nicht die erste Frage, die ihr auf einer Party gestellt würde. Mir konnte das früher durchaus passieren. Man steht in der Küche, bei Bier und Salzletten, und wird gefragt: »Wie fühlst du dich eigentlich, deutsch oder türkisch?« Hmmm. Ich vereine beide Kulturen und Sprachen in einer natürlichen Symbiose, ich bin in Deutschland geboren, habe den deutschen Pass, bin also Deutsche. Gleichzeitig sind meine Eltern in der Türkei geboren, haben zu türkischer Musik getanzt und gelacht, ihre Muttersprache ist Türkisch. Sie haben in der Schule die Geschichte des Staatsgründers Atatürk gelernt und im türkischen TV die Parlamentsdebatten in Ankara verfolgt. Sie haben frisch geerntete Melonen gegessen und geholfen, Baumwolle von den elterlichen Feldern zu pflücken. Bevor sie nach Deutschland kamen, lebten sie in der Millionenmetropole Istanbul, wo mein Vater auf fahrende Trams aufsprang, um zu seiner Tischler-Lehrstelle zu kommen. Und meine Mutter zur Schneiderfachschule ging und sich schicke 70er-Jahre-Miniröcke nähte.

All diese Geschichten sind Teil meiner Geschichte und machen mich ebenso aus. Vieles kenne ich aus Erzählungen, manches habe ich selbst erleben können. Die Melonen vom Feld meines Großvaters, der diese neben Olivenbäumen und Baumwolle anbaute, kostete ich auch im Sommerurlaub. Ich kaufte mir auf dem Basar für ein paar Lira Musikkassetten von Tarkan und Sezen Aksu und konnte nach kurzer Zeit von vorne bis hinten alles mitsingen. Istanbul war für mich ohnehin ein Kulturschock, im besten Sinne. Eine Millionenmetropole. Für ein Mädchen vom Dorf war Istanbul aufregend und voller Möglichkeiten. Laut, schnell, voll, spannend und überraschend. Zudem hatten die Istanbuler modisch vielen etwas voraus, vor allem den Deutschen, und so deckte ich mich neben Musikkassetten mit den angesagtesten Klamotten ein, um damit in Bösingfeld zu prahlen. Zudem liebe ich noch heute türkischen Süßkram wie Baklava, der andere ins Zuckerkoma schießen würde, bei mir aber sogar bei 35 Grad im Schatten noch Freude auslöst.

Und ich wusste früh von den Sorgen der türkischen Bevölkerung, hatte eine Idee davon, wie es ist, in einem Land ohne soziale Absicherung zu leben. In einem Land, in dem es vielen gut, aber den meisten wirtschaftlich schlecht ging. In dem an jeder Ecke ein Mädchen oder ein Junge völlig verwahrlost nach ein wenig Kleingeld fragte oder mit seinen Eltern bei strömendem Regen versuchte, Rosen und Nelken auf der Straße zu verkaufen. In einem Land, das viel Leid durch Terror erlebt hat und gleich mehrere Putsche. Einem Land, dessen Demokratie immer wieder wankt und dessen Volk immer wieder gespalten ist. Meine Verwandten erzählten mir von ihrer Realität, und ich saß oft in ihren völlig überhitzen Hochhaus-Wohnungen auf einem geblümten Sofa und blickte mit ihnen auf das Grau der nächsten Häuserwand. Ich erlebte ihren Alltag, zwischen politischen und finanziellen Sorgen.

Aber ich erlebte auch ihre Herzlichkeit und Liebe, ihren Tatendrang und die Überlebenskunst in schwierigen Zeiten. Gleichzeitig erzählte ich ihnen von meinem Zuhause. Von den grünen lippischen Wäldern, von meinem Krippenspiel in der Kirche, bei dem ich Maria war und stolz Jesus (eine lebensechte Plastikpuppe) im Arm wiegte. Ich half meinem Großvater, die frisch gepflückten Melonen vom Feld zu zerteilen, und erzählte ihm gleichzeitig, wie gern ich Erdbeerkuchen mit Tortenguss und Sprühsahne aß. Und von der ersten Sekunde meines Lebens an war Türkisch im Wortsinne die Muttersprache, die ich aufsog, was mich aber nicht daran hinderte, Deutsch zu meiner Hauptsprache zu machen. Ich sehe nicht zwei Teile in mir, sondern eines, das sich natürlich zusammensetzt aus Erfahrungen, Erlebnissen, Geschichte und Geschichten.

Letztendlich sind es die Geschichten eines jeden, einer jeden, die uns ausmachen, die Geschichten eines jeden Individuums. Und so stellt sich mir selbst die Frage nicht, wie ich mich fühle. Alles vereint sich, und mich kann sowohl etwas sehr »Türkisches« berühren und erfreuen, wie ein altes Volkslied oder ein Raki-Abend mit Freundinnen und Freunden am Bosporus, als auch ein deutsches Gedicht oder der Geschmack eines guten Rinderbratens mit Rosenkohl und brauner Sauce.

Ich habe es immer als Plus gesehen, diese Doppel-Herkunft zu haben. Sie erlaubt mir mehr gelebte Sichtweisen, sie ließ mich auf natürliche Art und Weise zwei Sprachen lernen und mich in zwei Ländern zu Hause fühlen. Und sie machte mich dazu noch zu einem reich beschenkten Kind. Neben den Oster- und Weihnachtsgeschenken, die meine Eltern immer liebevoll aussuchten und je nach Anlass traditionskonform im Garten versteckten oder unter den Weihnachtsbaum legten, gab es noch mehr Gelegenheiten, mich zu erfreuen: Zweimal Bayram kamen dazu, also die muslimischen Feiertage, die in Deutschland zwar normale Arbeitstage waren, bei uns zu Hause aber dennoch mehr oder weniger festlich begangen wurden. Dazu die Geburtstagsgeschenke und noch eines zu Silvester, denn das wird von vielen Türkinnen und Türken auch noch mal mit Gaben versüßt. Sechsmal im Jahr wurde ich beschenkt. Was will Kind mehr?

All das müsste ich wohl auf die Frage antworten: »Fühlst du dich eher deutsch oder türkisch?« Wer die Geduld hat, sich eine ausführliche und nicht einfache Antwort anzuhören, sei willkommen.

Mit dieser Frage nach Herkunft und dem Entweder-oder werden erst recht Menschen konfrontiert, deren Vorfahren offensichtlich nicht schon seit Hunderten Jahren in Deutschland oder Europa leben. Sie bekommen meist ungefiltert zu spüren, dass es bei ihnen doch wohl etwas zu hinterfragen gebe. Wie es ist, in dem Land, in dem man geboren wird und aufwächst, als Fremde oder wenigstens als Minderheit angesehen zu werden, hat Aminata Touré immer wieder schmerzhaft erfahren müssen. 1992 in Neumünster geboren, als Tochter malinesischer Eltern, aufgewachsen in einer Flüchtlingsunterkunft, ist sie heute eines DER Gesichter von Bündnis 90/Die Grünen. Sie sitzt als Abgeordnete im Landtag von Schleswig-Holstein und ist gleichzeitig dessen Vizepräsidentin. Sie ist die erste afrodeutsche und die jüngste Vizepräsidentin eines deutschen Landtags überhaupt. Sie ist Sprecherin für Migration und Flucht, Antirassismus, Frauen und Gleichstellung, Queerpolitik und Religion. Mit diesen Themen macht man sich oftmals keine Freunde, eher im Gegenteil. Aminata Touré muss viele Anfeindungen aushalten, auch Drohungen von Rechten. Sie ist in den Kieler Landtag eingezogen, als sie 24 Jahre alt war, und muss so schon als junge Frau vieles einstecken.

Ich habe sie in dem Videotelefon-Gespräch, das wir geführt haben – ich wieder aus dem Homeoffice in Hamburg, sie in ihrem Büro in Kiel – als jemanden erlebt, der hadert und gleichzeitig nicht so schnell aufgibt. Sie ist sich ihrer Verantwortung bewusst, und manches Mal wird die Last auch zu schwer. Doch sie hat den festen Willen, etwas zu verändern. Und dabei hat sie ein Vorbild, das sie auch schon persönlich kennengelernt hat.

PINAR: Sie haben einmal Barack Obama getroffen. Wie kam es dazu?

AMINATA TOURÉ: Das war ungefähr einer der aufregendsten Tage meines Lebens. Begonnen hatte alles im Jahr 2018, als ich in den USA beim Congressional Black Caucus war. Es ging unter anderem darum, sich zu vernetzen, die Policies von Schwarzen Menschen nach vorne zu stellen. Wir waren eine Delegation aus Schwarzen aus ganz Europa, darunter Politikerinnen und Politiker und Mitglieder von NGOs. Und in dem Rahmen haben wir auch die Obama Foundation kennengelernt, ich dann auch die Leiterin der Stiftung. Ich war in dieser Delegation die einzige Frau, da waren sehr viele Männer, die ich alle sehr geschätzt habe, aber die sehr viel geredet haben und den Raum eingenommen haben. Ich war davon total impressed, in diesem Gebäude zu sein und zu wissen, hier findet politisch total viel statt. Aber ich war eher zurückhaltend, weil mich die ganzen Einflüsse und Eindrücke, die ich im Laufe dieser Woche gesammelt hatte, total erschlagen haben. Ich bin jeden Tag aufgewacht, noch mit meinem Jetlag, und fand alles unglaublich und total großartig. Ich war ja noch nicht so lange Abgeordnete. Ich glaube, gerade mal eineinhalb Jahre. Es war einfach eine der krassesten politischen Reisen, die ich bis dahin gemacht hatte. Zum Schluss meinte die Leiterin der Foundation, wir Frauen am Tisch müssten uns gegenseitig supporten und sagte zu mir: »Aminata, erzähl du doch auch noch mal was.«

PINAR: Und was haben Sie ihr erzählt?

AMINATA TOURÉ: Ich habe nur ein bisschen erzählt, das hatte mich im Nachhinein aber ein wenig geärgert. Dass ich nicht genug von mir und meiner Politik erzählt hatte und auch nicht so viele Fragen gestellt hatte, wie ich eigentlich wollte. Deswegen habe ich der Leiterin einfach eine Mail geschickt, in der ich ihr noch mal erzählt habe, inwiefern Barack Obama für mich ein Vorbild war. Auch dahingehend, dass ich damals total Schiss hatte, als ich für den Landtag in Schleswig-Holstein kandidiert habe. Ich wusste, du wirst die erste Schwarze Abgeordnete sein, du bist total jung, du bist eine Frau in einer Männerdomäne. Ich weiß noch, dass ich damals auf meinem Balkon stand und dachte: Oh Gott, ich sterbe. Ich kann das nicht machen, ich hab mich überschätzt, es ist eine total dumme Idee. Das war einen Tag vor der Kandidatur. In diesem Moment auf dem Balkon hab ich voll krass an Barack Obama gedacht. Dass der Typ so viel krassere Sachen gemacht hat und dass wir ihm das auch irgendwie schuldig sind, selbst auf solche Wege zu gehen, denn ansonsten findet Veränderung nie statt. All diese Gedanken, die ich also damals hatte, habe ich in diese Mail an die Foundation geschrieben, und die Leiterin war total beeindruckt davon. Ein paar Monate später hat sie mich zu einer anderen Veranstaltung nach Kalifornien eingeladen, und da fragte die Foundation mich dann, ob ich Barack Obama im April 2019 vorstellen möchte, in

Berlin, weil er das erste Mal nach zwei Jahren wieder in Deutschland zu Gast war. Eine riesen Konferenz für Leute aus ganz Europa, junge Leute aus Europa.

PINAR: Haben Sie mit ihm sprechen können?

AMINATA TOURÉ: Ich hatte ihn, kurz bevor die Veranstaltung auf der Bühne losging, kennengelernt, weil es ein Foto mit ihm geben sollte. Da konnte ich mich dann kurz mit ihm unterhalten. Dann sind wir backstage gegangen und da hatten wir dann auch noch mal die Zeit, uns zu unterhalten. Da habe ich ihm dann Fragen gestellt, wie man das zusammenkriegt, Politik zu machen, an Veränderung zu glauben, aber auch an den Realitäten manchmal zu zerschellen. Dass man mit ganz viel Idealismus bestimmte Vorstellungen von Veränderung hat und dann in der politischen Realität ankommt und merkt, dass das alles nicht so easy ist. Er hat dann mich gefragt, wie es ist, Politik in Deutschland zu machen, und so kam es zu einem kurzen, guten Austausch.

PINAR: Haben Sie ihm erzählt, dass Sie damals Angst vor einer Kandidatur hatten, weil Sie dachten: Ich bin jung, ich bin eine Frau, ich bin Schwarz, was soll ich im Landtag von Schleswig-Holstein?

AMINATA TOURÉ: Ich hatte ihm das tatsächlich so erzählt, dass ich irgendwie Schiss davor hatte, und dass ich das total krass fand, diesen Weg zu gehen und mich eben auch gefragt habe, wie man mit diesen ganzen Herausforderungen umgehen soll. Unser Gespräch, das ja hinter der Bühne kurz vor dem Auftritt stattfand, wurde dann aber unterbrochen, weil ich auf die Bühne musste, um ihn vorzustellen. Ich habe dann aber in meiner Rede über genau diese Punkte offen gesprochen, und danach kam er dann und sprach zu den Leuten. Das ist an mir vorbeigezogen wie in einem Film.

PINAR: Das ist ja eigentlich etwas Betrübendes, wenn Sie als junge Frau gedacht haben: Ich bin Schwarz, Frau, jung, das wird nichts.

AMINATA TOURÉ: Ich wusste einfach nicht, was mich erwarten würde. Entweder, es ist den Leuten völlig egal, wovon ich nicht ausgegangen bin, oder man erfährt total viel Hass und total viel Bullshit. Und ja, ich habe mich gefragt, ob ich in diesen Raum überhaupt reinpasse. Wenn man sich die Politik in Deutschland anguckt – ich habe dieses Gefühl erst am Wochenende gehabt, am Sonntag, als ich mir die Wahlberichterstattung im Fernsehen angeguckt habe, nach den Wahlen in Rheinland-Pfalz und Baden-Württemberg. Diese ganzen Runden, in denen dann Politikerinnen stehen, oder eher Politiker, und über die Ergebnisse diskutieren und befragt werden. Ich bin jetzt vier Jahre in der Politik, habe das gesehen und dachte wieder: Ich gehöre da irgendwie gar nicht hin. Weil man immer wieder dieses Bild sieht von Typen, die meistens über fünfzig sind, einen Anzug tragen, man wüsste noch nicht einmal, welcher Partei sie angehören, wenn da nicht Name, Partei und Funktion eingeblendet würden. Das ist bei mir ein Gefühl, das mich nicht loslässt. Und darüber hatte ich dann eben damals im Vorfeld nachgedacht. Passe ich da rein? Gehöre ich da überhaupt rein? Habe ich genügend Wissen? Und kann ich beanspruchen, in Deutschland für Deutsche zu sprechen? Diese Fragen haben sich total krass für mich gestellt.

PINAR: Ist das auch bedingt durch ihre Kindheit? Dadurch, dass Sie vielleicht von Anfang an nicht das Gefühl hatten, dazuzugehören, zu Deutschland zu gehören?

AMINATA TOURÉ: Ich bin ja in Deutschland geboren und hier auch groß geworden, wenn auch die ersten Jahre in einer Flüchtlingsunterkunft. Ich kenne ja gar kein anderes Land als dieses hier. Und trotzdem stellen sich diese ganzen Fragen immer wieder, auch gerade durch das Merkmal, Schwarz zu sein. Da kommt man gar nicht drum herum, sich all diesen Fragen immer wieder zu stellen und auch Antworten darauf geben zu müssen. Man wird ja anders gemacht, man selbst sieht sich ja gar nicht anders. Man geht durch die Welt und denkt, ich bin Teil des Ganzen. Doch je älter man wird, je mehr man diese ganzen Fragen von außen bekommt, je mehr infrage gestellt wird, je öfter gesagt wird: »Verpiss dich zurück in dein Heimatland«, was in den Augen derer definitiv nicht Deutschland ist, desto mehr macht es natürlich auch etwas mit einem selbst.

PINAR: Es kommt also für manche, die Sie von außen betrachten, eine Erzählung zustande. Junge Frau, Schwarz, also Migrationsgeschichte und damit vermutlich auch bildungsfern?

AMINATA TOURÉ: Das ist tatsächlich der erste Trugschluss. Denn ich komme aus einer akademischen Familie, meine

Eltern haben beide studiert und Bildung hat immer eine Rolle bei uns gespielt. Das ist aber genau das, was viele verknüpfen, wenn sie Menschen mit Migrationshintergrund sehen oder auch explizit Schwarze. Dass sie aus einem akademischen Haushalt kommen, ist nicht die erste Assoziation, die viele Leute haben. Dabei war es für mich immer klar, dass ich Abitur machen und studieren werde. Wie der Großteil der Abgeordneten im Bundestag übrigens, in der Politik insgesamt, wo sicher rund 80 Prozent der Leute einen hohen Bildungsabschluss haben. Dass bei mir dann viele eher überrascht sind, war für mich wiederum eine Überraschung, denn für mich war Bildung immer wichtig. Ich habe gemerkt, als ich so ungefähr in der 9. Klasse war, dass die Leute dachten, die wird jetzt auf jeden Fall einen Hauptschulabschluss machen. Als ich dann in der 10. Klasse war, hörte ich Dinge wie: »Toll, dass du einen Realschulabschluss machst!« Das verwirrte mich total und ich antwortete immer: »Ich mache keinen Realschulabschluss, ich mache Abitur.« Und als ich dann wirklich Abitur gemacht habe, genauso wie meine drei Schwestern übrigens, fanden das alle total krass. Da merkt man schon irgendwie, wie mit anderen Maßstäben gemessen wird. Es ist mir klar, dass nicht in jeder Familie alle vier Kids Abitur machen, das ist nicht immer üblich, egal ob es eine akademische Familie ist oder nicht. Aber bei uns war das nun mal so. Man brachte es eben nur nicht mit Menschen zusammen, die in einer Flüchtlingsunterkunft aufgewachsen sind. Das war eine spannende Erkenntnis für mich.

PINAR: Für Sie muss es schwer gewesen sein, sich dann später zu orientieren. Sie sagten, Barack Obama war ein

Vorbild, inspirierend für eine angehende Politikerin. Aber der ist nun mal in den USA. In Ihrem eigenen Land gab und gibt es quasi keine Vorbilder.

AMINATA TOURÉ: Ja, und ich glaube, das macht total viel mit einem. Ganz viele tun ja immer so, als wenn es keine Rolle spielen würde, ob es Vorbilder gibt oder nicht. Und ich kenne das Gefühl selbst, dass man denkt, ich hab keinen Bock mehr, über Vorbilder zu sprechen. Aber wenn ich jetzt wieder so zurückblicke, in meine eigene Kindheit oder Jugend, denn man vergisst so was ja im Laufe der Zeit, auch weil man heutzutage vielleicht von ganz anderen Bildern geprägt ist. Aber wenn ich zurückdenke, dann denke ich: Ja krass, nee, das gab's halt einfach nicht. Ohnehin wenig Politiker und Politikerinnen mit einer Migrationsgeschichte. Schwarze Politiker und Politikerinnen schon mal gar nicht. Und deswegen waren für mich immer Frauen oder Männer total interessant wie Cem Özdemir oder Claudia Roth. In Schleswig-Holstein fand ich Luise Amtsberg sehr beeindruckend, für sie habe ich später auch gearbeitet. Und sie hat mich auch immer wieder unterstützt in meiner politischen Laufbahn. Und es gibt ja schon ziemlich viele Frauen bei uns Grünen. Ich war oft bei irgendwelchen Fahrten oder Treffen der Grünen Jugend oder der Partei dabei. Wir haben auch mal einen Ausflug zum Deutschen Bundestag gemacht und haben die Abgeordneten dort kennengelernt. Das fand ich dann schon krass, dass das einfach voll normal ist, dass Frauen voll den Ton angeben. Manchmal vergesse ich das aus der heutigen Perspektive, weil ich jetzt selbst zu diesen Frauen gehöre.

PINAR: Was Frauen angeht, sind die Grünen weit vorne. Aber in Sachen Diversität nicht. Der Vorstand ist weiß und gut gebildet bis gutbürgerlich.

AMINATA TOURÉ: Das war für mich immer so ein Ding innerhalb meiner Partei, und ich fand es auch immer schwierig, das anzusprechen. Und ich wusste auch, ich werde das nicht ansprechen, wenn ich nicht eine bestimmte Position habe, weil es da ja einfach ganz krass um Machtstrukturen geht und Veränderungen in einer Partei. Das sind einfach Mammutaufgaben. Aber worüber ich sehr froh war, dass wir dann im vorletzten Jahr angefangen haben, mit der Arbeitsgemeinschaft Vielfalt genau diese Strukturen aufzubrechen. Dadurch haben wir unfassbar viele Leute neu dazugewonnen. Wir haben Strukturen verankert, indem wir erheben, wie die Grünen aufgestellt sind. Indem wir fragen, welche Diskriminierungserfahrungen die Leute machen. Auch alle zu fragen, warum sie bei den Grünen sind oder möglicherweise auch keinen Bock mehr drauf haben und austreten. Wie können wir Veränderungen vollziehen? Diese Debatte läuft jetzt gerade und ich habe gefühlt jede Woche irgendeine Veranstaltung genau zu diesem Thema. Und das interessiert vom kleinen Dorf aus Hintertupfingen bis hin zu Landesverbänden, alle wollen diese Debatte führen, das ist schon ein sehr, sehr wichtiger Schritt, den wir auch gehen müssen. Aber wir haben noch eine Menge zu tun.

PINAR: Aber wie kommt es, dass sich sogar Ihre Partei, die immer über Diversität spricht, selbst so schwertut? Und damit viele Wählerinnen und Wähler gar nicht anspricht?

AMINATA TOURÉ: Genau damit haben wir uns ja auch in der Arbeitsgemeinschaft Vielfalt auseinandergesetzt. Es ging gar nicht nur um Menschen mit Migrationshintergrund, sondern auch um geschlechtliche Vielfalt. Aber auch um Fragen wie: Mit wie viel Kohle wächst man auf? Ist man bildungsfern oder nicht? All diese Fragen haben eine Rolle gespielt, weil wir wissen, dass wir da ein echtes Defizit haben. Wir wissen, dass wir sehr akademisch sind, schon in unserer Sprache, unserem Auftreten, und ich finde, das ist auch sehr erschlagend. Wenn ich an die ersten Tage in dieser Partei denke, da dachte ich: Alter, das ist krasser als jedes Seminar, das ich an der Universität habe. Und es kann doch irgendwie nicht sein, dass wir in dieser Form Debatten führen. Aber man merkt nach einer Zeit gar nicht mehr, wenn man zu den Leuten gehört, die halt irgendwann selbst so sprechen, wie abschreckend man dann selbst ist. Der erste Eindruck auf einem Parteitag oder einer Kreisverbandssitzung, gerade wenn es um ökologische Fragen geht, ist, dass die Sprache nicht zur Thematik passt. Die Menschen verlieren den Blick dafür, wenn sie seit Jahren und Jahrzehnten in solchen Strukturen drin sind, weil sie sich denken, es ist normal, über diese Dinge so zu diskutieren. Das müssen wir auf jeden Fall angehen und das fängt da schon an, wie man Veranstaltungen benennt, wen man einlädt, wer dazu spricht, was für eine Sprache benutzt wird. Also wir haben super viele in unserer Partei, die sich mit dem Thema Armut und/oder Bildungsferne auseinandersetzen. Übrigens, das wird eben gerne gleichgesetzt, was falsch ist. Das merke ich auch immer wieder in meiner eigenen Biografie. Wir waren nicht bildungsfern, aber wir waren arm.

PINAR: Was hieß es für Sie, arm zu sein?

AMINATA TOURÉ: Arm zu sein hieß erst einmal ganz einfach vom Asylbewerberleistungsgesetz zu leben. Dann lebt man einfach nicht ausgiebig, sondern ist am Minimum orientiert. Daran Schuld sind auch gesetzliche Realitäten. Abschlüsse, die nicht anerkannt worden sind, die dazu geführt haben, dass meine Eltern vor allem HelferInnen-Tätigkeiten gemacht haben. Die haben super viel gearbeitet, aber es hat oft trotzdem am Ende des Monats nicht gereicht. Und das verfestigt sich dann natürlich und man merkt dann schon, dass Kids aus solchen Familien viel früher mit Nebenjobs anfangen und versuchen, sich irgendwie einen Standard aufzubauen, den andere haben. Weil es in der Jugend nun mal eine Rolle spielt, ob ich Klamotten habe, die IN sind, oder nicht. Ob ich mit auf eine Klassenfahrt fahren kann oder nicht. Das waren für mich übrigens immer diese krassen Momente, Klassenfahrt. An der Schule, an der meine drei Schwestern und ich waren, hat man jedes verdammte Jahr eine Klassenfahrt gemacht. Das war natürlich total cool, weil man super viel gelernt hat. Aber finanziell war es die Hölle. Meist haben diese Fahrten gegen Herbst stattgefunden, und dann standen da vier Kids, die irgendwie von ihrer Mama Geld haben wollten, für diese Klassenfahrten. Außer dem Taschengeld, das man dafür benötigt, muss ja vor allem die Fahrt finanziert werden. Zum Glück gab es bei uns in Neumünster, also in der Stadt, in der wir groß geworden sind, die Hans-Hoch-Stiftung, und die hat die Klassenfahrten von Kids, die sich das nicht leisten konnten, subventioniert. Ich fand es aber jedes Mal total beschämend, mir im Sekretariat diesen Zettel abzuholen. Ich weiß noch, dass ich das immer für meine kleine Schwester mit abgeholt habe oder meine große Schwester gefragt habe, ob sie das für mich mit abholen kann. Der schlimmste Moment aber war, wenn der Lehrer oder die Lehrerin in der Klasse gesagt hat: »Hey, hast du deinen Zettel schon ausgefüllt für die Stiftung?« Später war es die Frage, wie kann ich studieren, wie kann ich mir das leisten? All das, das war Armut. Das sind Dinge, die in meiner Vergangenheit liegen, an die ich mich aber bis heute gut erinnere. Leute erzählen meistens nur von ihrer Armut oder von ihrer Bildungsferne, wenn sie es rausgeschafft haben. In dem Moment ist es einfach schambehaftet, es ist so schambehaftet, dass man erst darüber spricht, wenn man es rausgeschafft hat und es als Erfolgsgeschichte verkaufen kann. Aber eigentlich wäre es so wichtig, auch viele dieser Geschichten zu hören von Leuten, die derzeitig in der Situation stecken. Dazu kommt, dass es heute auch noch mal andere Herausforderungen sind, ein fucking iPhone und iPad und was weiß ich, was man heutzutage alles haben muss.

PINAR: Wie haben Sie es damals rausgeschafft aus dieser schwierigen Lage? Es braucht ja doch Mechanismen, die dazu führen, dass man studieren kann, dass man einen anderen Weg einschlagen kann und nicht am Ende in irgendeiner Arbeitsstelle landet, nur um Geld zu verdienen.

AMINATA TOURÉ: Meine beiden älteren Schwestern hatten ein duales Studium gemacht und/oder eine Ausbildung. Aus dieser Logik heraus, die Sie ansprachen, sie müssten ja irgendwie Geld verdienen. Ich wollte das aber

nicht, ich wollte unbedingt studieren, ich hatte keine
Lust, eine Ausbildung zu machen. Ich weiß noch, dass
die Eltern meines damaligen Freundes mir dann den Tipp
gaben, dass ich auch Bafög beantragen kann. Das war mir
überhaupt nicht bewusst, bis zu dem Zeitpunkt. Meine
Eltern hatten ja in einem anderen Land studiert, mit ganz
anderen Strukturen. Ich habe mich dann mit dem Bafög-
Antrag auseinandergesetzt und war total froh drum, dass
ich so studieren konnte.

PINAR: Es waren nicht nur die Flüchtlingsunterkunft und
die Armut, die Ihnen das Leben schwermachten. Sie
waren jahrelang von Abschiebung bedroht, Sie und Ihre
ganze Familie. Wie haben Sie das geschafft, dranzubleiben, in der Schule gut zu sein, motiviert zu bleiben, das
macht doch Angst und kann auch mürbe machen.

AMINATA TOURÉ: Bis ich zwölf Jahre alt war, war das die
ganze Zeit Thema. Ich hatte es immer im Hinterkopf. Ich
habe auch in meinem Umfeld immer wieder mitbekommen, dass Leute abgeschoben worden sind, von daher
war das schon so, dass ich irgendwie immer ein bisschen
Schiss hatte. Mich gefragt habe, ist man jetzt die nächste
Familie, die es treffen könnte. Und das war mehr Glück,
dass es uns nicht traf, als dass die anderen, die gehen
mussten, etwas falsch gemacht hätten. Deren Asylgrund
war nach der Gesetzeslage nicht ausschlaggebend genug.
Und das war bei uns genauso, das ist ja das Problem
am deutschen Asyl- und Einwanderungsrecht. Das man
eigentlich nur die Möglichkeit hat, über einen Asylantrag
in Deutschland anzukommen und die Hürden für Einwanderung so hoch sind, dass sie kaum jemand erfüllen

kann. Das war bei uns zu Hause ein ständiges Thema. Ich weiß noch, dass meine Schwestern und ich oft Momente hatten, in denen wir dachten, wenn wir jetzt nicht gut in der Schule sind, hat das Auswirkungen auf unsere Abschiebung. Was ja überhaupt keinen Sinn macht, das weiß ich heute, schulische Leistungen werden überhaupt nicht bewertet. Aber ich habe damals gedacht, ich muss in der Schule gut sein, ich muss mich immer total richtig verhalten. Ansonsten werden wir abgeschoben. Und ich weiß nicht mehr, ob ich es war oder eine meiner Schwestern, aber eine von uns kam weinend von der Schule nach Hause, weil sie eine schlechte Note geschrieben hatte und jetzt Angst hatte, dass die ganze Familie gehen muss. Diese Angst hat sich so richtig festgebissen, auf einer rückblickend irrationalen Ebene. Aber so ist das mit Angst und so ist das mit der Ungewissheit.

PINAR: Begleitet Sie das Gefühl heute noch, dass Sie sich mehr anstrengen müssen, dass Sie im Zweifel viel zu verlieren haben?

AMINATA TOURÉ: Ja, ständig. Ich würde behaupten, dass ich sogar im letzten oder vorletzten Jahr versucht habe, mir das Gegenteil zu beweisen, also mich selbst nicht unter diesem Druck zu verspüren. Aber dennoch ist es da. Und das Gefühl verstärkt sich, wenn man die erste Schwarze Politikerin oder Abgeordnete in Schleswig-Holstein ist, die erste, jüngste Schwarze Vizepräsidentin in Deutschland. Das vermindert den Druck nicht, ich habe nicht das Gefühl, mich mal zurücklehnen zu können. Aber ich glaube auch, dass das genau die Auswirkungen der Themen sind, über die ich ja politisch auch immer wieder spreche, Auswirkungen von Rassismus und Sexismus, erst Recht in der Verknüpfung. Die Frage ist, wie sehr verinnerlicht man all das theoretische Wissen, das man hat, man muss ja bei sich selbst ansetzen und wissen, ich kann in dieser Endlosschleife und in diesem Teufelskreis nicht weitermachen. Sich selbst so krass zu investen, dass man in alles 100 Prozent reingibt, aber sich selbst vergisst und selbst irgendwann nahe des Burnouts ist, nur um zu beweisen, man ist mehr als das. Wobei man doch politisch und utopisch weg davon will, mehr leisten zu müssen als alle anderen, um das gleiche Ergebnis zu haben. Und das Absurde bei mir ist ja, dass ich ganz oft von Leuten, die diese Probleme nicht verstehen, gespiegelt bekomme: »Mensch, du bist doch so jung und so erfolgreich, wo ist dein Problem?« Als wäre mir das alles geschenkt worden. Wie oft ich auch von Kolleginnen und Kollegen gehört habe, dass es mir doch helfe, Schwarz zu sein, dadurch sei ich doch da, wo ich bin. Das Leute so selten die Anstrengungen, die inhaltlichen Anstrengungen sehen und auch die persönlichen Verletzungen, die man erfährt, das ist krass. Es zeigt dann immer so doll, wie Leute so viele Dinge nicht begreifen. Ich versuche dann immer den Leuten zu sagen, wenn das so cool und so easy wäre, einfach eine Schwarze Politikerin zu sein, und dann ist man sofort fame, warum gibt's denn so wenige? Wenn das alles so ein Spaziergang ist, warum ist das dann so? Die Antwort kann mir nie jemand geben. Es gibt immer diese umgekehrte Erzählung, das macht halt auch wahnsinnig.

PINAR: Wie lässt es sich ändern, dass Menschen, egal welchen Background sie haben, in einer Normalität und ohne ständiges Erklären in wichtigen Positionen landen?

AMINATA TOURÉ: Es gibt super viele Leute, die hundertprozentig die Kapazitäten dazu haben, das zu machen, und die voll fit wären und wo es mega nice wäre, wenn sie in diesen Räumen wären. Aber ich glaube, viele Leute sehen sich da überhaupt nicht, weil sie denken, das ist nicht der Platz, an den sie gehören. Und das hat wieder viel damit zu tun, ob ich mir vorstellen kann, etwas zu sein, was ich noch nie gesehen habe. Das erfordert ja einfach auch, sich selbst ein Stück weit zu überwinden, zu denken, es ist doch egal, ich komme damit schon klar. Diese Selbstzweifel, die ich hatte, einen Tag vor der Listenaufstellung als Abgeordnete für den Landtag in Schleswig-Holstein, ich glaube, dass viele Leute das nachempfinden können. Sich zu denken, in diese Arena begebe ich mich gar nicht erst, weil das zu viel persönlich und politisch für einen bedeutet. Sie auch Angst davor haben, benutzt zu werden, als Diversity-Aushängeschild, als Token. Darauf haben richtig viele Leute keinen Bock und auch das kann ich verstehen. Viele begeben sich aber auch in diese Räume und denken dann: Ich muss auf so vielen Ebenen hier kämpfen, ich hab da keinen Bock mehr drauf. Je mehr ein Bewusstsein für diese Problematik entsteht, je mehr Leute sich einfach anders verhalten in solchen Räumen, die zur Mehrheitsgesellschaft gehören oder die bestimmte Phänomene nicht nachvollziehen können, und je mehr man sich auch gegenseitig ermutigt, in solche Räume reinzugehen, desto mehr wird das auch stattfinden und einfach normal sein.

Ziel ist ja nicht, jedes Mal zu feiern, wenn irgendjemand, der nicht dem gängigen Bild von XY entspricht, in diesen Räumen ist, sondern dass wir einfach denken, cool. Du bist jetzt meine Kollegin und weiter im Text. Das wünsche ich mir so sehr, und das kann nur gelingen, wenn wir ernsthafte Debatten dazu führen und wenn wir ernsthafte politische Maßnahmen auch an den Orten ausführen, wo der Staat auch die Möglichkeit hat, etwas zu verändern. Das geht nicht nur mit Sonntagsreden, sondern mit ernsthaften Anstrengungen, und es geht auch darum, ein neues Verständnis von Deutschsein zu haben. Das ist für mich eine Utopie. Wir haben ein ganz merkwürdiges Verständnis davon, was Deutschsein ist. Und solange sich das nicht verändert, werden sich viele Menschen an vielen Orten einfach nicht sehen. Und diese Einzelkämpfe, die man überall hat, die müssen aufhören, es muss einfach Normalität werden.

PINAR: Und Sie haben ja eine politische Idee dazu. Sie haben ein Ministerium vorgeschlagen, das ganz viele dieser Dinge, die wir besprochen haben, beinhalten soll. Ich musste da an das Heimatministerium denken. Ist das nicht auch etwas Ähnliches?

AMINATA TOURÉ: Je nachdem, wie man Heimat für sich definiert. Ich habe von dem Heimatministerium gar nichts mitbekommen, seitdem es das gibt. Und ich glaube, alle anderen auch nicht. Es war doch nur ein politisches Signal, aber nicht mit Inhalt gefüllt. Es ist sogar ganz gut, dass wir von dem Heimatministerium nichts mitbekommen haben. Denn nach der Vorstellung, nach der es quasi implementiert worden ist, hätte es bedeutet, dass man auf ganz merkwürdige, wohl nationalistische, weirde Konzepte zurückgreifen würde. Meine Vorstellung von einem Ministerium für gesellschaftlichen Zusammenhalt ist genau das Gegenteil davon. Eine neue Definition davon, wer wir eigentlich als Gesellschaft sind, aber nicht nur als Erzählung, sondern auch mit konkreten Maßnahmen. Diskriminierungshindernisse abzubauen, um es zu ermöglichen, dass Leute das tun können, was sie tun wollen. Dass sie keine Herausforderung darin haben, eine Wohnung zu finden, dass Leute keine Herausforderung darin haben, wenn sie hier ankommen, sich in Endlosschleifen von Aufenthaltsfragen zu bewegen. Mir geht es nicht unbedingt darum, dass es so ein Ministerium tatsächlich gibt. Es könnte auch einfach in jedem Ministerium das Bewusstsein dafür geben. Das wäre auch eine gute Antwort darauf. Aber was wir auch merken, ist, dass immer, wenn irgendwas so querschnittlich angesetzt wird, es versandet.

PINAR: Ich habe für dieses Buch auch mit dem CDU-Vorsitzenden Armin Laschet gesprochen. Bei der CDU würde man jetzt nicht unbedingt sagen, sie habe sich Chancengleichheit und Soziales auf die Fahnen geschrieben. Armin Laschet sagt, ihm sei das wichtig und er sehe Deutschland auch als Einwanderungsland.

AMINATA TOURÉ: Ich glaube, dass jede Partei sich mit diesen Fragen auseinandersetzten muss, es wird gar nicht anders gehen. Ich hatte letztens eine Veranstaltung mit Aladin El-Mafaalani, der unter anderem das Buch *Das Integrationsparadox* geschrieben hat. Er spricht von Statistiken, die zeigen, das künftig sehr, sehr viele eine Migrationsgeschichte haben werden, schon in spätestens

20 Jahren werde das sichtbar, an allen Stellen. Derzeit suhlt man sich noch in dem Glauben, unsere Gesellschaft ist weiß, Punkt, das ist Deutschland. Aber das wird sich verändern, und deswegen sollte man sich schon im Vorfeld darüber Gedanken machen, in welche Richtung unsere Gesellschaft sich entwickeln sollte. Das geht nicht, wenn nur eine Partei sich damit auseinandersetzt, jede einzelne Partei sollte sich mit dieser Frage auseinandersetzen und ich bin froh darum, wenn die CDU es tut. Alle sollten das, auch die FDP, auch die Grünen und ebenso die SPD und die Linken.

PINAR: Wir sprechen heute kurz nach den Wahlen in Baden-Württemberg und Rheinland-Pfalz, die Grünen haben noch mal Rückenwind bekommen. Die Bundestagswahlen sind im Herbst. Spreche ich vielleicht mit einer Frau, die, wenn dieses Buch erscheint, nicht nur eine politisch wichtige Rolle im Norden spielt, sondern dann auch bundesweit?

AMINATA TOURÉ: Die Frage kriege ich ganz oft gestellt und ich habe immer ganz deutlich gesagt, dass ich nicht für den Bundestag kandidieren werde, und das mache ich auch nicht. Auch aus den Erwägungen heraus, was für eine Kraftanstrengung das ist, diese Rolle auszuüben als Politikerin. Und ich bin faktisch Politikerin in Schleswig-Holstein, aber habe oft das Gefühl gehabt, dass ich das nicht nur für mein Bundesland bin, was auch schön ist an ganz vielen Stellen, und ich bin auch froh drum, um die Unterstützung, die ich von vielen Verbänden und Menschen bekommen habe. Aber auch dass ich politische Debatten führen konnte, die sich über Schleswig-Holstein hinaus erstrecken. Ob ich aber in Berlin irgendeine Rolle spielen werde, glaube ich einfach überhaupt nicht. Für die nächste Legislatur nicht. Was ich auch immer wieder merke an Landespolitik, ist, wie wichtig es ist, dass bestimmte politische Maßnahmen vor Ort stattfinden.

PINAR: Welche zum Beispiel?

AMINATA TOURÉ: Es gibt zum Beispiel einen Nationalen Aktionsplan Rassismus, schon seit Jahren. Davon hat bloß leider noch nie jemand was gemerkt. Es ist wichtig, dass Rahmen formuliert werden, mir war das wichtig für die Koalitionsverhandlungen in Schleswig-Holstein. Ich habe denen gesagt: Ey, Leute, Angela Merkel hat das unterschrieben, los Jamaika, wir können das auch machen. Und die meinten dann, wenn die das im Bund gemacht haben, machen wir das auch. So konnte ich diesen Aktionsplan gegen Rassismus in Schleswig-Holstein implementieren. Ich weiß also, dass es wichtig ist, auch in den Ländern solche politischen Maßnahmen umzusetzen, gerade weil wir die Verantwortung haben für die Bildungspolitik und auch die Innenpolitik. Was ich mir aber durchaus vorstellen kann, ist, in Schleswig-Holstein mehr Verantwortung zu übernehmen. Das ist auch immer das, was ich in Richtung meiner eigenen Partei kommuniziere. Das ist eine spannende Debatte, denn man kommt immer wieder an diesen einen Punkt. Jung, Schwarz, Frau. Es gibt ganz viele Leute, die mir ganz viel zutrauen, aber es gibt auch Menschen, und das gar nicht nur in meiner eigenen Partei, sondern im politischen Raum, die sich für höhere Rollen andere Leute vorstellen. Doch auf den Wettbewerb freue ich mich schon, das ist schon eine Frage, die mich sehr umtreibt. Was kann ich mir vorstellen, was will ich mir auch vorstellen? Worauf habe ich auch Bock? Was will ich politisch beanspruchen, um mehr umsetzten zu können? In anderen Räumen könnte ich das natürlich auch.

PINAR: Robert Habeck, Co-Chef der Grünen, sagte mir in einem Gespräch, er halte viel von Ihnen. Und er ist ja ganz selbstbewusst und sagt, er könne auch Kanzlerkandidatur und Kanzler. Warum sind Sie so zögerlich, er ist es nicht.

AMINATA TOURÉ: Ich glaube, das ist wieder die Kombination aus allem. Ich glaube, ich traue mir genau das zu, was ich auch kann. Ich habe nie gedacht, ich kann bestimmte Sachen nicht, sondern ich habe mich immer gefragt, ist die Gesellschaft, in der ich bin, bereit für mich? Diese Antwort konnte ich mir nicht immer geben und deswegen habe ich oft gedacht, let's try, mal sehen, was die sagen werden. Es ist die Frage, ob man eine Partei hat, die dahintersteht. Die einen unterstützt. Es gibt natürlich Leute, die sich hinstellen und sagen, man müsse aufpassen, wenn jemand wie ich kandidiert, könnte das auch total viel Hass auf einen ziehen. Da stelle ich mir aber schon die Frage, ist das aus Schutz gemeint oder als Abwehrreaktion? Ich glaube, mit diesen Fragen bin ich mehr konfrontiert, als es ein Habeck ist. Also ich wache morgens eher auf und denke, ich kann das. Es kommen aber fünf Leute, die sagen, du kannst das nicht. Das sieht man auch sehr schön an dem Beispiel von Robert und Annalena. Beide sagen, sie trauen sich die Kanzlerkandidatur und damit das Kanzleramt zu. Bei Robert denken alle, natürlich kann der sich das zutrauen, Annalena muss erst mal mit einem Shitstorm klarkommen. Und das ist eine weiße Frau, die noch mal mehr akzeptiert wird als eine Schwarze Frau oder eine Woman of Color. An genau solchen Punkten merkt man, wo wir als Gesellschaft manchmal noch stehen.

PINAR: Robert Habeck könnte doch sagen, Annalena, mach du es. Wenn Diversity wichtig ist?!

AMINATA TOURÉ: Vielleicht kommt es auch genau so, wer weiß? Die beiden sagen, sie werden das selbst entscheiden. Ich glaube wirklich, dass es niemand außer den beiden ernsthaft zu diesem Zeitpunkt weiß.

Ja, zu dem Zeitpunkt, Mitte März 2021, wussten es womöglich nur sie oder zumindest wenige. Am 19. April 2021 dann ganz Deutschland. Die Grünen hatten sich entschieden. Annalena Baerbock wurde zur Kanzlerkandidatin von Bündnis 90/Die Grünen gekürt. Für mich und viele andere journalistische Beobachterinnen und Beobachter kam diese Nachricht nicht überraschend, viele hatten damit gerechnet, dass eher sie es sein würde, die das Rennen macht. Überraschend fand ich dann doch, dass sie sich wieder einigen seltsamen Fragen stellen musste, die wohl nur Frauen gestellt werden. Ist sie nicht viel zu jung? Wie soll das gehen, mit kleinen Kindern? Eine Politikerin, die schon seit Jahren Berufspolitikerin ist, wurde teils reduziert auf Frau, jung, Mutter. Auch darüber hatte ich mit Aminata Touré ja gesprochen, über solche Zuschreibungen. Das Gespräch mit der Politikerin Touré, es hat mich lange beschäftigt. Sie selbst hatte und hat mit heftigen Vorurteilen zu kämpfen, sie hinterfragt sich ständig selbst und will einerseits, zu Recht, einfach Teil der Gesellschaft sein. Andererseits aber auch anders sein, nicht dem üblichen Bild von Politikerinnen entsprechen. Das ist an ihrer Sprache bemerkbar, an ihrer Unbefangenheit. Und sie weiß, je weiter sie aufsteigt, je bekannter sie wird, desto größer ist ihre eigene Macht, etwas zu verändern. Doch desto mehr gerät sie auch in den Fokus derer, die sie angreifen und bedrohen. Sie hat das schwere Päckchen Frau, Schwarz, jung, Flüchtlingskind zu tragen. Übrigens hat sie auch ein Buch über ihre Geschichte geschrieben, *Wir können mehr sein: Die Macht der Vielfalt*. Sie meistert das mit ihren jungen Jahren ziemlich gut, finde ich, in einer Domäne, die selten Schwäche oder Unsicherheit zulässt. Sie wird ihren Weg gehen, so der Eindruck auf mich, so wie sie ihn bisher erfolgreich gegangen ist.

Hin und zurück

So richtig konnte ich es nicht glauben. Oder ich wollte es nicht. Ich sollte also ein paar Spielsachen und einige Bücher zusammensuchen, die mir wichtig waren. Barbies, Playmobilfiguren, Puppen, Puzzle, womit ein achtjähriges Mädchen so spielt. Welche Barbie sollte ich mitnehmen, die mit den langen blonden Haaren und dem pinken Rüschenkleid, das meine Mutter genäht hatte? Oder die Barbie mit dem Kurzhaarschnitt, den ich ihr verpasst hatte, weil sie aussehen sollte wie Marie Fredriksson von Roxette, Gott hab sie selig. Es fühlte sich an wie eine Entscheidung auf Leben und Tod. Die eine sollte mit mir weiterleben dürfen, die andere sollte im Müll landen, welch Tragödie. Ich wühlte in meinen Kisten und Schränken im Kinderzimmer, sortierte, verwarf, sortierte neu. Wie sollte ich mich von all den lieb gewonnenen und vertrauten Dingen trennen, die sich in meinem noch jungen Leben angesammelt hatten? Habseligkeiten, die im Alltag oftmals wochenlang unbeachtet in der Ecke lagen, die aber in diesem Moment zu einem unbezahlbaren Schatz wurden.

Doch die Entscheidung, die meine Eltern getroffen hatten, war viel schwerwiegender als die Frage nach einer Barbie mehr oder weniger im Köfferchen.

Und sie war schmerzlich. 1986 eröffneten sie uns Kindern, dass wir in die Türkei ziehen würden. So richtig. Für immer. Weg aus Deutschland. Weg aus unserer Wohnung. Weg von meinen Freundinnen und Freunden. Rein in ein Land, das ich nur aus dem Urlaub kannte. In dem ich keine Freundinnen und Freunde hatte. Es war ein Schock für mich, auch wenn ich die Tragweite mit meinen jungen Jahren sicher nicht so richtig fassen konnte. Meine Eltern waren mittlerweile seit fast 15 Jahren in Deutschland, sie hatten gute Jobs, meine Schwester ging zur Realschule, ich noch in die Grundschule. Ich war glücklich, so wie es war. Und dann das. Wir zogen in die Türkei! Für meine Eltern und meine Schwester hieß das zurück in ihr Geburtsland. Ich war die Einzige, die in Deutschland geboren war. Für mich war die Türkei zwar ein lieb gewonnener Ort, er bedeutete Sonne, Strand und Meer. Familienbesuche mit tonnenweise Essen und Cola, so viel nur ging. Eis am Stiel, Tarkan-Kompaktkassetten und Autofahrten über die Bosporus-Brücke, mit uns Kindern im Kofferraum eines klapprigen Kombis türkischen Fabrikats. Türkei hieß Abenteuer und Familienzeit. Aber nun sollte ich den Rest meines Lebens dort verbringen?

Für meine Eltern war dieser Schritt nur logisch. Sie waren schließlich Gastarbeiterin und Gastarbeiter. Also nur zu Gast, und der geht nun mal wieder, früher oder später. Dabei hatten wir es uns so schön gemacht, wir vier. Von den Alltagsproblemen meiner Eltern bekam ich als Achtjährige sicher wenig mit, für mich lief alles gut. In der Schule gehörte ich zu den Fleißigen, ich hatte viele Freundinnen und Freunde, ich spielte in den lippischen Wäldern Ronja Räubertochter und war zufrieden mit dem, was wir hatten. Für meine Mutter und meinen Vater fehlte aber eines immer mehr: die Familie.

Sie fühlten sich zwar gut in Deutschland, aber nicht als hundertprozentiger Teil der Gesellschaft, und damit nicht gut genug. Sie merkten wiederholt bei der Wohnungssuche, wie schwer der Name Atalay es einem machen konnte, denn sie probierten, mit uns Kindern in eine nettere Gegend zu ziehen. Sie merkten es im Kegelverein, in dem sie die einzigen Türken waren und es deswegen auch nicht über zwei Kegelabende hinaus schafften. Dauernd wurden sie gefragt, was sie »bei sich zu Hause denn so essen«, als würden wir täglich Schafe schlachten und mit Knoblauch bestickt ungehäutet in den Ofen schieben. Im Übrigen, ich mag weder Knoblauch noch Lamm. Mochte ich noch nie, aber das nur am Rande. Meine Eltern hatten das Gefühl, ihr Ziel erreicht zu haben. Sie hatten ein wenig gespart, und vor allem mein Vater freute sich, aus dem verschlafenen Dorf zurück in die pulsierende Millionenmetropole zu kommen, nach Istanbul, dieser wunderschönen Stadt am Bosporus. So wie er sich damals erträumt hatte, sein Leben in Deutschland aufzubauen, so träumte er jetzt von den warmen Sommernächten bei Raki und Honigmelone mit der Familie und von einer eigenen Tischlerei.

Und so packten wir – Anziehsachen, Schränke, Tassen, Stühle. Manche Dinge verschenkte mein Vater an Freunde im Dorf. Das war der Vorteil davon, einen Tischler als Vater zu haben und eine Schneiderin als Mutter: Wir hatten immer die besten Möbel und die schönsten Gardinen, und zur Not musste in der Türkei eben alles neu zusammengezimmert werden. Meine selbst gebaute Kinderzimmer-Einrichtung durfte ich mitnehmen, wenigstens das, sie war mir ans Herz gewachsen mit ihrem weichen, hellen Holz. Und am Ende nahm ich auch die Barbies mit, ich packte sie einfach beide ein. So fuhren die blonde und die kurzhaarige Barbie mit mir und meinen Eltern über 2500 Kilometer durch Europa. Durch Österreich, durch das damalige Jugoslawien und durch Bulgarien, diese Strecke war nicht neu für mich. Jedes Jahr aufs Neue waren wir schließlich mit dem vollbepackten Auto in die Türkei gefahren. Diesmal sollte es die letzte Reise mit dem grünen Ford Taunus und seinem schwarzem Dach sein, die wir auf dieser nicht enden wollenden Route zurücklegten. Denn unser Ziel war nicht der sechswöchige Urlaub, wir fuhren auf die asiatische Seite Istanbuls in das sechste und letzte Stockwerk eines Hochhauses, um dort einzuziehen. Es stand mitten in einem lebendigen Viertel, allein in dem Stadtteil lebten zigmal so viele Menschen wie in dem deutschen Dorf, aus dem ich kam.

Genau vor unserem Haus war ein Spielplatz, und unten in dem Gebäude ein Tante-Emma-Laden, oder eher ein Onkel-Mustafa-Laden – so hieß der freundliche Besitzer, der sich immer freute, wenn ich zum Schokoladekaufen vorbeikam. Alles andere wirkte eher befremdlich auf mich. Ich kam in ein Land, das erst vor sechs Jahren seinen dritten Putsch erlebt hatte. Das Militär hatte 1980 die Macht übernommen, viele Menschen starben, viele wurden verletzt. In sogenannten Säuberungsaktionen wurden Zehntausende Menschen aus staatlichen Institutionen entlassen, die Junta ging gegen Kurden und Linke vor, eines der vielen dunklen Kapitel der türkischen Geschichte.

Für mich war es mehr als ungewohnt, dass ich tagtäglich an einer Militärstation vorbeikam, in der schwer bewaffnete Soldaten patrouillierten. Oft grüßten sie sogar freundlich, wenn ich neugierig durch den Zaun lugte. Ich fand sie seltsam und etwas angsteinflößend, und doch gewöhnte ich mich an sie. Alle anderen Passantinnen und Passanten liefen dort jeden Tag vorbei, ohne auch nur einen Blick in ihre Richtung zu werfen. Militär in der Stadt? Es war schlichtweg normal. 1986 hatte sich das Land langsam wieder berappelt, wirtschaftlich ging es unter dem damaligen Präsidenten Turgut Özal bergauf, allerdings bei Weitem nicht für alle. Mein Vater sollte schmerzlich merken, dass es in der Türkei noch immer mehr Versprechen als Realität war, dass jeder es schafften konnte.

Für mich stand neben all dem Politischen, von dem ich als Achtjährige zu wenig verstand, etwas viel Wichtigeres an: Mein erster Schultag. Ich sollte in die öffentliche Grundschule gehen, die mehr oder weniger um die Ecke lag. Eine private Schule hätten wir uns für mich nicht leisten können. Meine Eltern kauften mir ein schwarzes Kleid mit weißem Spitzenkragen, meine neue Schuluniform. Die sollte ich nun also jeden Tag tragen, dazu immer einen Zopf, offenes Haar war nicht erlaubt. Auch keine Spangen oder Schmuck. Eher widerwillig zog ich das unfreundlich wirkende Kleidchen an und nahm dazu meinen bunten Schulranzen mit. Wenigstens etwas Farbe und ein Stück aus meinem alten Schulleben. Auch meine Micky-Maus-Brotdose und die dazu passende Trinkflasche packte ich ein. Gefüllt mit Kakao und Nutellabroten, angesichts der neuen Situation durfte ich mir aussuchen, was aufs Brot kam. Und natürlich hatte meine Mutter mehrere Gläser der Schokocreme aus Deutschland mitgebracht, in der Türkei der 8oer-Jahre gab es Nutella gar nicht.

So stand ich auf einmal mit Hunderten Kindern auf einem großen Schulhof, brav in Reih und Glied, und sollte singen. Ja, singen. Ich wusste nicht, wie mir geschah. Ich wusste weder, dass jeden Montag gesungen wurde, noch was sie da überhaupt sangen. Es war nichts Geringeres als die türkische Nationalhymne. *Istiklal Marşı* genannt, übersetzt: »Der Unabhängigkeitsmarsch«. Immer zu Beginn der neuen Woche standen die Kinder hier Seit an Seit und stimmten ein: »Korkma sönmez bu şafaklarda yüzen al sancak, Sönmeden yurdumun üstünde tüten en son olacak. O benim Milletimin yıldızıdır, parlayacak, O benimdir, o benim miletimdir ancak.« Eduard Zuckmayer übersetzte die erste Strophe so:

»Getrost, der Morgenstern brach an, Im neuen Licht weht unsre Fahn. Ja, du sollst wehen, Solang ein letztes Heim noch steht, Ein Herd raucht in unserem Vaterland. Du unser Stern, du ewig strahlender Glanz, Du bist unser, dein sind wir ganz.«

Ich war völlig überfordert. Ich konnte nicht mitsingen, denn ich kannte die Nationalhymne gar nicht. Ich hatte sie gehört, die Melodie war mir nicht ganz fremd. Aber sie sagte mir nichts. Meine Eltern neigten nun mal nicht dazu, uns zu Hause strammstehen zu lassen und den Unabhängigkeitsmarsch anzustimmen, und wo hätte ich ihn in Deutschland mal hören sollen? Irritiert und verschämt blickte ich mich um und bekam ein paar böse oder auch verwunderte Blicke von meinen neuen Mitschülerinnen und Mitschülern zugeworfen. Warum sang »die Neue« nicht mit? In meiner Schule in Bösingfeld hieß es jeden Morgen: »Guten Morgen, liebe Sonne.« Im Klassenzimmer stimmten wir uns auf den neuen Tag ein. Und jetzt sangen hier Hunderte Erst- bis Viertklässler die Nationalhymne! Das mag manch einer schräg finden, in der Türkei gehört es, wie in vielen anderen Ländern auch, dazu, um seinen Nationalstolz zu zeigen. Und so befremdlich es auf mich wirkte, ich begann tagtäglich zu üben. Ich wollte nicht mehr die Einzige sein, die nur mit großen Augen um sich guckt und den Mund nicht aufbekommt. Ich wollte dazugehören.

Als diese morgendliche Überraschung durch war, ging jeder in sein Klassenzimmer. Ich kann mich nicht erinnern, wer mir half, es zu finden. Meine Eltern waren nicht da, ich musste mich alleine durchschlagen. Eher in den hinteren Reihen wurde mir ein Platz zugewiesen, mitten unter den fast 50 Mädchen und Jungen. Es war ein runtergekommener Raum mit kleinen Tischen und Stühlen und vielen Kindern, sehr einladend wirkte er auf mich nicht. Ich wurde kurz begrüßt und sofort ins kalte Wasser geworfen.

Oft konnte ich kaum dem Unterricht folgen. Ich konnte zwar Türkisch sprechen, auch Lesen ging ganz gut, aber die Sprache meiner Eltern war eher meine emotionale Sprache zu Hause, im Schulunterricht überforderte sie mich. Und so vergingen die Tage in der neuen Schule langsamer als damals in meiner Grundschule in Bösingfeld. Ich ging nur ungern hin, Freunde zu finden war schwierig, bis auf ein Nachbarsmädchen erwärmte ich mich weniger für meine Klassenkameraden. Es gab sehr arme Kinder an der Schule, die gerade mal eine Brotkruste und etwas Wasser in ihrem Schulranzen hatten. Für sie war ich das verwöhnte Kind aus Deutschland, mit Nutellabrot und Kakao. Oft taten die Kinder mir leid und ich gab ihnen etwas ab, Freunde wurden wir trotzdem nicht.

Meine Eltern merkten, dass meine Leistung nachließ, ich nicht mitkam, oft traurig war. Ich vermisste meine alte Schule, meine Freundinnen und Freunde, die grünen Wiesen und Wälder Lippes. Nun war ich also hier. Großstadt, grau in grau, 8oer-Jahre im türkischen Arbeiterviertel. Für mich war es eine Qual. Damals ließ sich ja nun auch nicht mal schnell mit dem Smartphone eine Freundin anrufen, wir schickten uns Briefe hin und her, was gefühlt Hunderte Jahre dauerte, bis mal etwas ankam.

Und auch mein Vater wurde von Tag zu Tag missmutiger. Es waren erst wenige Wochen seit unserer Ankunft vergangen, und er begann über eine Rückkehr zu sinnieren, diesmal zurück nach Deutschland. Eine Tischlerei zu eröffneten, gestaltete sich schwierig, seine Tochter so traurig zu sehen, brach ihm das Herz. Die hehren Ziele und die Träume, in der alten Heimat neu anzufangen, sie verblassten angesichts der Realität. Und so waren kaum sechs Wochen vergangen, als mein Vater sich alleine wieder auf den Weg nach Deutschland machte, eine mutige Entscheidung, die meinem Leben eine wichtige Wende gab. Ich konnte wieder zurück. In das Land, das mir noch viele Chancen bieten sollte. Ich habe mich oft gefragt, wie mein Leben in der Türkei wohl weitergegangen wäre. Sicher hätten meine Eltern auch dort alles getan, um mich zu unterstützen. Doch wären die Chancen die gleichen gewesen? Ich habe gute Gründe, das zu bezweifeln.

Drei Monate nach diesem Abenteuer traten auch meine Mutter, meine Schwester und ich die Rückreise an. Mein Vater hatte eine neue Wohnung gefunden und alles eingerichtet, und bei seinem alten Arbeitgeber freute man sich, dass er wieder da war. Wir zogen wieder nach Bösingfeld, zwar in eine andere Wohnung, aber in dieselbe Straße, einfach in einen anderen Sozialbau ein paar Blöcke weiter. Ich war überglücklich, bekam ein neues Kinderzimmer, neue Möbel, neue Spielsachen, wir hatten fast alles, was wir besaßen, in der Türkei zurückgelassen. Noch einmal einen Umzug mit den ganzen Möbeln zu bezahlen, das war zu viel, und so ging das letzte ersparte Geld für eine neue Einrichtung in Deutschland drauf.

Für mich aber war all das Neue eher unwichtig. Denn ich hatte das so Ersehnte zurück: meine Schule, meine Freundinnen und Freunde. Und die beiden Barbies, die Blonde und die Kurzhaarige, die den ganzen unwirklichen Trip mitgemacht hatten, die hatte ich auch noch.

Vertrauen und Kontrolle

Als ich rund elf Jahre alt war, begann ich zu reiten. Wie so viele Kinder in dem Alter faszinierten mich Pferde, und so wollte ich auch das Glück der Erde auf ihrem Rücken finden. Anfangs gehörte ich sicher zu den üblichen Pferdemädchen, doch das änderte sich schnell. Eigentlich schien der Reiterei nicht viel im Wege zu stehen, der Reitverein war mit dem Fahrrad nur wenige Minuten entfernt. Doch so einfach war es dann doch nicht: Reitstiefel, Reithose, Reithelm, Handschuhe, Mitgliedsbeitrag und zehn Mark pro Reitstunde auf einem Schulpferd – das schien mir fast unmöglich. Wenn ich wie die anderen Kinder jede Woche kommen wollte, und das war nun mal so gedacht, brauchte ich mindestens 40 Mark im Monat. Viel Geld für ein Arbeiterkind. Also musste ich mir etwas überlegen. Ich hatte den ungebrochenen Willen, reiten zu lernen, und so musste ich das Geld irgendwie auftreiben. Mit meinem Taschengeld wäre ich nicht weit gekommen, da wäre vielleicht einmal Reiten und zweimal Streicheln drin gewesen. Meine Mutter half mir zwar so gut sie konnte und zahlte ein paar Stunden, es mir abzuschlagen brachte sie nicht übers Herz. Aber es reichte nicht aus und so fing ich an zu jobben.

Ich gab Nachhilfeunterricht bei den Kindern befreundeter Eltern, ich half meiner Mutter in der Schneiderei oder bastelte FIMO-Broschen, die ich dann den Freunden meiner Eltern aufquatschte. Die Armen, Talent hatte ich dafür nicht wirklich, aber ich tat ihnen wohl leid, und so kauften sie mir ab und an was ab. Auf diese Weise sparte ich mir etwas zusammen und wurde auch zum Reitermädchen. Stolz, trotz Kunststoffstiefeln, für die schickeren Lederstiefel, die andere trugen, reichte es nun wirklich nicht. Und voller Elan, zur besten Turnierreiterin der Welt zu werden. Gut, das gelang mir nicht, ich bezweifle, dass ich talentiert genug war, und es fehlte am Ende vor allem an den richtigen Utensilien. In diesem Fall einem erfolgreichen Pferd, einem Pferdeanhänger und jemandem, der einen mit einem entsprechenden Auto zu den Turnieren kutschierte. Meine Reitlehrerin sagte immer: »Mit 20.000 Mark unterm Hintern gewinne ich auch jedes Turnier.« Denn mit einem teuren, gut ausgebildeten Turnierpferd steigen natürlich die Chancen, ein Schleifchen abzubekommen.

Ich durfte ab und an mit dem Schulpferd, meinem Pflegepferd Bonny, an Turnieren teilnehmen, das widerspenstig über 50-cm-Hindernisse hüpfte und in der E-Dressur zumindest nicht bockte. Ein, zwei Schleifchen bekam ich so auch. Da das mit den Turnieren ansonsten aber nicht so lief, begann ich, junge Pferde auszubilden, das heißt, ich ritt sie ein. Dafür bekam ich monatlich etwas Geld, das ich dann wieder in die Reiterei investierte, meist in mein bereits erwähntes, erfolgloses, aber lieb gewonnenes Pflegepony Bonny. Es machte Spaß, den Tieren etwas beizubringen, und es tat jedes Mal weh, sie wieder gehen lassen zu müssen, denn waren sie erst einmal eingeritten, wurden sie für einen ordentlichen Preis verkauft. Wie oft wäre ich selbst gerne die Besitzerin geworden, doch mit Tränen in den Augen musste ich mich von diesem Traum verabschieden. Er war einfach zu teuer.

Ohne meine damalige Reitlehrerin hätte ich das Reiten wohl schnell wieder aufgegeben. Elfriede Vehmeier, auch Friedchen genannt, war jahrelang Übungsleiterin im Reiterverein Extertal, dem Reitstall in meinem Dorf. Sie gab mir Unterricht, ermöglichte mir ein Pflegepferd, und zeitweise passte ich auf ihren Sohn auf und half ihm bei den Hausaufgaben. Elfriede Vehmeier lebt heute noch in Bösingfeld, in dem gleichen Haus wie damals, mit Pferdehof nebenan, übrigens eine Traumvorstellung für mich. Sie ist professionelle Turnierreiterin und arbeitet als Trainerin für Heiltherapeutisches Reiten in einem Kinderheim. Engagiert sich jetzt also hauptberuflich für Kinder, besonders für jene, die therapeutische Hilfe brauchen. Ich habe sie für dieses Buch getroffen und sie gefragt, wie das eigentlich damals war. Sie kam mich in Hamburg besuchen, wir hatten uns lange nicht gesehen. Zuletzt 2017, als sie zu einem Turnier in Hamburg war, davor ein Mal 2014, als eine Reportage über mich geschrieben wurde und ich am Reitstall mit einem widerspenstigen Pony für das Foto in der Zeitschrift Merian posierte. Als ich jung war, gehörte meine damalige Reitlehrerin zu meinem Alltag, ich sah sie quasi jeden Tag. Jetzt saßen wir uns erstmals für einen längeren Zeitraum als Erwachsene gegenüber.

PINAR: Kannst du dich an unsere erste Begegnung erinnern?

ELFRIEDE VEHMEIER: (atmet tief ein und aus) Tja, erinnern kann ich mich an so ein kleines, dünnes Mädchen. Das irgendwann mal bei uns im Reitstall stand. Ich denke mal, da warst du so 12 oder 13 Jahre alt. Das ist in der Zeit gewesen, als ich bei uns im Reitverein den Schulbetrieb gemacht habe.

PINAR: Ich wollte unbedingt reiten. Es gab Reitschulunterricht an mehreren Tagen im Reitverein, direkt im Dorf. Ich weiß noch, dass ich gezweifelt habe, ob ich das kann, und ganz aufgeregt war.

ELFRIEDE VEHMEIER: Ja, die Kinder kamen in der Regel einmal die Woche, und dann je nach Interesse, mehr oder weniger nach Begabung, auch öfter. Wenn sie das wollten und es den Kindern finanziell ermöglicht wurde von den Eltern. Du warst von Anfang an sehr enthusiastisch und ideenreich. Du hast dann angefangen, dir andere Möglichkeiten zu suchen, dir öfter den Unterricht zu ermöglichen als einmal die Woche.

PINAR: Ich musste diese Reitstunden zu Hause erkämpfen. Ich war die Einzige in unserem näheren Umfeld und in der Familie, die einem Verein beitreten und regelmäßig Sport machen wollte. Bei meinen Eltern war das eine Mischung aus Angst, das ich vom Pferd falle und mich verletze. Und aus der Frage: Was kostet denn das? Es waren ja zehn Mark die Stunde. Hast du gemerkt, dass es für mich eher schwierig war, zu reiten?

ELFRIEDE VEHMEIER: Du hast das nicht selbst bei mir angesprochen, das machen eigentlich die Wenigsten. Die Kinder oder Jugendlichen sind meistens zwischen 10 und 14 Jahre alt, wenn sie mit dem Reiten anfangen. Wenn ich merkte, da ist eine Begeisterung und es ist finanziell schwierig, habe ich immer versucht zu helfen. Wir hatten damals mehrere Schulpferde. Um das Reiten Kindern wie dir zu ermöglichen, habe ich dann die Idee entwickelt, dass die Kinder ein Pflegepferd bekommen. Sie mussten sich dann darum kümmern, das Reiten im Schulunterricht dann halt quasi abarbeiten. Ihnen wurde das also nicht in den Schoß gelegt, sondern sie mussten etwas dafür tun, was für mich auch einen erzieherischen Wert hatte. Das prägt auch so manches Kind. Es bekommt eine Verantwortung, die es tragen muss. Bei dir war mir schon aufgefallen, dass dein Interesse sehr groß war, und du warst ja auch nicht untalentiert.

PINAR: (lacht) War ich begabt?

ELFRIEDE VEHMEIER: Naja, begabt. (Friedchen lacht) ähhm, nein, aber bis zum gewissen Grad, denke ich mal, kann man alles erlernen. Mit gesundem Fleiß. Nachher, wenn es in den Turniersport, den Leistungssport geht, dann kommt die Begabung ins Spiel.

PINAR: Bis dahin habe ich es nicht geschafft.

ELFRIEDE VEHMEIER: Da war dein Ehrgeiz nicht groß genug. Für dich war es schon ausreichend, reiten zu dürfen, dich um ein Pferd kümmern zu können. Das Drumherum hat dich viel mehr begeistert als das Training für den Leistungssport. Und Reiten ist schon ein Sport – wenn du das als Leistungssport machen willst –, bei dem du einen finanziellen Background brauchst. Sei es ein Toppferd, einen Trainer. Du musst zum Turnier fahren, Auto, Hänger, Pferd, das muss einem alles gehören, ansonsten kommt man da zu nichts. Und das ist einfach alles teuer.

PINAR: Ich habe als Erwachsene schon darüber nachgedacht, warum ich es nicht in den Leistungssport geschafft habe. Mich hat tatsächlich gehemmt, dass ich wusste: Ich kann mir niemals ein Turnierpferd leisten. Dann hab ich es halt gelassen.

ELFRIEDE VEHMEIER: Bei Kindern steht nicht in erster Linie die Leistung im Vordergrund, und das finde ich auch immer gut. Viele denken, wenn die Kinder zum Reiten kommen, dann müssen sie Leistung bringen. Viele Eltern erwarten das, denn sie investieren in ihre Kinder. Das war bei deinen Eltern anders, da hattest du Glück, dass sie das nicht so gesehen haben. Da stand der Spaß an erster Stelle, es ging darum, was man in seiner Freizeit macht. Und wenn es dann noch ein Sport ist, der Verantwortung mit sich bringt, für den Menschen und das Tier, wenn man das erlernen kann, ich denke das hilft später im Erwachsenenalter.

PINAR: Ich habe ja immer gejobbt, ich habe im Stall geholfen, junge Pferde ausgebildet, auch mal auf deinen Sohn aufgepasst. War dir bewusst, dass ich einfach jeden Pfennig brauchte?

ELFRIEDE VEHMEIER: Du warst ja auch mit einem Mädchen befreundet, das aus sehr guten Verhältnissen kam, die brauchte sich ihr Geld nicht zu verdienen. Die hat zwei Pferde bekommen. Aber die Liebe zum Tier, zum

Sport, die schafft auch eine Gemeinsamkeit. Ich wollte immer, dass der Sport für alle da ist.

PINAR: Du hast mir ja eigentlich erst das Reiten ermöglicht?

ELFRIEDE VEHMEIER: Das haben eigentlich deine Eltern getan, indem sie dir diese eine Stunde in der Woche erlaubt haben. Und den Rest hast du dir erarbeitet. Du hast das Pflegepferd gehabt, um das du dich gekümmert hast. Du musstest das Sattelzeug pflegen, andere Pferde mit reitfertig machen, den anderen Kindern beim Reiten helfen, auch in den Unterrichtsstunden.

PINAR: Wir haben ja im gleichen Dorf gewohnt, war ich für dich das türkische Arbeiterkind?

ELFRIEDE VEHMEIER: Nein, du warst für mich ein Kind, wie alle anderen auch. Ich mache keine Unterschiede, ob das nun das Kind eines Millionärs ist oder das türkische Arbeiterkind. Für mich sind alle Menschen gleich. Ich zähle auch zu meinem Freunden Reiche, aber ich habe auch Freunde, die wissen nicht mehr, wie sie am Ende des Monats die Butter fürs Brot kaufen sollen. Ich habe keinen Standesdünkel.

PINAR: Wie war das im Reitverein? Es war ja schon eine von älteren Männern dominierte Welt. Die hauten da bei einem Bier im Casino einen Spruch nach dem nächsten raus.

ELFRIEDE VEHMEIER: Ich war damals noch ziemlich jung, Anfang zwanzig. Der gesamte Vorstand bestand ja nur aus Männern. Ich als Übungsleiterin, als ausgebildete Trainerin, wenn ich da mal einen Vorschlag gemacht habe, hieß es immer: Wir haben das immer so gemacht und das bleibt auch so. Gerade auf dem Dorf, da musst du schon Überzeugungsarbeit leisten. Man muss ruhig und stur bleiben, das habe ich gelernt. Ich musste mich da in einer Männerdomäne durchsetzen.

PINAR: Pferdemädchen und Pferdejungs können ja gemein sein. Das ist schon eine Welt für sich. Da ging es oft darum, wer sich was leisten kann und wer Erfolg hat.

ELFRIEDE VEHMEIER: Beim Reiten gibt es oft Zickereien, da ist das ein oder andere Mädchen sich seiner Vorteile bewusst, die es dann hat. Der finanziellen Vorteile und des besseren Pferds. Aber ich habe immer versucht, euch gesondert zu unterrichten. Die mit den eigenen Pferden in der einen, die mit den Schulpferden in der anderen Gruppe.

PINAR: Ich war manchmal bis spät abends in der Reithalle und habe bei den anderen mit den eigenen Pferden zugeguckt.

ELFRIEDE VEHMEIER: Du hast dir immer viel abgeguckt, beim Reitsport kann mal viel lernen, wenn mal einfach zuguckt, und das hast du getan. Du hast da manchmal im Winter zwei Stunden auf der Bande gesessen und dir auf Deutsch gesagt den Arsch abgefroren.

PINAR: Du warst immer streng und fordernd, aber immer fair. Ich habe bei dir Disziplin gelernt.

ELFRIEDE VEHMEIER: Ich kann den Reitsport nicht betreiben ohne Disziplin, das gilt eigentlich für jeden Sport. Beim Reitsport kommt noch die Verantwortung für das Tier dazu. Streng, ja, sonst kommst du zu nichts. Und wenn du mit einem Haufen minderjähriger Mädchen zusammen bist, ist eine gewisse Strenge manchmal von Vorteil. Fairness, Strenge, so bin ich heute noch. Ich muss mich nicht bei jedem beliebt machen.

PINAR: Es ging ja auch immer darum, wer hat die bessere Ausstattung, wer kann sich mehr leisten. Das hat mich oft unter Druck gesetzt.

ELFRIEDE VEHMEIER: Das ist heute noch viel schlimmer geworden. Früher hat Leistung überzeugt. Früher waren für mich oder für euch Vorbilder die, die die besseren Reiter waren. Heute sind die Vorbilder die Influencer. Die von den Marken gesponsert werden, die eine bestimmte Satteldecke haben, eine bestimmte Pferdedecke. Die Mädchen, die heute zwischen 13 und 16 Jahre alt sind, die kennen keinen Franke Sloothaak, keinen Ludger Beerbaum. Die kennen eine Annica Hansen, eine Influencerin, die bestimmte Sachen hat, und das finden sie dann einfach toll.

PINAR: Gibt es immer noch die Unterschiede zwischen den Kindern, die es sich nicht leisten können, und denen, die eher zu diesem elitären Sport passen?

ELFRIEDE VEHMEIER: Heute reiten fast nur noch die, die es sich erlauben können. Was früher war, dass die Vereine ganz viele Schulpferde hatten, das ist heute nicht mehr so. Das ist für die Vereine zu teuer geworden. Dadurch, dass die Kinder den ganzen Tag zur Schule gehen, wann sollen die noch Sport machen? Wir haben früher sieben bis acht Schulpferde gehabt, das hast du nicht mehr. Reiten ist ein zeitintensives Hobby, und wenn du es als Leistungssport machen willst, wie willst du das nach der Schule machen? Eine junge Frau, die bei uns im Stall arbeitet und ihr eigenes Pferd dort hat, ist jeden Tag bis 16 Uhr in der Schule, ist um 17 Uhr im Stall und ist um 20 oder 21 Uhr zu Hause, jeden Tag. Respekt vor denen, die das durchziehen. Die werden heute sehr beansprucht. Und dann die Eltern, die sagen, ich hab dir jetzt ein Pferd gekauft, da muss jetzt was kommen, da sind die Kinder und Jugendlichen überfordert.

PINAR: Du hilfst ja Kindern, die es schwer haben, mit Heiltherapeutischem Reiten.

ELFRIEDE VEHMEIER: Das Reiten hilft bei Kindern mit ADHS, bei Angstzuständen, es hilft, das eigene Vertrauen zu stärken, und gibt Mut. Auch, sich zu konzentrieren, ganz wichtig. Ich sage oft, mach doch einfach mal die Augen zu, wenn ich das Pferd an der Longe habe, dann werden die Kinder ganz ruhig. Das hat gute Erfolge. Du kommst an die Kinder ran, auch bei jenen, bei denen mancher Psychologe nicht mehr weiterkommt.

PINAR: Ich habe dich auch oft als eine Art Psychologin oder Ansprechpartnerin empfunden, da war jemand, den ich mal was fragen konnte oder der mir auch außerhalb der Reiterei bei Problemen helfen konnte.

ELFRIEDE VEHMEIER: Das sollte der Trainer immer sein, wenn ich Leistung erbringen will, muss ich dem Trainer vertrauen. Der Trainer muss ehrlich sein, Kinder und Jugendliche sind ja nicht doof. Die merken sofort, wenn man unehrlich ist. Ich sage dann auch mal, wenn jemand es nicht schafft oder etwas nicht kann, ich mache ihnen nichts vor. Erst ist es hart, aber am Ende wissen es immer alle zu schätzen.

PINAR: Du hast immer gesagt, Vertrauen ist gut, Kontrolle ist besser. Der Spruch begleitet mich seitdem.

ELFRIEDE VEHMEIER: Wenn ich sage, pack das Pferd in den Stall, versorg es gut, ist es besser, ich gehe noch mal vorbei und kontrolliere das. Der ein oder andere vergisst dann doch mal die Gamaschen an den Vorderbeinen, die müssen es ja auch erst mal lernen, etwas richtig auszuführen. Aber irgendwann erwarte ich das.

PINAR: Was hast du gedacht, als du gehört hast, dass ich die tagesthemen moderiere?

ELFRIEDE VEHMEIER: Ich habe dich ja immer schon mal in der Phoenix Runde gesehen. Ich war schon stolz auf dich, aber ich bin auf viele meiner Mädchen stolz. Die, zu denen ich noch immer engeren Kontakt habe, haben alle ihren Weg gemacht. Die eine bringt in Südafrika Kindern das Reiten bei, die andere ist Rettungssanitäterin geworden. Und wenn ich nur ein wenig dazu beigetragen habe, und wenn es nur der Spruch ist »Vertrauen ist gut, Kontrolle ist besser«, dann habe ich ihnen was mitgegeben.

Das Gespräch mit meiner damaligen Reitlehrerin war aufschlussreich, bemerkte ich doch manches erst jetzt. Wie wichtig sie tatsächlich für meinen Weg war, wie viel sie mir mitgegeben hat. Dass es gut sein kann, sich einem Verein zugehörig zu fühlen, einer Gemeinschaft mit einem gleichen Interesse. Dass es Förderer braucht, die erkennen, wenn junge Menschen Unterstützung brauchen, ihnen aber gleichzeitig nicht das Gefühl geben, so besonders förderbedürftig zu sein. Die Selbstverständlichkeit lässt Selbstverständnis wachsen. Und ich bemerkte eigentlich erst jetzt, nach so vielen Jahren, dass sie selbst damals noch sehr jung war, als sie sich in einer Männerdomäne durchsetzen musste. Friedchen hat gewissermaßen auch einen Aufstieg gemacht. Es war nun mal nicht selbstverständlich, dass eine junge Frau Ausbildungsleiterin wurde und frische Ideen in den über die Jahre eingestaubten Reitbetrieb brachte. Sie war also in doppelter Hinsicht eine prägende Figur. Eine, die mich Disziplin lehrte und mir etwas möglich machte, was ich mit meinen Mitteln nicht hätte erreichen können. Und eine junge Frau, die immer selbstbewusster wurde, je stärker sie auf Widerstand stieß. Und das imponiert mir bis heute.

Lehre und Aufstand

In der Grundschule war ich noch Feuer und Flamme für Lesen, Rechnen, Schreiben. Ich ging gerne zur Schule und war eine gute Schülerin. Doch je älter ich wurde, desto mehr ließ ich nach. Ich war keine Vorzeigeschülerin mit besten Noten. Ich muss oft lächeln, wenn Menschen denken, ich sei sicherlich eine Streberin gewesen, eine Einser-Kandidatin, das würde man von einer Nachrichtenmoderatorin wohl eher erwarten. Ich fühle mich auch geschmeichelt, wenn Leute so selbstverständlich davon ausgehen. Aber eine Streberin, das war ich nicht. Es ist sicher weit verbreitet, dass die Pubertät einen desinteressierter an Geometrie und Geschichte werden lässt. Dass es schwerer fällt, sich zu konzentrieren, und dass alles spannender ist als Hausaufgaben. Aber ich hätte wohl fleißiger sein können und weniger vorlaut. Ich fand Schule dann am attraktivsten, wenn ich in den Pausen mit meinen Freundinnen und Freunden »abhängen« durfte. Zu Hause hinsetzen und intensiv pauken, das war nicht recht meins. Ich habe letztendlich mein Abitur bestanden, aber meine Noten hätten durchaus besser sein können, hätte ich mehr Zeit in die Prüfungsvorbereitungen investiert. Immerhin kam mir zugute, dass ich im Unterricht so viel aufnahm, dass es auch ohne großes Büffeln für eine halbwegs akzeptable Note reichte, also zumindest meine Versetzung oder mein Abitur nicht gefährdet waren.

Ich fiel auf dem Gymnasium also nicht durch besonders gute Noten auf, dafür aber durch alternative Leistung. Denn es fragt sich, wie wichtig und richtig ist eigentlich Benotung, was sagt sie aus? Ist Schule nicht allzu oft noch zu konservativ im Sinne von Note 1 bis 6, es zählt, was am Ende unter der Klassenarbeit steht? Obwohl ich auf einem kleinen städtischen Gymnasium war, das weder einen besonderen Namen trug noch durch andere offensichtliche Aspekte auffiel, war es für mich besonders. Und diese Besonderheit machten bestimmte Lehrer aus, die meine Talente sahen, meine alternativen Leistungen. Mein Physiklehrer, den ich vermutlich manches Mal in den Wahnsinn getrieben habe mit meinem Desinteresse am Lernstoff. Gleiches gilt für meinen Chemielehrer. Und doch ließen die beiden nicht locker und erkannten an, dass ich bei praktischen Experimenten durchaus mitmachte – die Theorie, sie war nicht meins. Die Liste der chemischen Elemente, Alkalimetalle, Actinoide, Halbmetalle und Edelgase, mit ihren Symbolen HE, N, AL: Ich habe sie genau vor Augen, sie mir wirklich merken und mich dafür begeistern konnte ich nie. Zu einer wichtigen Vertrauensperson wurde mein Jahrgangsstufenleiter, der mich über mehrere Schuljahre begleitete und betreute, und der hier noch ausführlich zu Wort kommen wird. Er hat nicht nur einmal meinetwegen die Augen gerollt, und doch hat er meine Leistungen anerkannt. Genau wie mein Deutschlehrer in der Oberstufe, der unkonventionell und offen war für vermeintliche Flausen.

Das zeigt besonders eine Aktion, die andere vielleicht

schon im Keim erstickt hätten: Zwei, drei meiner Mitschülerinnen, die gleichzeitig meine engsten Freundinnen waren und noch immer sind, und ich hatten eines Tages die Idee, den Schriftsteller Bernhard Schlink nach Barntrup einzuladen. Das kleine Städtchen dürfte ihm als gebürtigem Großdornberger, also Bielefelder, nicht völlig fremd gewesen sein. Schließlich schloss der Kreis Lippe an Bielefeld an. Und doch schien es ein wagemutiges Unterfangen, einen solch bekannten und gefragten Schriftsteller in einen kleinen Ort einzuladen, in dem sonst nicht viel los war. Um mit ein paar Schülerinnen und Schülern zu diskutieren. Sein Buch *Der Vorleser* hatte mich sehr bewegt. Wir setzten uns im Unterricht ausführlich mit der Nazi-Diktatur, dem Holocaust, den Schrecken des 2. Weltkriegs auseinander und besuchten in diesem Zuge die ehemaligen Konzentrationslager Auschwitz und Bergen-Belsen. Ich werde diese Besuche niemals vergessen und plädiere dafür, jeder Schülerin und jedem Schüler diese Erfahrung zu ermöglichen. Parallel dazu lasen wir *Der Vorleser* im Deutsch-Leistungskurs. Wir waren so beeindruckt, dass wir eine Kassette aufnahmen: »Wir bitten Sie, uns vorzulesen, aber auch wir möchten Ihnen vorlesen«, so begann sie, denn wir hatten auch selbst Texte zum Thema verfasst. Gespannt warteten wir ab, ob der in Berlin lebende Autor sich überhaupt die Mühe machen würden, uns zu antworten. Er tat es. Und nicht nur das: Er kam. Etwa ein halbes Jahr nach der Einladung saßen wir gemeinsam mit Dr. Bernhard Schlink in Barntrup zu einem Leseabend zusammen, wie die *Lippische Landeszeitung* vom 29. Mai 1997 berichtete: »Story zwischen Straßenbahn und deutscher Geschichte«. Das Buch, das Bernhard Schlink mir damals signierte, steht noch in meinem Bücherregal. Und es war ein wunderbares Gefühl, mit einer kreativen Idee etwas erreichen zu können. Den Lernstoff erlebbar zu machen.

Es war nicht das einzige Mal, dass unsere Schule Schlagzeilen machte. Zwei Monate zuvor berichtete die *Lippische Landeszeitung* unter »Lokales«: »150 Barntruper Schüler legten die Bundesstraße lahm.« Der Artikel schloss mit den Zeilen: »»Wir haben unseren Protest ausgedrückt und dadurch halb Barntrup lahmgelegt. Wir fordern euch jetzt auf, die Kreuzung wieder freizugeben und friedlich zurück in die Schulen zu gehen‹, so eine Schülerin über Polizeilautsprecher. Alle folgten dem Aufruf.« Diese Schülerin war ich.

Der Direktor meiner Schule stand kurz davor, uns von selbiger zu werfen. Diese Aktion war im Vergleich zu dem Vorleseabend mit Schlink weniger im Sinne unserer Schule, barg sie doch ein gewisses Gefahrenpotenzial. Was war passiert? Im März 1997 hatten Atomkraft-Gegner zu der Aktion » Wir stellen uns quer!« aufgerufen. Es ging um Atommülltransporte nach Gorleben. Die Gemeinde Gorleben liegt zwar fast 240 Kilometer weit von Barntrup entfernt, die Züge, die die Castor-Behälter dorthin bringen sollten, fuhren nicht durch unseren Ort, und doch wollten wir dagegen protestieren, weil wir den Transport und die Lagerung für gefährlich hielten. Und so plante eine Gruppe von Schülerinnen und Schülern, zu der auch ich zählte, eine Protestaktion, die bis heute nicht vergessen ist. Wir riefen das ganze Gymnasium und zugegebenermaßen eher ungeplant auch die benachbarte Hauptschule dazu auf, sich unserem Protest anzuschließen. Wir wollten die Hauptkreuzung der Stadt lahmlegen, die B66, viel befahren, Nadelöhr in der lippischen Provinz. Es schlossen sich tatsächlich viele an, junge Schüler, Schülerinnen der Oberstufe. Wir liefen hoch zu der nur fünf Minuten von der Schule entfernt liegenden Kreuzung, packten unsere Protestplakate und selbstbemalten Castor-ähnlichen Tonnen aus und standen, umgeben von verärgerten Autofahrerinnen und Autofahrern, mitten auf der Kreuzung. Es dauerte nicht lange, bis mehrere Streifenwagen anrollten und ein Polizeihubschrauber über uns kreiste. Dessen Rundflug übrigens von den aufgebrachten Schülerinnen und Schülern mit Applaus begleitet wurde.

Unser Direktor war fassungslos. Da stand also ein Haufen Minderjähriger und machte Radau. LKW kamen nicht weiter, Linienbusse steckten fest. Chaos in der Kleinstadt. Wir freuten uns über den Erfolg, und doch wurde es uns angesichts der unübersichtlichen Lage, ehrlich gesagt, auch etwas mulmig zumute. Unser Direktor bat uns, die Aktion zu beenden. Und da kam mein Einsatz. Ich ging zu einem der Streifenwagen und bat die Beamten, den Lautsprecher nutzen zu dürfen, um meine Mitschüler zum Rückzug aufzufordern. Dann wandte ich mich mit den oben zitierten Worten an meine Mitstreiter, und die Worte wirkten. Alle gingen in Reih und Glied zurück in ihre Klassenzimmer. Die verärgerten Bus- und LKW-Fahrer konnten weiterfahren, die Schaulustigen ihren Vormittagseinkauf fortführen und wir zufrieden sein, war unser Protest doch gehört worden.

Noch Jahre später sprach man im Ort über die wildgewordenen Schülerinnen und Schüler, die in Barntrup Ärger gemacht hatten. Ich stand damals kurz vor dem Abitur, und mit fortschreitendem Alter kam die Einsicht, dass die Aktion durchaus nicht ungefährlich gewesen war. Doch damals stand für mich der Protest im Vordergrund. Meine Meinung kundzutun, mich einzumischen, das war mir wichtig. Und auch unser Direktor, den ich Jahre später sprach, dann bereits als Moderatorin, kam nicht umhin anzuerkennen, dass bei aller Gefährlichkeit unser Engagement zu würdigen sei. Er konnte darüber schmunzeln, denn tief im Inneren gefiel es ihm, wenn Kinder und Jugendliche Einsatz für etwas zeigten, dass unsere Gesellschaft bewegte. Fast 25 Jahre später war das eine Frage, die ich meinem damaligen Jahrgangstufenleiter stellte.

Werner Damm war vom 9. Schuljahr an mein Klassenlehrer und unterrichtete Geschichte und Deutsch. Ab der 11. Klasse war er mein Jahrgangsstufenleiter und Vertrauenslehrer. Er bildete schon damals Referendarinnen und Referendare aus und war im Zuge dessen bis zum Ruhestand an vielen Gymnasien in Ostwestfalen-Lippe unterwegs. Mittlerweile ist er Pensionär, trifft sich aber noch regelmäßig mit seinen ehemaligen Kolleginnen und Kollegen des Gymnasiums Barntrup. Ich traf ihn in meiner alten Heimat zum Gespräch, dick eingepackt draußen auf einer Terrasse an einem kalten, aber sonnigen Dezembertag. Wir haben uns beide sehr gefreut, uns nach so langer Zeit wiederzusehen und vor allem ausführlich sprechen zu können.

PINAR: Herr Damm, lang ist es her, dass ich bei Ihnen die Schulbank drückte. Wie erinnern Sie sich an mich, an Pinar als Schülerin?

WERNER DAMM: Ich erinnere mich an eine sehr interessierte und durchaus offene Schülerin. Die wusste, was sie wollte, einen eigenen starken Willen hatte und mit ihren Klassenkameradinnen gut vernetzt war, die dann in dieser Gemeinschaft besonders stark auftraten.

PINAR: Sie haben das Starke betont, war das jetzt gut oder schlecht?

WERNER DAMM: Gut. Ich meine, für einen Lehrer ist das nicht unbedingt bequem. Es gab, jetzt mal mit Blick auf die 9. Klasse, als wir das erste Mal miteinander zu tun bekamen, natürlich auch Schülerinnen und Schüler, die ganz still und schüchtern waren. Die sind ja zunächst aus Lehrersicht viel einfacher zu behandeln, weil sie nicht widersprechen, weil sie alle brav ihre Hausaufgaben machen. Und wenn dann eine Schülerin viel selbstbewusster auftritt und auch mit einer gewissen Stärke ausgestattet ist, dann läuft das ja nicht so stromlinienförmig, sondern aus Lehrersicht etwas schwieriger. Aber im Grunde genommen möchte man als Lehrer ja gerade solche Schüler und Schülerinnen haben. Denn es ist ja auch das Erziehungsziel, junge Menschen zur Selbstständigkeit zu erziehen.

PINAR: Ich habe im Nachhinein oft gedacht, ich war schon ziemlich frech und manchmal auch gemein. In meiner Erinnerung an diese Teenager-Schulzeit habe ich mich manchmal fast geschämt, weil ich ganz schön aufmüpfig war.

WERNER DAMM: Das war alles altersgemäß, ich habe da keine besonderen Ausrutscher in Erinnerung. Ich habe Sie ja für gymnasiale Verhältnisse ungewöhnlich lange betreut, von daher habe ich viele Erinnerungen an Situationen mit Ihnen, aber nicht daran, dass Sie irgendwie ausfällig geworden wären.

PINAR: Was ist Ihnen am stärksten in Erinnerung geblieben?

WERNER DAMM: Das beschränkt sich nicht auf eine einzige Situation, es ist erst mal ein Eindruck aus der ersten Zeit unseres Zusammentreffens. Sie haben oft nach Deutsch-Klassenarbeiten bei mir nach Begründungen der Zensur gefragt, die über die reinen Korrekturzeichen oder -bemerkungen hinausgingen. Da konnte ich schon den Eindruck gewinnen, dass da eine Schülerin mit starker Persönlichkeit auftrat, die nachfragte und zugleich lernwillig war, andererseits sich auch nichts Unrechtes gefallen lassen wollte. Ich erkenne heute darin auch schon Ihre Unbefangenheit, da Sie sich von niemandem einschüchtern ließen, die bei Ihrer jetzigen Tätigkeit eine wichtige Fähigkeit ist, nämlich ohne Scheu Autoritäten zu interviewen. Ansonsten erinnere ich auch, dass Sie für eine Schülerin in Klasse 9 und 10 ungewöhnlicherweise schon eine politische Position hatten, dass Sie ein Interesse an politischen Fragen hatten und auch politisch argumentieren konnten.

PINAR: Wir Schülerinnen und Schüler haben ja mal die zentrale Kreuzung in Barntrup lahmgelegt, um gegen einen Castor-Transport zu protestieren. Wie haben Sie das wahrgenommen?

WERNER DAMM: Als positiv, mit der Perspektive der erzieherischen Aufgabe. Die Besetzung der Kreuzung hat ja damals viel Furore gemacht, denn da steckten zum Beispiel Transporter fest und Busse waren blockiert, sodass sie ihre Fahrpläne nicht einhalten konnten. Das war dann das Argument der Erwachsenen, dass so eine Protestform nicht geht. Aber im Grunde, das weiß ich etwa auch vom Schulleiter, haben wir den Mut bewundert, dass Schüler solch eine Initiative ergriffen haben.

PINAR: Unsere Schule hat uns schon auch gewisse Freiräume gelassen, etwa was diese Protestaktion angeht oder die Einladung des Schriftstellers Bernhard Schlink. Wie selbstverständlich war das damals in den 90er-Jahren an einem Gymnasium auf dem Land?

WERNER DAMM: Das war nicht allgemein selbstverständlich, aber es entsprach dem Geist des Gymnasiums Barntrup, dass viele Aktivitäten aus der Schülerschaft unterstützt und durchgeführt wurden, die nicht zuletzt auch zu einem Zusammenhalt der Schulgemeinde geführt haben. Sie haben beispielsweise mit anderen Mitgliedern der Jahrgangsstufe auch eine offizielle Gedenkfeier der Stadt Barntrup zum Volkstrauertag gestaltet. Dass eine Schule im Ort so eingebunden ist, das war in den 90er-Jahren sicherlich in einer kleinen Stadt wie Barntrup leichter möglich und damals schon etwas Besonderes. Erst später wurde es unter dem Schlagwort »Öffnung von Schule« in die ministerielle Schulpolitik aufgenommen.

PINAR: Sehr intensive Erlebnisse, die durch unsere Schule ermöglicht wurden, waren der Besuch der ehemaligen Konzentrationslager Bergen-Belsen und Auschwitz. Wir haben uns lange mit dem Holocaust und der Nazi-Diktatur auseinandergesetzt. Wie wichtig war es Ihnen, mit uns dort hinzufahren?

WERNER DAMM: Das war mir als Geschichtslehrer sehr wichtig und es gehörte auch zum Erziehungskonzept unserer Schule, dass außerschulische Lernorte aufgesucht wurden, um im Fachjargon zu sprechen. Weil solche immer einen besseren Anlass bieten für intensivere Lernprozesse, als einfach nur mit dem Schulbuch zu arbeiten. Mit Blick auf Ihre jetzige Tätigkeit erinnere ich auch, dass wir mit Ihrer 9. oder 10. Klasse auch die Redaktion der Regionalzeitung besucht und den Entstehungsprozess einer Tageszeitung begleitet haben.

PINAR: Ich habe Ihnen zu verdanken, dass ich so vieles mit eigenen und dadurch mit anderen Augen sah. Meiner Familie war das nicht möglich, und so hat mir die Schule durch Reisen die Chance gegeben, andere Länder kennenzulernen, Geschichte vor Ort zu erleben. Wir waren gemeinsam in Paris, in Rom und Florenz und auch in Polen.

WERNER DAMM: Das freut mich, wenn das so war.

PINAR: In meiner Jahrgangsstufe gab es keine anderen Jugendlichen mit türkischen Wurzeln, woran lag das?

WERNER DAMM: Jugendliche mit türkischem Hintergrund waren in unserer Schule seltener, weil in ihrem Einzugsbereich im Vergleich zu größeren Städten auch relativ wenige türkischstämmige Menschen lebten. Die größte Gruppe mit Migrationshintergrund stellten in unserer Schülerschaft die Vietnamesen. Denn in den 70er-Jahren waren viele Boatpeople, die aus Vietnam geflohen waren, in Barntrup angesiedelt worden. Und so gab es über viele

Jahre fast in jeder Klasse Schülerinnen und Schüler mit vietnamesischem Hintergrund.

PINAR: War das damals in den 90er-Jahren ein Thema an der Schule?

WERNER DAMM: Nein. Das war kein spezielles Thema, und das hat mich damals zwar nicht, aber später immer wieder gedanklich beschäftigt. Im Grunde genommen hat mir erst die Diskussion um Inklusion in der Schule die Augen geöffnet. Wir haben damals in unserer Schule niemals eine Fortbildung oder eine pädagogische Konferenz durchgeführt, um als Lehrerkollegium gemeinsam zu überlegen, was wir für die vietnamesischstämmigen Schülerinnen und Schüler tun können beziehungsweise müssen. Wie können wir denen bei der Integration helfen? Wie können wir für sie größeres Verständnis aufbringen? Es gab nicht eine einzige Konferenz dazu.

PINAR: Das war Ihnen allen so fern?

WERNER DAMM: Das klingt jetzt arrogant, aber ich kann es nur so erklären, dass es damals für die Schulform Gymnasium weit verbreitet war, recht hochnäsig auf die Schülerschaft zu gucken und zu sagen, wir bieten euch hier etwas an. Wer das nicht annehmen will oder nicht schafft, der muss eben zu einer anderen Schulform wechseln, etwa zur Realschule. Von individueller Förderung war nicht die Rede. Einen Wandel dieser Einstellung hat es dann aber durch die Diskussion um Inklusion gegeben. Als allen Beteiligten durch die pädagogische Forschung bewusst gemacht wurde, dass es darum gehen muss, jede einzelne Schülerin beziehungsweise Schüler mit seinen individuellen Fähigkeiten und in seiner Eigenart zu fördern.

PINAR: Meine Eltern mussten es mehr oder weniger erkämpfen, dass ich zum Gymnasium durfte, das war alles andere als selbstverständlich für ein türkischstämmiges Arbeiterkind. Die meisten gingen zur Hauptschule, manche zur Realschule. Hat es für Sie eigentlich eine Rolle gespielt, dass ich aus einem türkischen Arbeiterhaushalt kam?

WERNER DAMM: Ja, das hatte ich immer im Hinterkopf, und damit verbunden war die Frage, was ich als besondere Maßnahme ergreifen sollte. Ich hielt eine solche in Ihrem Fall dann aber nicht für notwendig, außer dass wir mal über die eine oder andere Klassenarbeit oder auch Hausaufgabe persönlich gesprochen haben, dass da die Zahl der Verstöße gegen die Sprachnorm höher war als üblich und wie man das verbessern könnte. Aber nicht im Sinne von einer besonderen Beschäftigung mit der türkischen Kultur, wie es mit den Familienverhältnissen aussieht.

PINAR: Für mich war das ab der 7. und 8. Klasse schon ein Thema. Es kam mir zu Bewusstsein, dass ich die Einzige mit anderen Wurzeln bin. Ich setzte mich also bewusst damit auseinander und war damit eher allein.

WERNER DAMM: Das ist nur natürlich, dass man sich ab einem gewissen Alter oder Zeitpunkt damit auseinandersetzt. Es war mir schon auch aufgefallen, dass Sie natürlich ihre Identität kein bisschen verleugnet haben. Das brauchten Sie auch nicht, das war ja belebend. Ich habe das eher als Bereicherung für den ganzen Klassenverband wahrgenommen.

PINAR: Ich war, was die Noten angeht, keine besonders gute Schülerin. Haben Sie sich das ein oder andere Mal gedacht: Was soll bloß aus der werden?

WERNER DAMM: Bei den Leistungen im Deutschunterricht dachte ich mir das anfangs schon manchmal, aber Sie haben sich dann ja gut entwickelt. Da war ich schon optimistisch, ich habe Sie nie als Problemkind wahrgenommen. Mir sind übrigens gar nicht die Schüler, die Topleistungen erbringen, so besonders wichtig, das Abitur halte ich für überbewertet. Es kommt auf die Entwicklung des Einzelnen an, was er oder sie mit seinen beziehungsweise ihren Talenten macht, wie die gefördert werden können. Und das Lebensentscheidende ist doch, wie es nach der Schule weitergeht. Gut, das Abitur ist ein Schulabschluss. Aber nach der Ausbildung fragt kein Mensch mehr nach Abiturnoten.

PINAR: Mich zum Glück auch nicht, mein Durchschnitt lag bei 3,2.

WERNER DAMM: (lacht)

PINAR: Haben Sie das Gefühl, dass es für manche Jugendliche heutzutage schwieriger geworden ist, weil die Durchlässigkeit im Bildungssystem immer noch nicht genügend gegeben ist?

WERNER DAMM: Ich glaube eher, dass es einfacher geworden ist, dass es ein stärkeres Verständnis in der Gesellschaft und in der Lehrerschaft gibt, jeden Einzelnen zu fördern. Und durch die Vielschichtigkeit und Durchlässigkeit des Schulsystems ist es möglich, auch unabhängig vom Gymnasium das Abitur zu machen oder den sozialen Aufstieg zu schaffen. Ich denke in diesem Kontext beispielsweise an die Gesamtschulen.

PINAR: Aber statistisch gesehen ist die Durchlässigkeit noch gering. Bildungsferne kommen kaum weiter; auch wenn sie das Abitur gemacht haben, stockt es danach. Sie studieren seltener. Von einem Studienabschluss mit Promotion ganz zu schweigen. Was glauben Sie, wo das Problem liegt?

WERNER DAMM: Ein Kind aus einer Akademikerfamilie hat meist schon viel früher entsprechende Ziele, und dass es überhaupt so etwas wie zum Beispiel eine Professorenposition als Berufsziel gibt, spielt ja für Arbeiterkinder oder Kinder aus sozial schwächeren Familien so gut wie nie eine Rolle. Deshalb fehlt da, so könnte man es als eine der Ursachen erklären, ein Stück weit eine Zielorientierung, weil es keine nahen Vorbilder gibt. Auch Arbeiterkinder haben Ziele, aber die sind dann oft nicht viel weiterbringend für einen sozialen Aufstieg. In meinem eigenen Bekanntenkreis oder auch der Verwandtschaft gibt es viele Akademiker, und wenn etwa die Eltern beide Ärzte sind, ist es selbstverständlich, dass die Kinder und deren Partner auch alle Mediziner, zumindest Akademiker werden. Oder die Tochter studiert Kunstgeschichte. In diesen Familien ist es dann auch selbstverständlich, dass man promoviert. Da wird man eher schräg angeguckt, wenn man keinen Doktortitel führt.

PINAR: Das kannte ich aus meinem Familienumfeld überhaupt nicht. Ich wohnte ja in einem Sozialbau, ich war Arbeiterkind, in meinem Umfeld waren nur die Eltern meiner Freunde Ärzte, Anwälte, Lehrer. Wie ist die Schule damit umgegangen?

WERNER DAMM: Ich behaupte, ohne dass ich da jetzt eine Statistik vorlegen könnte, dass der größte Teil der Schülerschaft unseres Gymnasiums aus bildungsferneren Schichten kam. Die Zahl der Akademikerkinder war eher übersichtlich. Das hat etwas mit der Sozialstruktur dieser Kleinstadt Barntrup zu tun und dem zugehörigen Umfeld. Von daher haben die Familienverhältnisse im konkreten Fall für mich meist keine Rolle gespielt, im Gegenteil, ich fand es sehr wohltuend, dass es so verschiedene soziale Hintergründe gab. Die Schülerinnen und Schüler etwa aus Handwerker- oder Angestelltenfamilien oder vom Bauernhof waren mir als Lehrer eigentlich viel wichtiger als etwa die Anwaltskinder.

PINAR: Warum?

WERNER DAMM: Die waren nach meiner Wahrnehmung etwas neugieriger, ein Stück offener und letztlich tendenziell auch interessierter.

PINAR: Ich stand immer unter dem Druck, es schaffen zu müssen, weil meine Mutter den Weg ins Gymnasium für mich erkämpft hatte. Weil ich die Einzige mit türkischen

Wurzeln war. Weil ich auch einfach wusste, das muss jetzt hier klappen, wenn ich weiterkommen will.

WERNER DAMM: Das kann ich gut verstehen.

PINAR: Wie groß ist die Rolle der Familie?

WERNER DAMM: Jedes Kind braucht Unterstützung, und wie ein Kind sein späteres Leben meistert, hängt maßgeblich vom Grad und von der Form der Unterstützung ab. In Elternhäusern mit höherem Bildungsstand weiß man eher von der Notwendigkeit, die Schullaufbahn des Kindes enger zu begleiten: Nachzufragen, was in den Fächern behandelt wird, weitere Denk- oder Beschäftigungsanstöße zu geben. Bei Hausaufgaben, bei Fremdsprachen oder Lernschwierigkeiten selbst helfen zu können oder Hilfe etwa in Form bezahlter Nachhilfestunden zu organisieren, mit Lehrern zu sprechen oder diese auch zu kritisieren. Auch durch Vorbildfunktionen, wenn Eltern selbst Bücher lesen oder ins Theater gehen, Bildungsreisen und nicht nur Strandurlaube unternehmen und Museen besuchen, sowie durch die ähnlichen Sozialkontakte gibt es eine indirekte Unterstützung, die en passant den Horizont der Kinder erweitert. Und all das fehlt oft in bildungsferneren Elternhäusern.

PINAR: Wie können bildungsferne Elternhäuser das auffangen?

WERNER DAMM: Da ist es notwendig, dass für die Kinder andere Unterstützungsformen gefunden werden – etwa durch Angebote in der Schule, die über die Pflichtstunden hinausgehen, oder in anderen öffentlichen Einrichtungen wie Jugendzentren oder Vereinen. Oder dass die Kinder selbst gestärkt und in die Lage versetzt werden, sich über soziale Kontakte wie Freundinnen und Freunde und deren Elternhäuser indirekte Unterstützung zu holen, um etwa gemeinsam für eine Klassenarbeit zu lernen oder mal an einer politischen Veranstaltung teilzunehmen. Und wenn ein Kind eine starke Persönlichkeit ist – was nicht vom sozialen Stand abhängt –, sind die Chancen besonders gut. Eine wichtige Voraussetzung ist in jedem Fall, dass die Kinder zu Hause emotionale Geborgenheit und Halt finden.

PINAR: Was haben Sie eigentlich gedacht, als Sie mich das erste Mal im Radio gehört haben?

WERNER DAMM: Ich habe Sie sogar mal kurz im Studio besucht. Ich fand das beeindruckend und dachte: »Meine Güte, ist das ein kreatives und schlagfertiges Mädchen!«

PINAR: Und als dann die tagesthemen kamen?

WERNER DAMM: Da kam natürlich meine volle Bewunderung, dass Sie den Weg dahin geschafft haben und dass Sie das auch noch so gut machen. Auch bewundere ich – was mich zugleich etwas amüsiert –, dass Sie bei Ihrer Moderation so viel Ruhe ausstrahlen und so diszipliniert langsam und präzise sprechen, weil ich weiß, welches unruhige Energiebündel mit schneller Sprechweise Sie in Wirklichkeit sind. Es hat mich wirklich riesig gefreut und schon auch mit einem gewissen Stolz erfüllt, dass eine

Schülerin des Barntruper Gymnasiums dieses erreicht hat. Denn der Weg war Ihnen nicht so vorgegeben.

Mein Gespräch mit Werner Damm war intensiv und hat mich berührt, nicht nur weil es mich in meine Schulzeit zurückkatapultierte. Weil er auch so differenziert und analytisch dabei war und ich nochmals gemerkt habe, wie sehr seine Art und seine Denkweise mich geprägt haben. Schließlich verbringt man Jahre mit seinem Lehrer an der Schule, sieht sich jeden Tag und ficht auch Kämpfe aus. Ich bin froh, dass er mich gar nicht als so unangenehm vorlaut in Erinnerung hatte, wie ich dachte. Wir schwelgten nach dem offiziellen Interview noch in anderen Erinnerungen aus der Schulzeit, und mir wurde bewusst, wie wichtig diese Zeit war, so sehr ich auch damals herbeisehnte, sie möge enden. Dieser Prozess des schulischen Weges, auch eines gewissen Aufstiegs innerhalb des Schulsystems, er hat mich geprägt. Nach dem Gespräch sah ich klarer, dass an dem Städtischen Gymnasium Barntrup durchaus alternative Leistungen, also Leistungen unabhängig von der Benotung, eine Rolle spielten.

Und dass mir das zugutekam. Dass ich im Deutschunterricht als junge Schülerin noch viele Fehler machte, aber dann meinen Deutsch-Leistungskurs erfolgreich beendete und mittlerweile Spracharbeiterin bin, zeigt, dass mir nicht der Mut genommen wurde, es ebenso schaffen zu können, und dass es natürlich möglich ist. Auch wurde meine Debattierfreude gestärkt, ich lernte in der Schulgemeinschaft, mich durchzusetzen und zu organisieren, auch wenn ich oft über das Ziel hinausschoss, wie mit dem Castor-Protest auf der Kreuzung.

Die Gemeinschaft, die gesellschaftliche und politische Veränderungen anregen will oder zumindest dazu anregt, sich Gedanken darüber zu machen: Dieses Engagement, diese Auseinandersetzung gehörten früh zu meinem Leben dazu, und hier hat die Schule beigetragen. Abgesehen von den Lehrkräften vor allem auch Mitschülerinnen und Mitschüler. Kernfamilie, das waren zwar wir vier, meine Eltern, meine Schwester und ich. Doch meine Familie war größer, durch meine engsten Freundinnen, die ich im Gymnasium kennenlernte und die heute noch Familie für mich sind und unersetzlich. Schule sollte nicht nur ein Lernort sein, der auf Leistung aus ist, sie sollte Gemeinschaft bieten und das, was in jeder und jedem Einzelnen steckt, fördern.

Nach dem Gespräch mit meinem ehemaligen Jahrgangsstufenleiter beschäftigte mich aber auch, wie wenig damals kulturelle Unterschiede oder Probleme, die bildungsferne Familien haben, bewusst thematisiert wurden. Wie wenig darauf eingegangen wurde und wie gering offensichtlich das Interesse daran war. Wohl auch, weil Menschen mit anderen Hintergründen eine große Ausnahme waren. Dabei müssen Kinder aus Arbeiterfamilien und solche mit Migrationsgeschichte oft zusätzliche Leistungen erbringen, die anderen fremd sind und die unentdeckt bleiben, die sie aber ungemein Kraft kosten. Das wird auch heute noch zu wenig gesehen und berücksichtigt. Viele müssen sich, selbst noch Kind, um ihre Geschwister kümmern. Damit meine ich nicht ein Stündchen Spielezeit im Kinderzimmer oder mal eine Schale Cornflakes auf den Tisch stellen. Sie kochen Mittagessen, machen die Wäsche, helfen bei den Hausaufgaben. Sie gehen einkaufen, helfen beim Putzen. Sie erklären ihren Eltern auch mal komplizierte Behördenbriefe. Denn oftmals sprechen sie selbst perfekt Deutsch, im Gegensatz zu ihrer Mutter oder ihrem Vater. Sie tragen bereits in jungen Jahren eine Last, die Kinder nicht tragen sollten, wird ihnen doch eine Verantwortung zugemutet, die eigentlich in Erwachsenenhände gehört.

Ich erinnere mich gut, wie oft ich als Jugendliche selbst stirnrunzelnd über komplizierten Briefen in Behördensprache hing und versuchte, zu verstehen, was gemeint sein könnte. Für meine Eltern war es noch schwieriger, die auf Deutsch formulierten Zeilen zu entschlüsseln, und so baten sie mich, die Briefe anzusehen. So brütete ich über Schreiben des Finanzamts oder der Ausländerbehörde. Ich versuchte ellenlange Briefe der Rentenversicherung zu verstehen und womöglich noch zu beantworten. Es war eine Last, ich war oft überfordert, auf der anderen Seite lernte ich schnell, mir selbst zu helfen. Ich rief bei den Behördenmitarbeiterinnen und -mitarbeitern an und fragte hartnäckig nach, bis ich verstanden hatte, worum es ging und mögliche Probleme gelöst waren. Oder ich nahm den Brief zu Eltern meiner Freundinnen mit und bat sie um Rat. Manchmal muss ich heute bei aufwendigen beruflichen Recherchen an diese Zeiten zurückdenken. Womöglich kommt es mir zugute, dass ich früh gelernt habe, mich an Telefonhotlines nicht abwimmeln zu lassen und so lange dranzubleiben, bis ich die wichtigen und richtigen Informationen zusammenhatte.

Also Fluch und Segen zugleich, es lehrte mich Selbstständigkeit und die Schwierigkeiten des Alltags zu meistern, und doch fühlte ich mich manches Mal unwohl, denn es verlangte mir viel ab. Im Vergleich zu anderen Jugendlichen erging es mir darüber hinaus allerdings gut. Im Haushalt half ich, wenn ich Lust hatte, und ich musste mich auch nicht um kleinere Geschwister kümmern. Anfangs lebte ich zwar eher beengt mit meiner Schwester in einem Raum. Aber als sie auszog, um zu studieren, blieb mir das Zimmer für mich allein, damals war ich zwölf und genoss mein neues, eigenes Reich – wenngleich ich meine Schwester auch vermisste. Andere Mädchen und Jungen aus schwächeren sozialen Verhältnissen müssen oftmals früh lernen, Abstriche zu machen und beengter zu leben. Sie haben wenig Zeit für sich selbst, wenig Rückzugsmöglichkeiten. Die Familie steht immer im Mittelpunkt, und ihr zeitweise zu entkommen, was vor allem Teenager benötigen, ist fast unmöglich. Außer, man treibt sich draußen rum. In Einkaufszentren, auf einem runtergekommenen Spielplatz oder dem Innenhof. Sich in einer größeren Familie, die auf engem Raum zusammenlebt, individuell zu verwirklichen und die Kapazitäten und Kraft für Neues zu entwickeln, wird oft im Keim erstickt.

Für diese Kinder und Jugendlichen kann das Zuhause zur Last werden. Das wohlige Heim, ein stressiger Lebensraum, der wenig individuellen Raum lässt und anstrengt. Ich halte es deswegen für enorm wichtig, dass an den Schulen Lehrkräfte erkennen, aus welchem Umfeld Kinder und Jugendliche kommen. Dass sie sehen, unter welchen schweren Bedingungen sie oft ihren Alltag meistern müssen, und dass dies auch eine Leistung ist, die anerkannt werden sollte. Diese Leistung lässt sich nicht benoten, aber eben anerkennen.

Gerade in der Corona-Pandemie, in monatelangen Lockdowns mit Homeschooling und geschlossenen Kitas, war es für manche dieser Kinder und Jugendlichen besonders schwer, mitzuhalten. Das wird sich sicher auf das künftige Leben vieler dieser Jungen und Mädchen auswirken. Das ist keine Momentaufnahme, sondern, so viele Wissenschaftler, eher ein lebenslanges Päckchen, das sie tragen müssen. Was einmal verpasst wurde, lässt sich nicht so schnell nachholen.

Dabei werden auch diese Mädchen und Jungen versucht haben, mit den Mitteln, die sie haben, am Fernunterricht teilzunehmen. Über Mitschülerinnen und Mitschüler zu erfahren, was genau die Aufgaben sind, die sie zu Hause erledigen sollen. Wohl kaum ein Kind will nicht lernen, für manche ist es schlichtweg zu schwer bis unmöglich. Dann, wenn es zu wenig Unterstützung gibt. Sie sind auch nicht dümmer als die anderen, auch wenn ihnen manchmal das Gefühl gegeben wird – sie haben schlichtweg weniger Möglichkeiten. Und so wird es wohl mehr derer geben, die abgehängt wurden und notgedrungen in ihrem System bleiben. Die merken, dass sich Politikerinnen und Politiker, Lehrerinnen und Lehrer nicht ausreichend um sie gekümmert haben. Wie sollen diese Kinder nicht den Eindruck bekommen, sie seien den Lehrkräften und »denen da oben« wohl nicht wichtig genug. Denn sonst hätte man sich doch besser um sie gekümmert?

Auch die Eltern fühlen sich damit alleingelassen, was sich wieder auf die Kinder überträgt. Ein Teufelskreis. Was dies mit unserer Gesellschaft macht, wird sich wohl erst über die Jahre zeigen, doch schon jetzt ist klar: Gut ist es nicht, es ist eine gesellschaftliche Großaufgabe, die nur gemeinsam lösbar sein wird.

Mich beeindrucken junge Leute, die bereits früh eine große Verantwortung tragen, die sie meist als selbstverständlich hinnehmen, und die doch so viel Kraft haben, wohl eher unterbewusst, ihre schwierige Situation auszuhalten. Manch eine oder manch einer entwickelt eine

Resilienz, die bewundernswert ist. Die es ihnen ermöglicht, mehr aus ihrem Leben zu machen und nicht zu verzagen. Aber egal wie stark oder weniger stark sie sind, meist bedauere ich, in welchen verfahrenen Situationen sie groß werden. Denn die Last ist oftmals nicht zumutbar, es sind schließlich noch Kinder, die anderes im Kopf haben sollten. Meist sind es die Mädchen, die es noch schwerer haben, weil sie in patriarchalischen Strukturen groß werden oder die Eltern der Meinung sind, Mädchen machen nun mal dieses oder jenes. So wie den Haushalt zu schmeißen, die Geschwister zu hüten. Wodurch ihnen kaum Zeit und Ruhe bleibt, sich um ihre Schulaufgaben zu kümmern, geschweige denn, sich um sich selbst zu kümmern. Sie werden schon in jungen Jahren in diese Rolle gedrängt, und so scheint es selbstverständlich, dass sie auch als erwachsene Frauen die Care-Arbeit übernehmen. Es sind auch Kinder und Jugendliche unter ihnen, die zusätzlich familiäre Gewalt erleben, die beschämt im Sportunterricht ihre blauen Flecken verdecken, die eigentlich gar keine Kraft haben, jetzt auch noch eine Klassenarbeit zu schreiben. Es ist oft körperliche Gewalt, die sie erfahren, aber auch psychische, die weniger sichtbar ist. Es sind Kinder und Jugendliche unter ihnen, die Angst haben, zu Hause zu sein, für die Schule ein Rettungsanker sein kann, weil sie dort zumindest sicher sind.

Auch das wird in der Corona-Pandemie, die wie ein Brennglas Probleme aufzeigt und sie leider auch verschärft, deutlich. Seit Jahren bin ich Schirmherrin eines Vereins in Hamburg, der Mädchen aus schwierigen Verhältnissen unterstützt, »Dolle Deerns« heißt er. Die Kinder und Jugendlichen bekommen dort Hilfe bei den Hausaufgaben, sie kochen zusammen, sie haben Erwachsene um sich, die ihnen zuhören und sie auch in schwierigen Lebenslagen beraten. Sie sind für sie da, auch wenn über Dinge gesprochen wird, die zu Hause tabu sind. Für Mädchen aus bestimmten kulturellen Kreisen ist es fast unmöglich, über Liebeskummer oder Sexualität zu sprechen. Über Drogenkonsum oder schlechte Noten. Es ist wichtig für sie, sich vertrauensvoll an einen Erwachsenen wenden zu können, der ihre Fragen beantwortet, ohne sie zu verurteilen oder zu bestrafen. Der pädagogisch in der Lage ist, ihnen in oder aus ihrer Situation zu helfen. Sie bekommen eine Anlaufstelle, die ihnen Kontinuität bietet und ein vertrauensvolles Umfeld, sodass sie einen Rückzugsort haben.

Einmal im Jahr veranstaltet der Verein einen Berufsfindungstag, die Mädchen können in vermeintlich männertypische Berufe hineinschnuppern. Elektriker, Tischler, Mechatroniker. Sie lernen, dass sie nicht in festgefahrenen Strukturen leben müssen und dass alles möglich ist, auch für Mädchen. Darüber hinaus gab es eine kleine Aufführung, die die Mädchen einstudiert hatten. Dabei lernten sie, aus sich herauszukommen, sich aufeinander zu verlassen und wie es sich anfühlt, ein Erfolgserlebnis zu haben und zu teilen. Dinge, die sie von zu Hause meist nicht kennen, ich fand das sehr mutig von ihnen.

Wer in einem Haushalt groß wird, in dem es an vielem fehlt – an Platz, an Komfort, an Geld, an Kommunikation und Vertrauen, an Förderung –, der startet mit einem schweren Päckchen ins Leben. Es bleibt zudem kaum Zeit, sich über die eigene Situation zu grämen, der Alltag frisst die Fähigkeit auf, die Lage zu reflektieren und möglicherweise zu verändern. Die Kinder und Jugendlichen bewegen sich in einem Hamsterrad, das für sie und ihr Umfeld

Normalität ist. Daher braucht es konkrete Hilfe, zum Beispiel durch einen Verein wie »Dolle Deerns«.

Wenn es übrigens zu Hause gar nicht mehr geht, müssen die Kinder geschützt werden, indem sich, so hart es ist, andere ihrer annehmen. Die SOS-Kinderdörfer springen auch in solchen Fällen ein, sie bieten eine Familie, in der die Kinder und Jugendlichen sicher groß werden können. Sie betreuen und fördern, sie begleiten sie durch die schweren Zeiten. Ich unterstütze das SOS-Kinderdorf in Hamburg und habe großen Respekt vor der Leistung der Familien, der Mitarbeitenden und der Kinder. Natürlich ist immer zu hoffen, dass Kinder und Jugendliche in ihrem ursprünglichen Zuhause sicher und glücklich groß werden können. Dabei hilft das SOS-Kinderdorf in Hamburg auch, indem es ein Familienzentrum hat, das jeder nutzen kann.

Kinder und Jugendliche darf man nicht einfach allein mit sich selbst lassen oder allein mit ihren Familien, die auch nicht weiter wissen. Es braucht Lehrerinnen und Lehrer wie Werner Damm. Oder Trainerinnen wie Elfriede Vehmeier. Die stärken und helfen, fördern und fordern. Oftmals reicht auch die Unterstützung einer aufmerksamen Nachbarin, die Hilfestellungen gibt und Einblicke in ein anderes Leben ermöglicht. Die Kinder benötigen nicht nur seelische Hilfe und schulische Unterstützung oder finanzielle Mittel für ein iPad oder die nächste Klassenfahrt. Ihnen sollte die Gelegenheit gegeben werden, an ihren eigenen Möglichkeiten zu arbeiten und in erster Linie erst einmal daran zu glauben, dass sie einen Aufstieg schaffen können. Dass mehr in ihnen steckt, als ihre derzeitige Situation vermuten lässt. Die Last des Alltags kann ihnen nicht immer genommen werden, aber die Last, allein damit sein zu müssen, durchaus.

Die Eltern befinden sich selbst oft in einem Hamsterrad und in einer Lage, aus der sie sich nicht so schnell befreien können, nicht aus eigenen Stücken zumindest. Wenn die Belastung der Arbeitslosigkeit oder auch des Jobs, der nicht genug Geld einbringt, zu groß wird. Wenn zu viele Kinder ernährt und betreut werden wollen und der Partner noch Reißaus nimmt. Dann brauchen auch sie Unterstützung; das Gefühl, dass ihre Probleme gesehen und dass sie nicht pauschal für ihre Lebenslage verurteilt werden, ist immens wichtig. Die meisten Mütter und Väter wollen nur das Beste für ihr Kind, nur können sie selbst aus verschiedenen Gründen nicht das Beste geben. Hier greift die Verantwortung einer Gesellschaft, die allein durch das deutsche Sozialsystem, das ein Existenzminimum garantiert, nicht ausgeschöpft ist. Hier sind es meist zivilgesellschaftliche Institutionen, die unterstützen. Stiftungen, Vereine, ehrenamtliche Helferinnen und Helfer. Sie selbst müssen wiederum unterstützt werden, von den Städten und Kommunen, denn oftmals sind sie finanziell zu schlecht ausgestattet. Darüber hinaus kann jeder und jede Einzelne, die sich der Probleme bewusst ist und aufmerksam handelt, helfen. Insgesamt braucht es also mehrere Sozialinstanzen, die nicht nur aus Schule und Familie bestehen.

Auch darüber habe ich mit der SPD-Politikerin Manuela Schwesig gesprochen. Die Ministerpräsidentin von Mecklenburg-Vorpommern musste selbst erleben, wie es sich anfühlt, wenn um einen herum alles wegbricht. In einfachen Verhältnissen in der ehemaligen DDR aufgewachsen, brachte ihr die Wende als junge Frau Chancen. Aber erst einmal Ungewissheit und einen Vater, der vom einen Tag auf den anderen arbeitslos wurde. Mit ihr spreche ich über ihre Kindheit und Jugend im Osten. Die Schwierigkeiten, die nach der Wiedervereinigung kamen, und Hürden, die sie als junge Frau und Politikerin nehmen musste und noch immer nehmen muss. Auch sie gehört zu denen, die nicht selbstverständlich ihren Weg gehen konnten. Aber auch zu jenen, die in der politischen Verantwortung sind, etwas zu verändern. Chancengerechtigkeit anzustreben und zu verwirklichen. Bildungsfernen Kindern eine bessere Zukunft zu ermöglichen. Egal wo ihre Eltern herkommen, egal wo sie aufwachsen.

Ich traf Manuela Schwesig an einem sonnigen Sonntagnachmittag in der Staatskanzlei in Schwerin. An einem für sie intensiven, vollen Arbeitstag. Am nächsten Tag stand wieder eine Bund-Länder-Konferenz zur Corona-Krise an, eine, die mit der Entscheidung zur sogenannten Osterruhe unvergessen bleibt. Schwesig gab mehrere Interviews an diesem Sonntag, dem ZDF, der *Süddeutschen Zeitung*. Abends wurde sie aus Schwerin, aus dem Kabinettssitzungsraum, in dem auch wir zusammentrafen, in die Talksendung »Anne Will« zugeschaltet. An einem solch vollen Tag also saßen wir nun zusammen, zu einem ganz anderen Thema. Und Manuela Schwesig wirkte ruhig, aufmerksam und bestimmt.

PINAR: Frau Schwesig, wir haben etwas gemeinsam, wir sind in einem Dorf groß geworden, mit nur ein paar Tausend Einwohnern. Ich im ostwestfälisch-lippischen Bösingfeld, Sie in Seelow im heutigen brandenburgischen Landkreis Märkisch-Oderland in der DDR. Wie erinnern Sie sich an die Zeit?

MANUELA SCHWESIG: Die Seelower würden jetzt sehr böse sein, würde ich sagen, das ist ein Dorf. Seelow war die kleinste Kreisstadt zu DDR-Zeiten, hatte etwa 6000 Einwohner, heute sind es noch 5500. Vielleicht wirkt es aus der Sicht von Regionen, die größere Dörfer haben, wie ein Dorf. Aber es war eine kleine Kreisstadt. Allerdings, geboren und die ersten Jahre aufgewachsen bin ich wirklich auf dem Dorf. Ganz in der Nähe von Seelow, aber daran erinnere ich mich nicht. Meine Eltern sind dann eben mit mir in die Stadt gezogen. Ich bin in einfachen Verhältnissen groß geworden, aber trotzdem habe ich es immer als behütet empfunden. Mein Vater war Schlosser und zum Schluss hat er sogar als Heizer in seinem Baubetrieb gearbeitet, hat damit Schichtdienst gemacht, also Früh- und Nachtschicht, damit er noch zusätzlich Geld verdienen konnte. Meine Mutter hatte eine ökonomische Ausbildung und hat dann später noch ein Fernstudium gemacht. Übrigens, wenn meine Mutter einmal die Woche zu ihrem Studium fuhr, kümmerte sich mein Vater allein um uns, und er konnte nur Bratkartoffeln machen, also gab es an diesen Tagen immer Bratkartoffeln, was ich toll fand.

PINAR: Wie ging es Ihrer Familie finanziell?

MANUELA SCHWESIG: Das waren materiell sehr einfache Verhältnisse, aber was ich aus heutiger Sicht sehr zu schätzen weiß, ist, dass unsere Eltern immer für uns da waren und mich und meinen Bruder ihren eigenen Weg haben gehen lassen. Wir sind groß geworden in einem – heute würde man sagen – Plattenbau. Mit Kohleheizung. Ich habe also als Kind noch mitgeholfen, Kohle in den Keller zu schippen und auch in den vierten Stock zu tragen. Damit der Badeofen warm war und man abends überhaupt duschen konnte.

PINAR: Welche Einschränkungen haben Sie dadurch erlebt, dass sie wenig Geld hatten, in der Schule und später als Jugendliche?

MANUELA SCHWESIG: Wir hatten eine $2^1/_2$-Raumwohnung, ich habe mir mit meinem Bruder ein Zimmer geteilt. Man muss wissen, zu DDR-Zeiten gab es nicht so große soziale Unterschiede. Da haben in einem Block der Arzt und der Schlosser zusammengewohnt, weil es nicht so viele Möglichkeiten gab. Meine Klassenkameraden, die auf dem Dorf wohnten, bei denen die Eltern eher in der Landwirtschaft gearbeitet haben, die wohnten eher in größeren Häusern mit viel Grün. Was ich natürlich auch gut fand. Das hieß aber nicht, dass die materiell besser gestellt waren, denn zu DDR-Zeiten hatten die wenigsten eine gute materielle Ausstattung. Gemerkt habe ich das eigentlich eher als Teenager, wenn ich mir eine tolle Jeans gewünscht hatte, die es aber schlichtweg nicht gab. Allenfalls mit Westgeld. Solche Sachen haben mich aber nicht besonders bedrückt. Bei mir hat das eher dazu geführt, dass ich verstanden habe, dass man mit seiner eigenen Kraft seinen eigenen Weg gehen muss. Dass man sich selbst kümmern muss. Ich habe schlichtweg nie etwas geschenkt gekriegt und habe mir die Dinge immer selbst erarbeitet.

PINAR: Also waren die Unterschiede damals nicht so groß?

MANUELA SCHWESIG: Das Problem war, dass alle wenig hatten. Die Mangelwirtschaft war auch einer der Gründe für die große Unzufriedenheit, die schließlich in der

Friedlichen Revolution endete. Es gibt viel zu kritisieren an der DDR, vor allem am politischen System. Das war eine Diktatur. Aber es gab auch eine Infrastruktur, die geholfen hat. Ich bin mit neun Monaten in die Krippe gekommen und ich sage immer, das hat mir nicht geschadet. Das habe ich später auch als Familienministerin betont, als wir die Debatte um das Betreuungsgeld hatten. Diese Infrastruktur von Ganztagskita und Ganztagsschule war etwas, wo der Westen tatsächlich etwas vom Osten lernen konnte. Der Vorteil war, dass alle Kinder Zugang auch zu Freizeitangeboten hatten. Ich war in der Tanzgruppe, ich habe Handball gespielt, ich habe Leichtathletik gemacht und hatte Flötenunterricht. Also ich habe als Kind ziemlich viel gemacht, alles war zugänglich und kostenfrei, und so spielte es nie eine Rolle, ob die Eltern sich das leisten können oder nicht.

PINAR: War für Sie und Ihre Familie früh klar, dass Bildung wichtig ist? Dass Sie auf das Gymnasium gehen würden?

MANUELA SCHWESIG: Ich wollte Erzieherin werden und hätte dann später weiter studieren können. Dann kam die Wende, und alles war anders. Meinen Ausbildungsplatz gab es nicht mehr, deswegen habe ich mich dann entschieden, doch Abitur zu machen. Nach zwei Jahren hieß es dann in der Berufsberatung: »Sie sind gut in Mathe, gehen Sie mal zum Finanzamt, die suchen da Leute.« Und dadurch bin ich in eine völlig andere Richtung gegangen, was typisch ist für uns Wendekinder. Ich gehöre zu der sogenannten dritten Generation, das heißt, ich war 15, als die Wende war. Und man muss sich das so vorstellen, es gab niemanden, weder die Eltern noch die Lehrer, der uns sagen konnte, wie das jetzt weitergehen soll. Es ist ganz typisch, wenn Sie jemanden aus meiner Generation aus Ostdeutschland fragen: Was wolltest du werden, und was machst du heute?, machen die Leute was völlig anderes. Mein Mann wollte zum Beispiel Lehrer werden, auf einmal gab es seinen Studiengang auch nicht mehr. Dadurch ist der auch beim Finanzamt gelandet.

PINAR: Also brachte die Wende Ihre Pläne durcheinander.

MANUELA SCHWESIG: Ja, ich würde sagen, die Wendezeit hat mich sehr geprägt. Mein Vater wurde auf einmal arbeitslos, weil der Baubetrieb pleite war. Das war eine Erschütterung für die Familie, weil wir Arbeitslosigkeit bis dahin gar nicht kannten. Ich habe meinem Vater, der noch nicht mal 40 Jahre alt war zu dem Zeitpunkt, angemerkt, dass er große Probleme damit hatte. Neben den Existenzsorgen stellte er sich die Frage, warum werde ich nicht mehr gebraucht? Mein Vater hat von seinem 16. Lebensjahr an gearbeitet, in der Schlosserausbildung, dann als Schlosser. Er war fleißig und hat sogar noch gesagt, ich mache den Heizerjob, stehe schon früh morgens auf, damit es warm im Betrieb ist, für ein paar Mark mehr für die Familie. Und auf einmal war er arbeitslos und stand auf der Straße, so wie viele. Es war eine Massenarbeitslosigkeit, und das hat mich dazu gebracht, als Teenager sofort auf eigenen Füßen stehen zu müssen. Weil ich gesehen habe, dass meine Eltern selber Probleme haben und ich mich selbst um mich kümmern muss. Das hat mich sehr geprägt, so wie viele meiner Generation.

PINAR: Ich habe mit dem ostdeutschen Regisseur Andreas Dresen für dieses Buch gesprochen. Dresen sagt, es gebe noch immer keine Chancengerechtigkeit für Ostdeutsche.

MANUELA SCHWESIG: Das hat damit zu tun, dass zur Deutschen Einheit Westdeutschland und Ostdeutschland nicht auf Augenhöhe zusammengekommen sind. Ich kenne viele, meine Mutter gehört übrigens dazu, aber ich habe auch viele in der Verwaltung später kennengelernt, deren Hochschulstudium nicht anerkannt worden ist. Sie sind dann in der Verwaltung im gehobenen Dienst gelandet und im Gegensatz zu Juristen für Führungspositionen nie infrage gekommen. Somit ist die große Masse der Ostdeutschen nur in der Mitte der Verwaltung gelandet. Die Führungspositionen haben Kollegen eingenommen, die aus Westdeutschland kamen, und die sind dann natürlich weiter aufgestiegen. Ähnlich ist es in allen Bereichen gelaufen, auch der Wirtschaft oder der Justiz. Das führt dazu, dass wir bis heute zu wenig Ostdeutsche in Führungspositionen haben. Man hat damals einfach die Leistung und die Abschlüsse der Ostdeutschen nicht gleichwertig anerkannt, und das hat zu einer großen Verletzung der Elterngeneration beigetragen. Das ist etwas, was meine Generation mitbekommen hat und was wir in Ostdeutschland bis heute spüren.

PINAR: Ich habe mit dem CDU-Vorsitzenden Armin Laschet darüber gesprochen, dass ja auch der Bundestag kaum divers ist. Weniger Frauen als Männer, kaum Menschen mit Migrationsgeschichte. Er sagte aber, die Ostdeutschen seien durchaus vertreten, und das Thema

Ostdeutsche sei nicht Diversität. Ist es für Sie denn Diversität?

MANUELA SCHWESIG: Ja, das ist es. Es ist ja die Frage, wie man Diversität versteht. Es geht um Herkunft und Geschlecht, und natürlich spielen auch Fähigkeiten und Lebenserfahrungen eine große Rolle. Es ist wichtig, dass Frauen und Männer gleichberechtigt auch in Führungspositionen vorkommen, dass dort Ostdeutsche und Westdeutsche, aber auch Menschen mit Migrationshintergrund vertreten sind. Da gibt es zum Beispiel in Ostdeutschland eine doppelte Schwäche. Wir haben zu wenig Ostdeutsche in Führungspositionen und kaum Menschen mit Migrationshintergrund. Ich bin übrigens sehr stolz darauf, dass wir jetzt in Mecklenburg-Vorpommern die erste Frau mit Migrationshintergrund in der Landesregierung in einer Führungsposition haben. Das ist unsere Integrationsbeauftragte, die als Flüchtlingskind nach Deutschland kam.

PINAR: Es gibt ja auch Vergleiche zwischen Ostdeutschen und Migranten, sehen Sie da Parallelen?

MANUELA SCHWESIG: Ich glaube, dass die Erfahrungen unterschiedlich sind. In Gesprächen mit Frauen und Männern mit Migrationshintergrund habe ich erfahren, dass oft auch Rassismus eine Rolle spielt. Da wird man dann plötzlich wegen seiner Hautfarbe gefragt: Wo kommen Sie eigentlich her? Diese Frage wird sogar noch dem Kind gestellt, das eigentlich in Hamburg groß geworden ist, wo es herkommt. Ich stelle mir das als schmerzvolle Erfahrung vor. Bei den Ostdeutschen ist eher das Thema, und das trifft vor allem auf meine Elterngeneration zu, die nach der Wende alles aufgebaut hat und die Friedliche Revolution in Gang gesetzt hat, dass ihre Lebensleistung nicht anerkannt wurde.

PINAR: Wie kam es dazu?

MANUELA SCHWESIG: Das vereinte Deutschland unter Helmut Kohl als Bundeskanzler hat so getan, als gebe es eine Zeitrechnung für Ostdeutsche ab 1990, aber die Menschen hatten auch ihr Leben davor. Auch in einer Diktatur haben die Menschen versucht, klarzukommen. Sie haben sich trotzdem verliebt, trotzdem Familien gegründet und waren trotzdem fleißig. Es geht um die Anerkennung von Lebensleistungen. Deshalb habe ich mich massiv für die Rentenangleichung und die Grundrente eingesetzt, weil viele in Ostdeutschland nach 1990 nur geringe Löhne erzielt haben. Und ich setze mich auch für Ganztagskitas und -schulen ein. Wenn ich heute die 45 Kitas in Schwerin sehe, allein von den städtischen Trägern, meine Tochter geht selbst in eine dieser Kitas, könnte ich mir aussuchen, ob ich dieses inhaltliche Modell möchte oder das andere. Es gibt Montessori, Waldkitas, das ist eine große Bereicherung, eine solche Vielfalt zu haben. Das ist ein Riesenunterschied zu DDR-Zeiten, aber das Angebot, dass Kinder zusammen sind und zusammen groß werden, dass alle Zugang zu Freizeit, Musik, Sport haben, das hat mich schon geprägt und mir ist klar, dass wir das heute mehr brauchen als je zuvor.

PINAR: Wie kann es denn gelingen, dass Startbedingungen gleich sind, wie kann Chancengerechtigkeit gelingen?

MANUELA SCHWESIG: Mit Ganztagskitas und Ganztagsschulen, verknüpft mit Freizeitangeboten, die für alle
zugänglich sind. Deshalb haben wir in Mecklenburg-Vorpommern Krippe, Kindergarten und Hort gebührenfrei.
Und wir legen ein besonderes Augenmerk auf Stadtteile,
wo es soziale Verwerfungen gibt. Wir haben zum Beispiel in einem Brennpunkt die allerbeste Kita gebaut, mit
zusätzlicher Fremdsprache. Obwohl viele sagten: Warum
soll da jetzt als Allererstes Englisch auf dem Programm
stehen? Aber es ist wichtig. Mit einer zusätzlichen Sozi-
alarbeiterin für die Familien, mit einem kostenfreien Mittagessen. Wir haben bewusst gesagt, die guten Sachen
müssen da platziert werden, damit die Kinder es gut
haben.

PINAR: Als Sie Ministerpräsidentin wurden, waren Sie die
Jüngste, die jemals in ein solches Amt gekommen war.
Sie waren zuvor Bundesministerin und schon lange in
der Politik. Würden Sie selbst von einer steilen Karriere
sprechen?

MANUELA SCHWESIG: Wahrscheinlich sieht es von außen
so aus. Aber mir wurde nichts geschenkt. Wenn Sie
solche Möglichkeiten haben, müssen sie sich dennoch
beweisen. Es ist nicht so, dass man solche Ämter einfach
so bekommt. Früher gab es immer die Beschreibung für
mich: jung, blond, ostdeutsch. Gegen »jung« hatte ich
nie was, das ändert sich jetzt natürlich von Jahr zu Jahr
(lacht), und ich habe auch nichts gegen »blond« und
gegen »ostdeutsch« erst gar nicht. Aber am Ende müssen
Sie sich beweisen. Mich hat eher das Gefühl geprägt, dass
ich durch die Wende gespürt habe, hier ist niemand. Du

musst dein Leben selber in die Hand nehmen, du musst
dich kümmern. Mein Elternhaus hat mir gezeigt, dass
man über den Tellerrand hinausgucken muss, dass man
schauen muss, sich einzubringen. Ich habe schon als
Kind eine Kindertanzgruppe geleitet, habe deutsch-pol-
nische Ferienlager betreut und war schon immer sozial
engagiert, und das hat mich auch in die Politik gebracht.
Ich habe mich gefragt, wie ich mich in meiner Heimat-
stadt einbringen kann, und deswegen war der Einstieg
in die Kommunalpolitik genau das Richtige. Da ging es
weniger um Parteipolitik als mehr darum, wo die nächste
Kita hinkommt oder wie unser Theater gerettet werden
kann.

PINAR: Dieses Label »jung, Frau, ostdeutsch«, das war oft
sogar sexistisch. Ausdrücke wie »Küsten-Barbie«, gesagt
vom ehemaligen Innenminister in Mecklenburg-Vorpommern, Caffier. Wie hat sich das angefühlt, sich als gestan-
dene Politikerin mit solchen Aussagen älterer Herren
rumzuschlagen?

MANUELA SCHWESIG: Ich habe mich immer getröstet mit
einem Satz, den mein Mann mir gesagt hat: Man sieht
sich immer zweimal im Leben. Vielleicht ist es manchmal
auch gar nicht schlecht, unterschätzt zu werden. Aber
natürlich fühlt es sich nicht gut an, da möchte ich gar
nicht drum herumreden. Ich habe aber versucht, es an
mir abperlen zu lassen und mich auf die wesentlichen
Dinge zu konzentrieren. Es ist sicher leichter gesagt als
getan, aber man muss sich ein gutes Netzwerk aufbauen,
von Menschen, die auch kritisch zu einem sind und
ehrlich. Wenn jemand mich lange kennt und kritisch ist,

dann nehme ich mir das auch zu Herzen. Wenn es aber Leute sind, die mich nicht wirklich kennen und die nicht wissen, worum es gerade geht, dann ist es für mich nicht wichtig.

PINAR: Es geht um Vorurteile, gegen die Sie ankämpfen müssen. Wie kommen wir aus dem Schubladendenken raus? Das hindert ja auch junge Menschen, einen anderen Weg zu nehmen. Sie bleiben dann lieber da, wo sie sind.

MANUELA SCHWESIG: Es muss sichtbare Diversität geben. Überall. In der Politik, in Fernsehen und Film, in den sozialen Medien oder dem Sport. Es geht ja jeder Generation so, dass sie auch Menschen braucht, mit denen sie sich identifizieren kann. Wenn er oder sie es geschafft hat, dann kann ich das vielleicht auch schaffen. Es muss überall darum gehen, was jemand kann und wo er oder sie hinwill, und nicht darum, woher man kommt. Das muss ein gemeinsamer gesellschaftlicher Anspruch sein.

PINAR: Bei der SPD, zumindest wenn man auf Bundesebene guckt, hat man den Eindruck von Diversität auch nicht. Warum schafft es die SPD auch nicht, Vorbild zu sein?

MANUELA SCHWESIG: Da hat sich viel bewegt in den letzten Jahren. Wir haben eine Doppelspitze, Männer und Frauen, jung und älter, mit Migrationshintergrund und ohne, Ost und West.

PINAR: Ja, die ganze Parteispitze wirkt gutbürgerlich, obwohl die SPD für Arbeiter steht, für Gewerkschaft und Soziales. Aber das spiegelt sich nicht wider, bei den Grünen ja auch nicht.

MANUELA SCHWESIG: Das hängt vielleicht auch mit der Härte zusammen, mit der parteipolitische Auseinandersetzungen manchmal geführt wurden. Es gibt hier im Land einen ehrenamtlichen Feuerwehrmann, beruflich Müllfahrer. Er hatte damals bei dem Waldbrand in Lübtheen mitgeholfen, als im Sommer 2019 der ehemalige Truppenübungsplatz in Flammen stand und wir einen Katastrophenfall hatten. Die Feuerwehrleute hatten sogar den Medienpreis »Goldene Henne« gekriegt für ihr Engagement. Dieser Mann war bereit, für den Bundestag zu kandidieren. Ich war davon richtig begeistert, weil ich auch dachte, diese Leute von der Basis brauchen wir. Und dann hat er riesigen Ärger bekommen, das war parteipolitisch motiviert von der CDU, wenn er das für die SPD machen würde, dann könne er nicht mehr ehrenamtlicher Feuerwehrmeister sein. Er hat dann gesagt, er kandidiere dann nicht, weil ihm das Ehrenamt bei der Feuerwehr so wichtig war, was ja für ihn spricht. Also, Sie haben recht, wir brauchen die Leute von der Basis und ich glaube, da ist es die Frage, wie wir attraktiver und offener für Kandidatinnen und Kandidaten werden, die aus Gruppen stammen, die in den Parlamenten unterrepräsentiert sind.

PINAR: Haben Sie manchmal ein Gefühl wie: Wo bin ich hier eigentlich gelandet? Da zu sein, wo Sie sind, wurde Ihnen ja nicht in die Wiege gelegt.

MANUELA SCHWESIG: Am Tag der Deutschen Einheit wird mir jedes Jahr noch einmal bewusst, was für ein großes Glück sie für mich und meine Generation ist. Ich frage mich dann, wie mein Leben wohl verlaufen wäre, wenn es nicht zur Friedlichen Revolution und zur Deutschen Einheit gekommen wäre. Mir ist es sehr bewusst, dass es ein ganz großes Geschenk ist, in Frieden zu leben, in einer Demokratie. Im Alltag bin ich eher der sachorientierte Typ: Man hat ja jeden Tag auch ein Sachproblem auf dem Tisch, in der Corona-Pandemie ohnehin, man ist dann im Arbeitsrhythmus. Ich habe als Ministerpräsidentin viel Verantwortung, und der will ich gerecht werden. Ich denke, dass Frauen in Spitzenämtern noch immer kritisch beäugt werden. Wenn Herr Söder sich hinstellt und ganz selbstbewusst was einfordert, dann ist er der starke Ministerpräsident. Wenn man als Frau hartnäckig auftritt, dann wird man schnell als nervig abgestempelt.

Aber ich versuche, mich davon nicht aus der Ruhe bringen zu lassen, sondern meinen eigenen Weg zu gehen.

PINAR: Es wird jetzt bald die wichtigste ostdeutsche Frau in der Politik, die Kanzlerin, gehen. Wenn dieses Buch erscheint, wird sie nicht mehr im Amt sein. Es wird mutmaßlich ein Mann aus dem Westen Kanzler sein. Ist das für Sie ein Grund zu sagen, ich muss nach Berlin?

MANUELA SCHWESIG: (lacht)… diese Frage bekomme ich oft, die Fragestellung ist sehr kreativ, großes Kompliment … (lacht). Nein, ich würde nicht sagen, dass ich jetzt das ostdeutsche Vakuum füllen muss. Ich erhebe meine Stimme für Mecklenburg-Vorpommern und die Menschen hier. Unabhängig davon, wer Kanzler wird.

PINAR: Armin Laschet sagte, ein Bergmannssohn als Kanzler, das wäre was. Eine Schlosserstochter als Kanzlerin, das wäre auch was.

MANUELA SCHWESIG: Schöner zweiter Versuch. Ich kandidiere ja nicht, ich bewerbe mich zeitgleich erneut um das Amt der Ministerpräsidentin in Mecklenburg-Vorpommern, und das ist wirklich mein Fokus. Für mich ist aber völlig klar, egal wer Kanzler oder Kanzlerin wird, es bedarf weiterhin der Stimmen der ostdeutschen Ministerpräsidenten und Ministerpräsidentinnen. Es gibt selbst zwischen Schwerin und einem kleinen Dorf in Vorpommern noch große Unterschiede, und so ist es in ganz Deutschland. Ich fühle mich wohl als Landesmutter, aber habe trotzdem auch bundespolitisch die Möglichkeit, mich einzubringen, wenn es um eine Sache geht, die unser Land betrifft. Also um die Grundrente, um gleichwertige Lebensverhältnisse, die Herausforderung der Pandemie. Ich sage mal, da fühle ich mich jetzt auch sehr frei. Ich kann mein Ding machen, im Land mein Amt ausfüllen und mich im Bund einmischen, wenn ich glaube, das ist gut für die ostdeutschen Länder und die Menschen hier.

PINAR: Sie waren ja mal beim Film. Könnten Sie sich vorstellen, noch mal was völlig anderes zu machen?

MANUELA SCHWESIG: Der Ausflug in den Film war spannend damals, aber das wäre jetzt nichts, was ich anstrebe.

Mehr als eine Stunde saßen wir zusammen und sprachen. Manuela Schwesig wird vieles zugetraut. Sie selbst sagt, dass es manches Mal gut sein kann, unterschätzt zu werden. Es bleibt der Eindruck, dass sie ihre nächsten Schritte gut durchdenkt und einen kühlen Kopf bewahrt. Und offensichtlich blieb ihr oftmals auch nicht viel anderes übrig. Die Wende veränderte ihr Leben, wie das Leben vieler anderer auch, von einem Tag auf den anderen. Wenn ich über Chancengerechtigkeit und Aufstiegschancen nachdenke, denke ich automatisch auch an jene, die ebenso wie meine Eltern »dazukamen«. Ich würde auch keinen direkten Vergleich zwischen Ostdeutschen und Migranten ziehen, und doch sehe ich Parallelen. Sich wiederholende Muster. Das Gefühl, dass die Lebensleistung nicht anerkannt wird und man es schwerer hat als die vermeintliche Mehrheitsgesellschaft – hier lassen sich ähnliche Geschichten erkennen und auch Strukturen. Der Regisseur Andreas Dresen, der ebenfalls in der damaligen DDR geboren wurde und dort aufwuchs, hatte mir sehr eindrücklich in einem tagesthemen-Interview beschrieben, wo die Ungleichheiten noch liegen. Der Regisseur, 1963 geboren in Gera, ist mit Filmen wie »Halbe Treppe«, »Wolke 9«, »Sommer vorm Balkon« und »Gundermann« einer der anerkanntesten deutschen Filmemacher. Er ist immer der ostdeutsche Filmemacher, was er selbst mit Humor nimmt, wie er mir in unserem Gespräch für dieses Buch erzählt. Er ist ein Realist, der in seinen Filmen Geschichten erzählt, die im Alltag zu finden sind, auf der Straße, wie man gerne mal sagt. Ihn hat die Wende ebenso geprägt. Anders als Manuela Schwesig, aber doch mit einem ähnlichen Blick auf die gesellschaftlichen Differenzen.

Als ich ihn um ein Interview bat, war er gerade mitten in

den Arbeiten zu seinem neuen Film, »Rabiye Kurnaz gegen George W. Bush« Die Geschichte des Guantanamo-Häftlings Murat Kurnaz aus Bremen. Eine wahre Geschichte über die Mutter des ehemaligen deutsch-türkischen Gefangenen, die unerbittlich für die Freilassung ihres Sohnes kämpfte. Wieder so eine »harte« Geschichte. Wieder »die da unten« gegen »die da oben«. Unser Gespräch, das wir über Videotelefonie führten, ich wieder aus dem Homeoffice in Hamburg, Andreas Dresen aus seinem Homeoffice in Potsdam, begann aber mit der Geschichte seines ersten Films. Und auch da ging es um einen Deutschtürken.

PINAR: Sie haben mal einen Film gedreht, ganz zu Beginn Ihrer Karriere: »So schnell es geht nach Istanbul«. Wie kamen Sie darauf, den Film zu machen?

ANDREAS DRESEN: Das ist ein Film, den ich noch an der Filmhochschule Potsdam-Babelsberg gedreht habe, nach der Kurzgeschichte »Romeo« von Jurek Becker. Sie war erstaunlicherweise in einem Erzählungsband der DDR erschienen, obwohl sie ganz offen über die Sehnsüchte diesseits und jenseits der Mauer sprach. Ein italienischer Gastarbeiter aus Westberlin will in Ostberlin leben, um Geld für die Miete zu sparen und wieder in seine Heimat zurückfahren zu können. Er hat gehört, im Osten findet man preiswerte Wohnungen, und da sucht er sich ein Mädel und verabredet sich mit der, um bei ihr einzuziehen. Sie wiederum will über ihn an das begehrte Westgeld ran. Das fand ich schon zu DDR-Zeiten eine spannende und schräge Konstellation, durfte es dann aber aus naheliegenden Gründen nicht drehen. Nach der Wende bin ich sofort wieder rangegangen und konnte nun endlich auch selbst nach Westberlin rüber, um mir das Leben dort anzuschauen. Ich habe dann Leute aus der türkischen Community getroffen, was total spannend gewesen ist. Das waren Kinder der ersten Generation Gastarbeiter, und mit einigen hatte ich engen Kontakt. Mein Hauptdarsteller Yüksel Yolcu kam auch aus dieser Gruppe, und auf ihn habe ich die »Romeo«-Geschichte dann umgemodelt, also auf eine türkische Hauptfigur und die Zeit unmittelbar nach dem Mauerfall.

PINAR: Und was passiert dann?

ANDREAS DRESEN: Zwei Leute versuchen in dieser Geschichte, sich gegenseitig auszunehmen. Am Ende kann man zwar nicht wirklich sagen, dass die Liebe dazwischenkommt, aber es schleichen sich eben doch Gefühle ein, die diesen ökonomischen Gedanken ein bisschen aushebeln. Es hat mich interessiert, dass sich auf beiden Seiten zwei Underdogs begegnen, die versuchen, sich gegenseitig zu benutzen, um Gewinn daraus zu schlagen und ihre Position zu verbessern, die bei beiden ja nicht wirklich toll ist. Der türkische Gastarbeiter, der im Film bei McDonalds arbeitet, will zurück nach Hause. Deswegen heißt der Film auch »So schnell es geht nach Istanbul«. Weil es ihm in Berlin einfach zu ungemütlich ist.

PINAR: Die Welt wird Ihnen ja eher fremd gewesen sein. Kurz nach der Wende, Westberlin, mitten in Kreuzberg. Sehen Sie da Parallelen in diesem jungen Türken und sich selbst damals, dem jungen Ostdeutschen?

ANDREAS DRESEN: Der junge Türke, der in meinem Film die Hauptrolle gespielt hat, war natürlich viel länger mit dem Westen vertraut als ich. Der lebte da ja schon eine ganze Weile, auch wenn er nicht in Westberlin geboren war. Es gab eine interessante Nähe zwischen uns. Ich hatte das Gefühl, ich kann gerade zu diesem Zeitpunkt, das war 1990, viel von ihm lernen. Mir erschien diese Welt sehr viel fremder als ihm. Ich stapfte durch die Stadt, natürlich auch erst mal ohne Geld, und hab mir dieses andere System angeschaut, mit dem ich mich ja irgendwie anfreunden musste.

PINAR: Haben Sie sich mit dem System zügig angefreundet?

ANDREAS DRESEN: Das hat, ehrlich gesagt, ziemlich lange gedauert. Ich würde schon sagen, fünf bis zehn Jahre, ehe ich so wirklich angekommen bin. Ich hatte mir in der Wendezeit, wie viele Ost- Intellektuelle, so eine Art von drittem Weg versprochen. Eine Form von gerechterer Gesellschaft, die nicht auf Ausbeutung basiert, eine reformierte DDR. Wir wollten das System vom Kopf auf die Füße stellen. Was nach 40 Jahren daraus geworden war, hatte ja den meisten nicht gefallen. Aber das heißt doch nicht, das die Idee schlecht gewesen ist. Das war dann die Frustration, dass der Versuch, dieses System umzukrempeln, geradewegs dazu führte, dass der Kapitalismus zu uns kam. Das war nicht die Idee gewesen, aber nun war er eben da. Ich war die ersten Jahre recht unpolitisch und habe versucht, überhaupt Fuß zu fassen und mich zu organisieren. Es wurde ja alles anders, von der Rentenversicherung bis zur Künstlersozialkasse und der Steuererklärung. Aus dem einen Ordner, mit dem ich in der DDR mein Leben organisiert hatte, wurde ruck-zuck eine Regalwand. Ich war überfordert, desillusioniert und enttäuscht. Erst Mitte der 90er-Jahre kehrte so nach und nach mein politisches Interesse zurück. Dass ich den Mund aufmachen muss, wenn mir etwas nicht passt, genauso wie damals in der DDR. Dass ich versuchen muss, mich für etwas einzusetzen.

PINAR: Ich beschäftige mich ja mit dem Thema Chancen-gerechtigkeit. Im Prinzip sollte doch jeder und jede, was für eine Geschichte er oder sie auch immer hat, ob eine Ostdeutsche, eine asiatische oder türkische, die gleichen Chancen haben. Ist das ein fast naiver Gedanke?

ANDREAS DRESEN: Das ist ein utopischer Gedanke, aber ein sehr schöner. Wenn man so will, ist das auch eine christliche Idee. Und dieser christlichen Idee war komi-scherweise die sozialistische Idee wieder sehr ähnlich. Gleiche Chancen bedeutet ja nicht Gleichmacherei, son-dern dass jeder die Möglichkeit hat, seinen Weg zu gehen in der Gesellschaft. Frei von Vorurteilen und Konventio-nen, unabhängig von sozialer oder geografischer Her-kunft. Und das meine ich durchaus im größeren Rahmen, nicht nur bezogen auf ein Land. Weil ich glaube, dass viele der Probleme weltweit ihre Ursache in ungleicher Verteilung haben. Ungleiche Verteilung hat wiederum ungleiche Chancen zur Folge. Ich wundere mich manch-mal, welche Diskussionen wir uns in dieser Gesellschaft leisten können. Während Leute in anderen Teilen der Welt ums nackte Überleben kämpfen, geht es hier ums Gendersternchen. Wir führen Luxusdiskussionen, die vielleicht auch wichtig sind, aber ich sehe ganz andere Dinge, die mir da unter den Nägeln brennen.

PINAR: Auch bei uns gibt es aber Armut, Menschen, die große Schwierigkeiten haben. Doch wir sind auch ein Land, das viel leisten kann. Warum gelingt es nicht?

ANDREAS DRESEN: Das liegt am Grundprinzip des Systems. Das ist Kapitalismus. Fairerweise muss man natürlich sagen, dass es davon verschiedene Zündstufen gibt. Bei uns ist es die soziale Marktwirtschaft, da ist für einen gewissen Ausgleich gesorgt, nichtsdestotrotz funktionieren die Regeln nach dem System der Gewinnmaximierung. Es wird ja immer über Wirtschaftswachstum gesprochen, und ich frage mich manchmal, wohin das denn jetzt eigentlich noch wachsen soll. Die Erde ist doch schon ruiniert und wir wissen, dass unser Wohlstand auf Kosten anderer Menschen generiert wird. Das sind eigentlich die Fragen, die man sich stellen muss. Um wirkliche Chancengleichheit im größeren Sinne herzustellen, muss man dieses System überdenken, sich fragen, wo man vielleicht Hebel ansetzen kann, sodass es auch für Leute Möglichkeiten gibt, die nicht auf der Gewinnerseite sind und die es dadurch eben besonders schwer haben.

PINAR: Haben Sie das Gefühl gehabt, nach der Wende gleiche Chancen zu haben wie die westdeutschen Kollegen? Sie standen ja mit einem Mal in Konkurrenz zu ihnen.

ANDREAS DRESEN: Im Kunstbetrieb ist das noch mal etwas anderes, man tritt immer in Konkurrenz zu anderen Kollegen. Aber nicht im ausbeuterischen Sinne, sondern im künstlerischen Wettstreit um gute Ideen, um Originalität und neue Ansätze. Das spornt durchaus an und mich persönlich inspiriert nichts so sehr wie ein toller Film eines Kollegen. Ich kriege da gute Laune und Lust auf meine eigene Arbeit. Für mich sah es damals eigentlich relativ gut aus, ich bin in eine Lücke reingeraten kurz nach dem Mauerfall. Die Absolventen der Filmhochschule Babelsberg, an der ich studiert habe, waren gefragt. Es gab einen kleinen, historischen Moment, in dem geguckt wurde, was da für Leute sind. Wir waren ja gut ausgebildet, und so habe ich relativ schnell, schon zwei Jahre nach dem Mauerfall, meinen Debütfilm drehen können. Mit Filmfördermitteln, mit einem Produzenten aus Westberlin. Das war sicher auch Glück, ich war zur richtigen Zeit am richtigen Ort. Allerdings bin ich eine Ausnahme. Viele meiner Kollegen aus dem Osten sind komplett durch das Raster gerutscht. Die älteren Kollegen, die vorher im Defa-Studio gearbeitet hatten, wurden größtenteils einfach absserviert und hatten keine Chance mehr. Die Produzenten aus dem ehemaligen Westen kannten ja die ostdeutschen Filme nicht, wussten nicht, wie und ob die Leute mit dem System verbandelt waren. Es hat sich auch niemand so richtig die Mühe gemacht, etwas genauer hinzuschauen. Die Kollegen der mittleren Generation hingegen, die zum Mauerfall gerade mal um die vierzig waren, hatten ihren ersten oder zweiten Film im Defa-Studio gemacht, waren einerseits nicht mehr jung und andererseits auch nicht bekannt genug und fielen somit auch durchs Raster. Viele großartige Künstler bekamen einfach keine Chance mehr. Da hatte ich großes Glück, dass ich genau zur richtigen Zeit mit der

Filmhochschule fertig wurde und auf mich aufmerksam machen konnte.

PINAR: Wir haben 2020 unser erstes Gespräch geführt. Ich habe Sie in den tagesthemen interviewt, zu »30 Jahre Deutsche Einheit«. Wie sind denn heute die Chancen verteilt, 30 Jahre später?

ANDREAS DRESEN: Man muss sich nur mal die Verteilung der Posten in den Vorstandsetagen, Gerichten, Staatskanzleien oder Ministerien angucken. All das ist über 30 Jahre nach dem Mauerfall noch fest in westdeutscher Hand. Keine deutsche Universität oder Hochschule wird von einem Ostdeutschen geleitet. Jemand hat mal gesagt, dass selbst die Nazis, die sich hier im Osten breitmachen, überwiegend aus dem Westen kommen. Wenn man sich die AfD anschaut, stimmt das sogar. Aber eigentlich gibt es ja gar kein Westdeutschland und Ostdeutschland mehr …

PINAR: Trotzdem sagen wir es immer noch.

ANDREAS DRESEN: Ja, und das ist fast lustig. Nach dem Mauerfall wurde das westdeutsche System einfach über den Osten rübergestülpt. Ein Vereinigungsprozess im eigentlichen Sinne hat nicht stattgefunden. Man hat also nicht geguckt, was von beiden Hälften interessant sein könnte, was sich daraus Neues, Besseres entwickeln ließe. Fairerweise muss man anmerken, dass die Politik dabei dem Druck der ostdeutschen Straße folgte. Die meisten Ostdeutschen hatten ja die Experimente satt und wollten schnell ein besseres Leben. Somit waren in dieser

Umbruchzeit erst einmal viele Leute aus dem Westen gefragt, die das neue System bei uns installierten. Sie waren es, die in die Führungsetagen gingen. Damals gab es die sogenannte Buschzulage für die Beamten aus dem Westen, die in den Osten gingen, um dort Aufbauarbeit zu leisten. Das Wort sagt ja eigentlich alles. Es kamen zum Teil gute Leute, zum Teil aber auch die, die es im Westen nicht geschafft hatten. Und die haben sich dann festgesetzt. Die Posten werden innerhalb der gleichen Kaste, um dieses Wort mal zu nutzen, weitervererbt. Somit gibt es keine Durchlässigkeit für Ostdeutsche, das System reproduziert sich selbst. Nun haben wir eine ostdeutsche Kanzlerin, wenigstens das.

PINAR: Noch – wenn das Buch erscheint, nicht mehr.

DRESEN: (lacht …)

PINAR: Was macht denn das mit den Menschen, wenn sie immer noch das Gefühl haben, im Prinzip sind sie eine Art Minderheit im eigenen Land?

ANDREAS DRESEN: Ich gehe mit einem gewissen fröhlichen Sarkasmus damit um. Aber ich selbst leide darunter natürlich auch nicht. Letztendlich heilt wahrscheinlich nur die Zeit diese Wunden. Es braucht sicher einige Generationen, bis man wirklich davon sprechen kann, dass die Einheit vollzogen worden ist. Momentan löst vieles immer noch Frust aus. Insbesondere bei der älteren Generation, die das Gefühl hat, ihre Lebensleistung wird nicht anerkannt. Wenn sie über die DDR reden, wird ihnen das teilweise als Verklärung ausgelegt. Es macht

sich aber auch in einer sehr klischeehaften Wahrnehmung von Ostdeutschland bemerkbar, wenn alles dann
immer nur auf Stasi und Unrechtsstaat reduziert wird,
was natürlich Quatsch ist.

PINAR: Manches Mal werden Menschen, die im Osten
groß geworden sind, mit Menschen mit Migrationsgeschichte verglichen, sehen Sie da Parallelen?

ANDREAS DRESEN: Wir in Ostdeutschland sind im Verhältnis zu Menschen, die aus Not und Krieg hierherkommen,
relativ privilegiert, deswegen finde ich den Vergleich
nicht sehr passend. Wir sind ja nicht geflüchtet, der Westen kam einfach zu uns. Wir sind zu Hause geblieben,
und das ganze System um uns herum hat sich verändert.
Das führt vielleicht in emotionalen Situationen mal dazu,
dass man sich wie ein Fremder im eigenen Land fühlt.
Vielleicht gibt es zwischen Ostdeutschen und Migranten
deswegen manchmal eine gefühlte Nähe, weil man nicht
so akzeptiert ist wie der gewöhnliche Deutsche. Ich bin
ja auch 30 Jahre nach dem Mauerfall immer noch der
ostdeutsche Regisseur.

PINAR: Und ich die türkischstämmige Moderatorin …

ANDREAS DRESEN: Bei Fatih Akin spielt ja auch immer
eine Rolle, dass er türkischstämmig ist. Man könnte ja
auch mal sagen, dass Fatih einer der wichtigsten deutschen Regisseure ist. Punkt. Wenn nicht DER wichtigste.
Bei Christian Petzold, den ich sehr schätze, würde ja
auch niemand auf die Idee kommen zu sagen, das ist ein
westdeutscher Regisseur. Man grenzt es immer nur in

bestimmte Richtungen ein. Es stört mich nicht, ich bin ja stolz darauf, dass ich aus Ostdeutschland komme, aber es erzählt eben auch etwas.

PINAR: Also als Minderheit behandelt zu werden? Würde man alle Menschen mit Migrationsgeschichte und alle mit ostdeutscher Geschichte zusammennehmen, wäre es wohl keine Minderheit mehr.

ANDREAS DRESEN: Kaum. Und es sind interessanterweise viele Menschen dabei, die das Land am Laufen halten, wie man so schön sagt. Durch ihre praktische Arbeit nämlich. Die Arbeiter und Arbeiterinnen in den Fabriken oder Dienstleistungsunternehmen werden häufig viel zu wenig wertgeschätzt, die kommen komischerweise auch in Filmen sehr wenig vor. Deswegen zeige ich auch gerne Straßenbahnfahrer oder Menschen, die bei der Post arbeiten, Arbeiter im Daimler-Werk. Ich finde sehr wichtig, diesen Menschen mit Achtung und Respekt zu begegnen. Vielleicht ist da ja auch noch so eine ostdeutsche Liebe zur Arbeiterklasse dabei. Aber das gehört sich auch so.

PINAR: Sie sind ohnehin ein Realist. In Ihren Filmen sind Sie nah dran an den Menschen, am Alltag. Kommt das auch daher?

ANDREAS DRESEN: Sicherlich, das hat aber auch mit der Ausbildung an der Babelsberger Filmhochschule zu tun. In den ersten anderthalb Jahren des Studiums hatte man ein sogenanntes dokumentares Grundlagenstudium. Ich wollte zwar zum Spielfilm, aber musste in der Ausbildung erst mal auf die Straße gehen, um mir das wirkliche Leben anzugucken, ehe ich mich an den Schreibtisch setzte, um es zu erfinden. Das war die Idee, und die ist ja auch gar nicht so schlecht. Bis heute ist es so, dass ich alle Filme genau recherchiere, mich in die entsprechende Welt hineinbegebe und versuche, in der Erzählung so genau wie möglich zu sein. Ich finde es wunderbar, andere Lebenswelten zu entdecken, das hat mich schon in die verrücktesten Milieus geführt. Und es ist jedes Mal eine Bereicherung. Ich habe schon so tolle Freunde gefunden, dass ich das manchmal wichtiger finde als die Arbeit selbst.

PINAR: Sie sind Intellektueller, aber ich würde Sie als einen richtigen Arbeiter bezeichnen. Sie sind Filmregisseur, Theaterregisseur, Professor und Richter am Verfassungsgericht. Sie haben ja was Dauerarbeitendes, Rastloses.

ANDREAS DRESEN: Ich bin gerne in unterschiedlichen Welten zu Hause. Verfassungsrichter zu sein, das kam so zu mir, ich habe nicht Jura studiert, ich habe auch keine Ahnung davon. Ich mache das jetzt seit acht Jahren und habe dadurch fast schon eine Art Freizeitjurastudium nebenbei gemacht. Hier liegen gerade für die Sitzung in zwei Wochen die Akten (zeigt einen großen Stapel Akten hinter sich.) Und hinter dieser Arbeit steckt ein ganz wichtiger Aspekt demokratischen Zusammenlebens. Wie funktioniert das Räderwerk von Demokratie?, das fand ich spannend. In der DDR gab es zwar eine Verfassung, aber kein Verfassungsgericht. Was nützt es, wenn man nicht klagen kann?

PINAR: Und es geht auch hier um Gerechtigkeit.

ANDREAS DRESEN: Selbstverständlich. Zu uns kann jeder kommen, es kostet nichts. Jeder kann eine Verfassungsbeschwerde einreichen, und neun Verfassungsrichter sitzen dann da und beschäftigen sich damit. So kommen Bürger zu ihrem Recht.

PINAR: Sie haben Fatih Akin angesprochen, wie würde ein Film aussehen, den sie beide zusammen machten? Der Ostdeutsche und der Türke, um es mal zuzuspitzen …

ANDREAS DRESEN: Das könnte funktionieren. Wir kennen uns schon sehr lange, eigentlich schon seit Fatihs und meinem ersten Film. Ich glaube, er schätzt meine Arbeit und ich schätze seine Arbeit über alle Maßen. Bei Fatih empfinde ich eine große Nähe, weil er auch Geschichten erzählt, die dicht am sozialen Grund sind. Das finde ich wichtig, in den Filmen steckt eine gesellschaftliche Auseinandersetzung, ein politischer und gesellschaftlicher Ansatz.

PINAR: Würden Sie sich als Aufsteiger bezeichnen?

ANDREAS DRESEN: (überlegt) Das klingt immer so komisch nach Karriere, das sind Begriffe, die mir fremd sind. Ich würde mich eher als Glückskind bezeichnen. Ich habe nie große Karriereambitionen verfolgt, es hat sich glücklicherweise ergeben, dass ich in meiner Arbeit tätig sein durfte. Und nach wie vor finde ich es nicht selbstverständlich, dass ich als Regisseur mit Millionen von Steuergeldern umgehen darf, denn das ist ja nicht mein Geld, was ich in den Filmen verbrate. Das ist für mich nach wie vor ein Geschenk, dass ich meine Geschichten erzählen darf und mir dabei relativ wenig reingequatscht wird. Die Leute, die große – um den Begriff jetzt mal zu nutzen – Aufsteigerpläne haben, die fallen häufig dabei auf die Nase, weil das meist nicht funktioniert. Ich drehe nicht mit Erfolgsabsichten Filme, sondern weil ich der Meinung bin, dass ich diese Geschichte gerade jetzt unbedingt erzählen möchte. Wenn das dann nicht funktioniert, bin ich furchtbar traurig. Aber dann muss man aufstehen und es neu versuchen. Wenn Sie so mögen, ist das eine Aufsteigergeschichte, für mich ist es ein großes Geschenk und ein großer Glücksumstand. Ich hoffe, dass ich das noch ein paar Jahre erleben darf.

Andreas Dresen ist, wie ich finde, ein kluger und nachdenklicher Gesprächspartner, dem es wichtig ist, den vermeintlich Schwächeren eine Stimme zu geben. Seine Analyse, dass es auch der Kapitalismus ist, der Ungerechtigkeit fördern kann, weitet den Blick darauf, dass Chancengerechtigkeit ein globales Problem ist. Ich analysiere und beschreibe die Lage in Deutschland. Aber tatsächlich sollte man über die Grenzen hinausschauen. Denn wegen der Ungleichheiten kommen viele Menschen nach Deutschland, weil sie sich hier ein besseres Leben erhoffen. Natürlich ist der soziale Standard, sind das Bildungssystem und Fördermöglichkeiten völlig anders als in anderen, ärmeren Ländern. Doch Deutschland schöpft als solch wohlhabendes Land seine Möglichkeiten nicht aus. Und auch hier ist es wieder die Corona-Krise, die alles verschärft, weltweit. Also muss das Thema angepackt werden.

Es ist ja nicht so, dass es nicht schon mehrmals versucht wurde. In den 90er-Jahren schrieb sich die Politik die Bildungsexpansion auf die Fahnen. Weniger Hauptschüler, mehr Gymnasiasten. Gute Idee, aber nicht gut genug umgesetzt. Ja, viele bekamen die Chance, einen besseren Schulabschluss zu machen. Das System wurde durchlässiger. Aber davon profitierte die Unterschicht deutlich weniger, tatsächliche Chancengerechtigkeit kam nicht zustande. Kinder und Jugendliche aus unteren sozialen Gruppen mussten weiterhin, und müssen es heute noch, mehr Kraft aufwenden, wenn sie etwas erreichen wollen, es steckt keine Selbstverständlichkeit dahinter. Das habe ich selbst als Jugendliche, aber auch später manches Mal gespürt. Ich hatte den Eindruck, mich noch mehr anstrengen zu müssen als die anderen, um eben nicht in eine Schublade gesteckt zu werden. Auch war die Sorge größer, wieder zurückzufallen und steckenzubleiben. Ebenso spielte das Finanzielle immer eine große Rolle, Geld zu verdienen ist für viele Arbeiterkinder ein wichtiger Punkt.

Das Gefühl, besser sein zu müssen, als die anderen, das galt für die Schule, aber auch später für das Berufsleben, gerade in den Anfängen. Ich wollte nicht als das Arbeiterkind mit türkischen Wurzeln, das nicht studiert hatte, »abgestempelt« werden. Also entwickelte ich den Ehrgeiz, egal was da kommen mag, es irgendwie hinzubekommen. Ich war mir nie zu schade für Aufgaben. Ob ein Reportereinsatz über einen Schwertransporter für das Radio, mitten im Winter, draußen, mitten in der Nacht, oder Veranstaltungshinweise schreiben, obwohl ich schon länger im Radio an prominenter Stelle moderiert hatte. Ich konnte vielem etwas abgewinnen und probierte es erst einmal aus. Egal wie klein oder auch groß die Aufgabe war. Das ist die andere Seite, vielleicht sank mit der Zeit meine Sorge vor großen Aufgaben, weil ich es wenigstens probieren wollte und mich über die Chance mehr freute, als dass sie mich einschüchterte. Meist hatte ich gar keine Zeit, darüber nachzudenken, was da gerade passierte, ich wollte und musste liefern. Und meist lieferte ich, ganz pragmatisch. Auch musste ich viel nachholen.

Ich war nicht in einem Haushalt groß geworden, in dem ein Klavier stand, an dem wöchentlich mit der Lehrerin von »Alle meine Entchen« bis Beethovens »Für Elise« einstudiert wurde. Es kam nicht der Anwaltsfreund vorbei, der aus seinem Arbeitsalltag erzählte. Oder die Medizinerfreundin, oder die Nachbarin, die als Lehrerin arbeitete. In meinem direkten familiären Umfeld arbeiteten alle in einer Fabrik oder waren Einzelhändler oder arbeitslos. Ihre Lebensleistung und berufliche Leistung soll hier nicht geschmälert werden, ganz im Gegenteil. Es waren kluge, liebe Menschen, die Spannendes zu erzählen hatten und mich ebenso bereicherten. Die vor allem fleißig waren, Tag und Nacht arbeiteten, wenn sie die Gelegenheit dazu hatten. Doch mein direktes Umfeld war wenig divers. Die Welten sahen ähnlich aus und boten wenig Einblick in andere Bereiche. Wie eben klassische Musik, die kam zu Hause und auch bei den Freundinnen und Freunden meiner Eltern kaum vor. Auch waren unsere Regale nicht mit Büchern gefüllt, klassische deutsche Literatur lernte ich erst viel später in der Schule kennen. Es stand dort keine *Effi Briest* von Theodor Fontane, weil meine Eltern es vielleicht selbst in der Schule gelesen hatten. Kein Siegfried Lenz mit seiner *Deutschstunde*, nicht *Die Buddenbrooks* von Thomas Mann und nicht *Die Blechtrommel* von Günter Grass. Für viele Deutsche, die seit Generationen hier leben, sind die Autoren und ihre Werke Teil ihrer Geschichte, sie selbst finden sich oder wenigstens ihr Geburtsland in den beschriebenen Welten wieder. Sie bekommen sie vielleicht von Eltern oder Großeltern geschenkt, und so haben diese Bücher in den meisten Wohnungen der mittleren und oberen sozialen Schicht für gewöhnlich ihren Platz im Bücherregal.

Bei mir selbstverständlich auch, bei meinem erwachsenen Ich. Und meine Tochter hört schon als Kleinkind »Klassik für Kinder« und wächst mit einem Piano im Wohnzimmer auf. Aber damals, als ich Kind war, kannte ich all das nicht. Weder waren meine Eltern mit alldem groß geworden, noch erzählten die Bücher ihre Geschichte, und Zeit zum Lesen hatten sie ohnehin nicht. So geht es sicher vielen Arbeiterfamilien. Der Berufsalltag, die Kinder und der Haushalt können bei beiden Elternteilen so viel Zeit in Anspruch nehmen, dass wenig Raum für vermeintlich Ungewöhnliches bleibt, es strengt zu sehr an.

Eine große Rolle dagegen spielten bei uns das Radio und der Fernseher. Die ARD hatte sogar ein eigenes »Ausländerprogramm«. Der Hörfunk begann in den 60er-Jahren, fremdsprachige Programme auszustrahlen. So hörten die Zuwanderer, die nach und nach immer mehr wurden, ihre Muttersprache im Hörfunk. Italienisch, Türkisch, Griechisch, Spanisch oder jugoslawische Sprachen. Es gab ein tägliches sogenanntes Gastarbeiterprogramm, das teils 45 Minuten lang ging. So bekamen die Neuankömmlinge wichtige Informationen aus Deutschland und praktische Lebenstipps für die neue Heimat. Allein im Sendegebiet des Westdeutschen Rundfunks, in dem auch Bösingfeld lag, hörten zeitweise etwa die Hälfte aller gebürtigen Türkinnen und Türken gebannt dem Neusten in ihrer Muttersprache zu. Auch meine Eltern saßen regelmäßig vor dem Radio und lauschten. Vor allem mein Vater, von dem ich wohl meine »News-Junkie-Gene« habe. Er ist versessen auf Nachrichten, Radio, Zeitung, Fernseher. Jeden Tag wollte er den neusten Stand wissen. Er las zwar fast immer türkische Zeitungen, mit denen ich damals weniger anfangen konnte, aber zumindest gehörte das Zeitunglesen bei uns dazu.

So wie der tägliche Gong der Tagesschau, pünktlich um 20 Uhr saß er auf der gemusterten Couch vor dem Bildschirm, und im Wohnzimmer kehrte Schweigen ein. Wenn Nachrichten geguckt wurden, wurden Nachrichten geguckt. Dagmar Berghoff und Jo Brauner, Wilhelm Wieben und auch Jan Hofer, mit dem ich selbst jahrelang gemeinsam im Studio stand, kamen jeden Abend zu uns nach Hause und ließen uns in die große weite Welt blicken. Als ich alt genug war, durfte auch ich mitschauen. Meinem Vater wäre es damals sicher nicht im Traum eingefallen, dass seine Tochter einmal von den Sprecherinnen und Sprechern in der Tagesschau angekündigt würde mit den Worten »Und um 22.15 Uhr hat Pinar Atalay diese tagesthemen für Sie ...«. Sein Name im Ersten Deutschen Fernsehen, in einer der wichtigsten Nachrichtensendungen des Landes? Der Name eines türkischen Arbeitsmigranten, zur besten Sendezeit? Das schien damals noch unmöglich. Es gab keine türkischstämmigen Moderatorinnen oder Moderatoren.

Überhaupt, Menschen mit anderen Wurzeln. Es gab später in den 90er-Jahren Marijke Amado, die mit ihrem liebenswerten niederländischen Akzent Kinder in der »Mini Playback Show« zum Singen brachte, mich vor der Glotze gleich mit. Und es gab Roberto Blanco. Irgendwann startete Cherno Jobatey als Morgenmagazin-Moderator mit den Deutschen in den Tag und es kamen einige nach, doch es waren und sind noch immer wenige. Vor allem in den Informationssendungen hat es lange gedauert, bis eine türkischstämmige Journalistin völlig »normal« auf dem Bildschirm auftauchte, dazu später mehr. Erst mal wieder zurück zu meinem Kindheits-Ich, das mit auf dem Sofa saß und Nachrichten schaute. Ich mochte dieses Ritual; wie sehr es noch mein Leben bestimmen würde, hätte auch ich mir nicht erträumen lassen.

Insgesamt lief der Fernseher bei uns zu Hause ziemlich oft und ziemlich lange. Heute unvorstellbar, denke ich an meine kleine Tochter und ihren »Medienkonsum«, der bei wenigen Prozent liegt. Ich dagegen durfte damals mehr oder weniger so lange gucken, wie ich wollte. Und das tat ich natürlich. »Es war einmal das Leben«, eine wunderbare Zeichentrickserie, in der der menschliche Körper und was in ihm passiert erklärt wurde. Die Fraggles, freche, dreckige Wesen, die in einer Müllhalde hausten, ich fand sie zum Knuddeln. Natürlich die »Sesamstraße« mit Ernie und Bert. Bei »Hallo Spencer« sang ich leidenschaftlich mit: »Ich rufe dich, Galaktika, vom fernen Stern Andromeda …« Oder »Die Sendung mit der Maus«, »Löwenzahn«, »Alf«, ich könnte noch ewig weitermachen. Ich war ein TV-Junkie, ich liebte es, in diese fiktiven Welten einzutauchen, und vor allem liebte ich Sendungen, in denen mir etwas beigebracht wurde.

Heute würde jeder angesichts dieses ausgeprägten Fernsehkonsums die Hände über dem Kopf zusammenschlagen. Damals war das noch etwas anders, vor allem in Arbeiterfamilien. Die Eltern waren oft nicht zu Hause, mein Zeitvertreib nach den Schulaufgaben bestand oft aus der Glotze. Ich war ein Schlüsselkind, sprich, der Hausschlüssel hing um meinen Hals, und ich kam alleine nach Hause und wartete dort, bis meine Schwester oder meine Eltern kamen. Ich war erstaunlich diszipliniert, ich hielt mich an die Abmachung, dass Hausaufgaben vorgingen. Und so setzte ich mich meist an unseren Esstisch im Wohnzimmer, erledigte die Bio-Aufgaben und versuchte Mathe zu verstehen. Um dann entweder mithilfe von bunten Flimmerbildern auf meine Familie zu warten oder auch auf der Wiese hinter dem Haus mit den Nachbarskindern zu spielen, was auch nicht selten war. Arbeiterkind zu sein, bedeutet nicht gleich arm zu sein. Viele, die als Facharbeiter beschäftigt sind oder auch schlechter bezahlte Jobs haben, ermöglichen ihren Kindern trotzdem ein mehr oder weniger gutes Leben.

Wir waren nicht arm, aber eben auch nicht gut situiert, geschweige denn reich. Meine Eltern waren sparsam und konnten gut mit ihrem Geld umgehen, und so waren einige mehr oder weniger luxuriöse Dinge drin. Zum Beispiel hatten wir ein Auto – auf dem Land wären wir ohne auch ziemlich verloren gewesen. Ich hatte immer ein altersgerechtes Fahrrad, nie das Beste, aber ich durfte mir immer eins aussuchen. Und da meine Eltern für die sozialgeförderte Wohnung, in der wir lebten, eine Zeit lang sogar zu viel verdienten, mussten sie mehr Miete zahlen als andere. Da sie allerdings auf dem normalen, nicht sozialen Wohnungsmarkt als Migranten schlechte Chancen hatten, sie hatten es probiert, blieben wir, wo wir waren.

Auch war damals, wie gesagt, der Urlaub einmal im Jahr drin, und wenn ich in Mathe mal wieder nicht mitkam, bekam ich Nachhilfeunterricht bei der Schwester einer Mitschülerin. Meine Eltern konnten mir selten etwas abschlagen, sie gaben selbst kaum etwas aus, und das Leben auf dem Land machte manches einfacher – viele Gelegenheiten zum Geldausgeben gab es ohnehin nicht. Uns kam außerdem zugute, dass meine Eltern fast alles selbst erledigen konnten. Mein Vater ist ein handwerkliches Multitalent, er reparierte oder baute einfach alles selbst, und meine Mutter nähte, strickte, bastelte, was das Zeug hielt. So wurde alles, was nicht für Miete, Auto und den alltäglichen Bedarf draufging, in uns Kinder investiert. Wenn die anderen Mädchen in meiner Klasse einen Markenpullover bekamen, durfte ich mir auch einen aussuchen. Aber eben nur einen und nicht gleich drei, es war etwas Besonderes für mich. Ich bekam jede Woche ein paar Mark Taschengeld, und an Spielzeug mangelte es auch nicht, ich hatte sogar ein Micky-Maus-Heft-Abo.

Ja, darauf war ich besonders stolz. Unter meinem Boxspring-Bett stapelten sich die Ausgaben, die ich über die Jahre gesammelt hatte. Es müssen Hunderte gewesen sein. Ich hatte sie feinsäuberlich sortiert und mit Fäden zusammengebunden, mein kindliches Ich wollte sie aufbewahren bis in alle Ewigkeit. Das gelang mir allerdings nicht. Beim nächsten Umzug fielen die mittlerweile vergilbten Hefte dem mangelnden Platz im Umzugswagen zum Opfer. Vermutlich landeten Micky, Minnie und ihre Freunde im Altpapier. Dafür hatte ich irgendwann einen C64 – was will Kind mehr? Es war allerdings ein eher unglücklicher Umstand, dem ich dieses unglaubliche Geschenk zu verdanken hatte. Ich hatte mir im Sportunterricht mehrere Wirbel angebrochen und lag wochenlang mehr oder weniger gefesselt in einer Plastik-Rückenschale im Krankenhaus und durfte auch danach monatelang nichts anderes machen, als mich zu schonen und vorsichtig zu sein. Der C64 war also mein riesiges Trostpflaster, das ich im Normalfall nicht bekommen hätte. Ich war die Erste in der Familie, die einen Computer besaß. Mit einem Floppy und Disketten, Joystick und einem Monitor, der gefühlt schwerer war als ich.

Ich konnte Stunden vor dem Computer verbringen. Damals nahmen es Eltern auch mit dem Computerkonsum ihrer Kinder noch weniger genau, und so zockte ich Giana Sisters, Pong, Winter und Summer Games, solange meine Handmuskulatur mitmachte. Wer einmal bei den Winterspielen auf dem C64 virtuell auf Schlittschuhen über Holzfässer geflogen ist, weiß, wovon ich spreche. Es war etwas Besonderes für mich und die Kinder in der Nachbarschaft, diesen Computer zu Hause stehen zu haben. Alle wollten mal vorbeikommen, um die Spiele auszuprobieren. Der Commodore 64 gilt als der meistverkaufte Heimcomputer der Welt. In unserer Welt war er eine Rarität und ich damit als C64-Besitzerin mindestens so cool wie Giana, die auf dem pixeligen Monitor gegen Ungeheuer kämpfte.

Zu meinen Familien-Highlights gehörte es, wenn wir mal essen gingen. Im Dorf gab es einige Restaurants, und zu besonderen Anlässen führten meine Eltern uns aus. Dann durften wir bestellten, was wir wollten. Ich habe diese Abende, wie wir da alle schick angezogen am gedeckten Tisch sitzend schlemmten, in schöner Erinnerung.

Also insgesamt ging es uns ganz gut, und das werden sich auch andere Kinder aus Arbeiterfamilien sagen: Eigentlich geht es uns doch ganz gut. Oft dank ihrer Eltern, die fleißig sind und bei sich selbst sparen, wo es nur geht. Meine Mutter kaufte sich nie etwas Unnötiges, wie eine zu teure Tasche oder Schmuck, mein Vater hatte keine teuren Hobbys oder eine schicke Uhr. Es wurde gespart, wo es ging, aber eben nicht bei uns Kindern. Doch es war immer anstrengend. Das Finanzielle spielte immer eine Rolle, musste eine Rolle spielen. Auch wenn ich es als Kind nicht wirklich gemerkt habe. Erst später kam die Erkenntnis, dass so ziemlich nichts eine Selbstverständlichkeit war.

Aber es ist wichtig, nicht nur auf die finanziellen Möglichkeiten zu blicken, die Kinder und Jugendliche haben. Sie sagen nicht alles aus, das wäre zu einfach. Es gibt zahlreiche Familien, die finanziell nicht gut situiert sind, ihr Einkommen mit Hartz IV aufstocken müssen, weil sie in Bereichen arbeiten, die nicht gut bezahlt werden. Frauen und Männer, die ihr Leben der Kunst widmen, davon aber kaum Leben können. Auch sie werden keinen Cent zu viel auf dem Konto haben. Auch sie werden finanziell eingeschränkt sein, auf dem Papier können sie sogar als arm gelten. Und doch werden ihre Kinder vermutlich andere Möglichkeiten haben. Es ist so viel mehr als die finanzielle Ausgangslage. Der Background dieser Eltern ist womöglich ein anderer. Sie können trotz ihrer finanziell schwierigen Lage gebildeter sein oder wenigstens selbst aus einem akademischen Elternhaus kommen. Sie werden womöglich anders umgehen können mit dem Problem, zu wenig Geld zur Verfügung zu haben. Sie werden nicht unbedingt in sozial schwierigen Vierteln leben, sondern sich trotzdem in besseren Stadtteilen eine bezahlbare Wohnung suchen. Sie werden eher helfen können, über ihren Freundes- und Bekanntenkreis einen guten Schulpraktikumsplatz zu bekommen, weil ihr Umfeld anders aussieht. Sie werden wissen, dass ein längerer Auslandsaufenthalt während der Schulzeit oder ein Auslandssemester über ein Stipendium möglich ist, oder dass es Finanzierungsmöglichkeiten für ein Studium gibt. Vor allem werden sie in der Lage sein, all das für ihre Kinder zu erkämpfen, zu beantragen, einzufordern, und sie werden es selber wichtig finden und wollen.

Auch wenn sie also selbst nicht in der finanziellen Ausgangslage sind, den Kindern all das zu ermöglichen, werden sie Wege finden, an Unterstützung zu kommen. Das
macht es nicht unbedingt einfacher, das soll die Leistung,
die auch diese Eltern erbringen, nicht schmälern. Aber das
Startpaket, das sie bieten können, sieht anders aus, und so
werden sich die Lebenswege auch der finanziell weniger
gut Situierten irgendwo trennen.

Dann gibt es eben jene, die von Beginn an beste Voraussetzungen haben. Sowohl finanziell als auch in Bezug
auf den familiären Background und Fördermöglichkeiten.
Überspitzt gesagt, ist bei diesen Kindern vom Werk aus
alles eingestellt auf Mercedes-Benz-Niveau, inklusive Auf-
fahrassistent und Sitzheizung. Das bietet zumindest die
Chance für einen mutmaßlich leichteren Start ins Leben.
Die Kinder aus solchen Familien können mit dem Selbstverständnis groß werden, dass ihnen alle Türen offen stehen, und das ist auch gut so. Dass sie motiviert werden zu
lesen und sich weiterzubilden, dass ihnen Fehler erlaubt
sind, weil die Familie die Konsequenzen gemeinsam auffangen kann. Dass Zeit bleibt, über ihre Alltagsprobleme
zu reden, Zeit zum Spielen, für Familienausflüge, für Kultur
und Musik. Es sind diese Extras, die für viele Kinder zum
Glück normal sind. Ihre Eltern sind nicht nur finanziell
unabhängig, sondern haben auch die Kapazitäten, ihren
Nachwuchs zu fördern, sich ihm anzunehmen. Sie sind in
der Lage, sich für ihre Kinder einzusetzen, gegen den Rat
der Lehrer zu entscheiden, gegen Widerstände zu kämpfen. Da sie wissen, wo sie sich informieren können, wenn
mal was schiefläuft. Vermutlich werden sie einen Freundeskreis haben, der ebenso gut situiert und gebildet ist wie
sie selbst, sodass Menschen da sind, die sie unterstützen

und beraten können. Diese Eltern können ihren Kindern Reisen ermöglichen, in die Berge, ans Meer, zum Städtetrip nach Paris, New York, Amsterdam. Sie können ein Instrument kaufen oder ihre Kinder im Sportverein anmelden. Sie werden mit ihnen ins Museum gehen, zum Kindertheater, in den Erlebnispark. All das ist für viele Kinder gegeben.

Und noch mal: Das ist auch gut so. Nur sollten eben alle diese Möglichkeiten bekommen. Das ist es, was Chancengerechtigkeit meint. Nicht nur die, die schon von Geburt an in einer privilegierteren Lage sind, sollten gute Chancen auf ein erfolgreiches Leben haben. Die Chancen sollten allen geboten sein. Was dann daraus wird, steht auf einem anderen Blatt. Es geht natürlich um individuelle Wege, die besser oder schlechter laufen können. Ich kann auch mit einer gut ausgestatteten Luxuskarosse vor die Wand fahren. Nicht jeder und jede, die aus einer Akademikerfamilie kommt und dazu über vernünftige finanzielle Ressourcen und genügend Förderung verfügt, wird einen gradlinigen Karriereweg hinlegen und ein zufriedenes Leben führen, das wäre ein Trugschluss, zu einfach gedacht.

Ich kenne genügend Leute, die gute Startmöglichkeiten hatten und trotzdem ihr Studium abbrachen, arbeitslos waren und nie ihren Traumjob gefunden haben. Die sagen würden, dass sie es nicht leicht hatten und haben. Die Betrachtung und Bewertung des eigenen Lebens ist natürlich subjektiv und schwer von außen zu beurteilen. Aber zumindest kommen bei vielen genügend Faktoren zusammen, die es ermöglichen würden, einen guten Job zu finden und das Beste daraus zu machen. Die es ermöglichen würden, einfach mehr oder weniger unbefangen durchs Leben zu gehen, mit dem Gefühl, dass einem Wege nicht von vornherein verbaut sind. Dass sie es noch besser haben können als ihre Eltern und es dafür keiner unmöglich scheinenden Kraftanstrengungen und glücklichen Umstände bedarf. Es ist das Selbstverständnis der mittleren und oberen Schichten, Teil dieser Gesellschaft zu sein und es auch bleiben zu können. Sich im besten Fall noch weiterbilden und weiterentwickeln zu können. Es ist eine komfortable Lage, die nur jedem Menschen zu wünschen ist.

Bei Kindern, die aus bildungsfernen Familien kommen, und womöglich noch Eltern haben, die in einem Land wie der Türkei, Vietnam oder Ghana geboren wurden, ist die Ausgangslage in den meisten Fällen weniger komfortabel. Es kommt vieles zusammen, ihre mangelnden Zukunftschancen werden von den Möglichkeiten der Eltern primär beeinflusst. Die Kinder werden es schwerer haben, einen anderen Weg einzuschlagen und aufzusteigen. Sie werden weniger häufig die Chance bekommen, in der Gesellschaft besser anerkannt zu werden und eine größere Teilhabe zu erreichen. Denn das Gesamtpaket, von Werk aus quasi, bringt schon zu viele Probleme mit sich. Es ist mehr Fiat Uno als Mercedes Benz. Und es ist eben nicht nur das mangelnde Geld. Es geht um Förderung und Motivation, um Zugang zu anderen Welten. Es ist die berühmt-berüchtigte gläserne Decke, die sich manchmal anfühlen kann wie Beton.

Wer es geschafft hat, diese Decke zu durchbrechen, ist oft ehrgeiziger, sogar manchmal stolzer auf das Erreichte, so mein Eindruck. Weil es unwahrscheinlicher war, überhaupt so weit zu kommen. Weil er oder sie sich gegen vieles zur Wehr setzen musste, um überhaupt eine Chance zu haben: Gegen Lehrkräfte, die nicht an sie glaubten. Gegen Widerstände in Bewerbungsgesprächen, wenn sie

überhaupt die Gelegenheit bekamen, sich persönlich vorzustellen. Denn ein ausländisch klingender Name kann ein
Ausschlusskriterium sein, somit werden viele einfach ausgesiebt und erst gar nicht eingeladen.

Neben all diesen Schwierigkeiten ist es oftmals auch
ein Kampf gegen die eigenen Eltern. Gegen traditionelle,
konservative Strukturen. Besonders junge Frauen können
zu Mehr-Front-Kämpferinnen werden, wollen sie ihrem
gewohnten Umfeld entwachsen. Jeder Musiktitel, jedes
Buch, jede neue Freundin, die nicht in das gewohnte,
familiäre Bild passen, kann verdächtig wirken, kann den
Eltern Sorgen und Ängste bereiten, ihr Kind könnte ihnen
entgleiten. Was für die junge Frau Aufstieg bedeutet, kann
für die Eltern der Anfang vom Ende des Gewohnten sein.
Und so wenden sich manche von ihrem Elternhaus ab, was
schwierig ist, um sich einem neuen Leben in der Mehrheitsgesellschaft zuzuwenden. Die Journalistin und Men-
schenrechtsaktivistin Düzen Tekkal beschreibt das sehr
anschaulich, wenn sie über ihre eigene Familie spricht. Tekkal wurde in Hannover geboren, als Kind jesidisch-kurdi-
scher Eltern, und ist aufgewachsen mit zehn Geschwistern.
Sie beschreibt, wie sie und ihre Schwestern sich immer
wieder aus den patriarchalischen Strukturen ihrer Familie
herausentwickeln mussten. Dass sie auf Widerstand stie-
ßen, letztendlich ihre Eltern aber ungemein stolz auf sie
sind, weil sie so viel erreicht haben und das Leben leben,
das sie leben wollten. Unabhängig von ihrer Herkunft und
ihren finanziellen Möglichkeiten.

Bei der Vorstellung der Initiative »GermanDream« in
Berlin, die von Düzen Tekkal gegründet wurde, lernte
ich Düzens Schwestern und Eltern kennen. Ich sollte auf
Düzens Einladung hin ein Panel mit Politikerinnen und

Politikern wie Annegret Kramp-Karrenbauer, Cem Özdemir und Lars Klingbeil moderieren. Bevor es losging, traf ich eine fröhliche, fleißige Familie, die gemeinsam durchs Leben geht und gleichzeitig Individualität zulässt. Gerade Düzens Eltern haben mich beeindruckt, so offen, wie sie waren, und so stolz, an diesem für ihre Tochter besonderen Tag dabei sein zu können. Ich kann mir vorstellen, dass es ein langer Weg dorthin war, schließlich ist dieses Leben für sie völlig ungewohnt. Und doch teilten sie nun gemeinsam den Erfolg. Ich freue mich immer, wenn ich Menschen kennenlerne, die ähnliche Lebensläufe haben wie ich oder meine Eltern. Die möglicherweise einmal als Arbeitsmigranten oder Flüchtlinge nach Deutschland kamen. Viele dieser Menschen konnten sich verwirklichen und ihren Kindern neue, bessere Möglichkeiten eröffnen, weil sie mit aller Kraft daran gearbeitet haben und manchmal auch glückliche Umstände zusammenkamen. Gleichzeitig ärgert es mich aber auch ein wenig, dass es mir überhaupt so stark auffällt und ich diese Lebensläufe so besonders finde. Denn sollte es nicht normal sein, dass jemand, aus einer unteren sozialen Schicht kommend, sich mittlerweile hochgearbeitet hat?

Ein prominentes Beispiel ist Uğur Şahin. Der Mediziner, Mitgründer und Vorstandsvorsitzende von Biontech hat als Impf-Vater in der Corona-Pandemie Geschichte geschrieben. Der Forscher kam im Alter von vier Jahren mit seiner Mutter aus der Türkei nach Deutschland, sein Vater war bereits hier und arbeitete in den Kölner Ford-Werken. Als Erster in seiner Familie und als erstes türkischstämmiges Kind überhaupt machte er sein Abitur am Erich-Kästner-Gymnasium in Köln. Er arbeitete und kämpfte sich hoch zu einem anerkannten Mediziner, der gemeinsam mit seiner türkischstämmigen Frau den wichtigen Impftstoff gegen dieses verdammte Corona-Virus zum Leben erweckte. Er und seine Ehefrau Özlem Türeci bekamen im März 2021 das Bundesverdienstkreuz von Bundespräsident Steinmeier überreicht, sie sind als Forscherpaar weltweit bekannt. Und natürlich spielte schnell eine große Rolle, wo die Eltern der beiden ursprünglich herkommen, eben aus der Türkei. Es fiel also wieder auf: Türkischstämmige, die etwas solch Großartiges erreichen! Mich beeindruckt es auch, aber in erster Linie dachte ich mir: Ja, warum denn auch nicht? Es ist doch normal, hier leben Millionen türkischstämmige Menschen – offensichtlich ist es eben noch nicht normal genug. Dabei sind sie doch, wie viele andere, Teil der Gesellschaft. In meinem direkten Umfeld sind sie durchaus keine Seltenheit. Ich kenne genügend Frauen und Männer, die eine ähnliche familiäre Geschichte haben wie ich, die ebenso Bildungsaufsteiger sind oder zumindest etwas ganz anderes machen als ihre Eltern. Doch das ist mein direktes Umfeld, das wohl weniger repräsentativ ist. Deswegen fallen mir Menschen außerhalb meiner Bubble oder außerhalb der öffentlichen Wahrnehmung besonders auf.

Ich erinnere mich gerne an einen netten Angestellten einer Reinigungsfirma, der mir half, unseren Keller nach einem Wasserrohrbruch auf Vordermann zu bringen. Wir kamen ins Gespräch, und es stellte sich heraus, dass er aus einem türkischen Dorf nach Deutschland gekommen war und seit Jahrzehnten fleißig hier arbeitete. Er erzählte mir stolz, dass er ein Haus gebaut hatte, dass er auch ein Haus in der Türkei besaß und dass sein Sohn studieren würde. Ich merkte ihm an, wie wichtig es ihm war, zu zeigen, dass er es »geschafft« hatte. Er war aufgestiegen, von einem jungen Mann, der arbeitswillig nach Deutschland kam und nicht viel besaß, zu einem Mann, der sich seine eigenen vier Wände gebaut hatte und seinem Kind einen höheren Bildungsweg ermöglichte.

Es soll nicht der Eindruck entstehen, es ginge immer nur darum, beruflich erfolgreich zu sein – Erfolg ist relativ und liegt im Auge des Betrachters. Mir geht es darum, dass ich den Eindruck gewann, er habe erreicht, was er erreichen wollte. Er hatte etwas geschafft, das er sich erträumt hatte und das nun Wirklichkeit geworden war. Ich bin nicht in Details gegangen, wie schwer oder leicht das alles für ihn war. Doch ich merkte, dass es eine Bedeutung für ihn hatte, mir davon zu erzählen, und dass er stolz auf sich war. Auf seinen Erfolg.

Ähnliche Geschichten höre ich, wenn ich Taxi fahre und der Fahrer mich erkennt. Sie erzählen mir schnell, woher sie damals kamen und wie es ihnen heute ergeht. Oder wenn ich mal in einem Döner-Imbiss akzentfrei auf Türkisch eine türkische Pizza bestelle, »Lahmacun«, komme ich fast immer mit den Imbissbetreibern ins Gespräch, türkischer Tee inklusive. Das sind dann die Momente, in denen mir wieder bewusst wird, wie viele fleißige Menschen hier sind, die aber oft zu wenig Anerkennung bekommen und bei denen überrascht reagiert wird, wenn sie sich dann mal was leisten können. Ich kenne viele wie den netten Herren, der mit half, den Keller wieder fit zu machen, die arbeiten wie die Verrückten, oft zum Mindestlohn, und es trotzdem schaffen, ihren Kindern ein besseres Leben zu ermöglichen. Die sie teilhaben lassen an der Gesellschaft, davor habe ich großen Respekt. Denn ich kann nur erahnen, wie schwer es der ersten Generation manchmal gefallen sein muss, sich in dem neuen Leben zurechtzufinden. Sie kamen aus einem anderen kulturellen Umfeld, gehören meist einer anderen Religion an. Sie mussten eine andere Sprache lernen und sich in einem völlig neuen System zurechtfinden. Viele von ihnen kamen als Ungelernte ins Land, hatten höchstens die Grundschule besucht und stammten meist aus kleinen Dörfern Ostanatoliens. Landwirtschaftlich geprägt und traditionell, meist konservativ. Und doch schafften es so einige, sich weiterzuentwickeln. Trotz der vielen Problemen, die es bei der Integration gab und gibt, auf beiden Seiten, die sind mir bewusst. Ich finde es bemerkenswert, wie viele sich hier zu Hause fühlen und uns, den Kindern, ein besseres Leben ermöglicht haben.

Es sind also die Eltern, auf die es in erster Linie ankommt. Sie müssen gestärkt werden, das können auch mal Hausbesuche von Lehrerinnen und Lehrern sein, sodass sie letztendlich dazu in der Lage sein sollten, ihre Kinder zu unterstützen. Ich kenne viele, die das konnten und können, und auch viele, die nicht in der Lage dazu waren oder es auch schlichtweg nicht wollten oder wollen. Aus welchen Gründen auch immer. Wegen kultureller oder traditioneller Vorstellungen, wegen mangelnder Auffassungsgabe oder aus Angst vor dem vermeintlich Neuen. Ich bin die zweite Generation, die Nachfahrin zweier Arbeitsmigranten, die in den 70er-Jahren nach Deutschland kamen. Und wenn ich gefragt werde, wie das bei mir war mit der Integration, muss ich nicht weit ausholen. Ich bin hier geboren, ich musste mich nicht integrieren, das haben meine Eltern für mich geleistet. Und zwar mit Bravour. Dafür bin ich ihnen ewig dankbar.

Suchen und Fragen

Ich war gerade 18 Jahre alt und hatte schon einiges hinter, aber noch so vieles vor mir. Doch was genau? Ich stand kurz vor dem Abitur, und so stellte ich mir die Frage, die sich Millionen junge Frauen und Männer vor und nach mir auch gestellt haben: Was kommt danach? Nach 13 Jahren Deutsch, Bio, Mathe, Geschichte. Nach jahrelangem Schwimmunterricht im eiskalten Außenbecken, nach zig erfolglosen Bundesjugendspielen und unzähligen müden Busfahrten zur Schule und wieder zurück. 13 Jahre lang hatte ich mich mal mehr, mal weniger motiviert, mal erfolgreich, mal so gerade eben durch die Schulzeit geschlagen, und jetzt stand mir also die Welt offen. Mit dem Abitur in der Tasche würde alles möglich sein. Ich hatte mir den Weg frei gemacht für ein Studium oder für einen spannenden Job oder für was auch immer. Dieser Lebensabschnitt sollte also enden. Der nächste beginnen. Doch wie sollte der aussehen? Den einen Berufswunsch, auf den alles zulief, hatte ich nicht. Es gab keine festgelegte Idee vom Verlauf meines Lebens. Ich neigte ohnehin nicht dazu, zu viel zu planen. Eine gewisse Flexibilität und der Glaube, dass Veränderungen wichtig sind und dazugehören, waren schon immer Teil meines Wesens.

Um mich herum herrschte dagegen mehr Klarheit. Meine engsten Freundinnen hatten bereits früh entschieden, dass sie studieren würden. Was nicht nur dazu dienen sollte, der Enge des Lipperlandes zu entkommen, nein, sie wussten auch, was sie studieren wollten, was es einfacher machte. Daraus ergab sich häufig auch eine Idee, wie das Arbeitsleben später aussehen könnte. Ich hatte schon immer ein kreatives und künstlerisches Umfeld. Meine Freundinnen studierten Kostümbild, Japanologie, Dolmetschen. Es gab auch jene, dann eher die männlichen, die Medizin und Jura studierten. Doch mein engster Kreis war schon immer bestimmt von Sprache, Kunst und Kultur.

Ich schwankte, was sollte ich tun? Ein Studium war nicht völlig abwegig, die schulischen Voraussetzungen waren da, meine Eltern hätten mich, so gut es eben gegangen wäre, unterstützt. Doch mir war klar, finanziell sah es düster aus. Ich hätte mir schwer ein jahrelanges Studium in einer anderen Stadt leisten können. Der Gedanke, in eine finanziell schwierige Situation zu kommen und über einen längeren Zeitraum in einer gewissen Abhängigkeit leben zu müssen, gefiel mir nicht. Wie gesagt, meine Eltern hätten mir Hilfe nicht abgeschlagen, aber es hätte nicht gereicht für die Semestergebühren, ein eigenes Zimmer oder eine kleine Wohnung und was noch alles zu einem Studium gehört.

Es war nicht der natürliche Weg, der sich einem Arbeiterkind auftat, ich spürte das zu diesem Zeitpunkt sehr klar, und doch wollte ich die Universität nicht ganz ad acta legen. Ich wälzte Unterlagen zum Bafög, ging verschiedene Nebenjob-Optionen durch. Der Gedanke, nebenbei arbeiten zu müssen, war keiner, der mich sorgte. Es war mir ja nicht fremd, zu jobben. Reitunterricht geben, Nachhilfeunterricht geben, Zeitung austragen. In Heimarbeit Kugelschreiber zusammenschrauben, blau-weiße billige Plastikkugelschreiber, die in ihren Einzelteilen in riesigen Kartons nach Hause kamen und mich Monotonie lehrten. Ich musste die Einzelteile zusammenfügen und die fertigen Kugelschreiber wieder zurückschicken, ich weiß nicht mehr, wie lange ich das gemacht habe und wie viel Pfennig ich pro Stift bekam. Aber es fühlte sich an wie eine Ewigkeit und sonderlich lukrativ war es nicht. Ich erwische mich übrigens heute noch das ein oder andere Mal dabei, wie ich bei Telefonaten Kugelschreiber auseinander- und wieder zusammenschraube, ohne hinzugucken. Der Kugelschreiber-Job hat offenbar tiefe Spuren hinterlassen. Ich bin auch Pizzataxi gefahren. In Zeiten, in denen weder ein Navi den Weg beschreiben konnte noch das Smartphone an der Windschutzscheibe klebte und mir Anweisungen gab, wie ich die hungrigen Wartenden schnell finden konnte, ein Albtraum. Lieferdienst gehörte damit eher zu den Jobs, die ich nie wieder machen wollte. Zumal ich nebenbei in der Pizzeria noch bedienen musste und oft schlecht gelaunte Kundschaft an den Tischen saß. Das ist einer der Gründe, warum ich Kellnerinnen und Kellnern in Restaurants oder Cafés und vor allem den Frauen und Männern vom Lieferservice immer ein ordentliches Trinkgeld gebe. Ich versuche auch immer, so aufmerksam und freundlich zu sein wie möglich, denn ich weiß, wie sich die Arbeit anfühlen kann.

Ich wog also die Möglichkeiten ab, nebenbei Geld zu verdienen. Bevor ich überhaupt ins Inhaltliche ging. Medizin oder Jura, die mir durch einen Numerus clausus verwehrt geblieben wären, mein Durchschnitt war bekanntlich nicht gut genug, interessierten mich ohnehin nicht, zumindest so viel war klar. Aber darüber hinaus war theoretisch alles möglich. Durch die Arbeit meiner Mutter und die Helferei in der Schneiderei hatte ich durchaus einen Hang zu Stoffen, zu Bekleidung und Mode. Es war eine Welt, die ich kannte, sie lag nicht völlig fern. Aber war sie meine Welt? Ein Modedesign-Studium? So richtig konnte ich es mir dann doch nicht vorstellen. Es war eher das Technische, das mich interessierte, die Stoffe und ihre Beschaffenheit und was man alles aus ihnen machen konnte. Auch die betriebswirtschaftliche Seite fand ich spannend. Aber all das mein Leben lang? Zumal ich auch, wenn es um handwerkliche Arbeit geht, und ich hätte zumindest weiter Nähen lernen müssen, schnell ungeduldig werden kann.

Dagegen faszinierten mich die Medien schon immer. Das Radio war mein ständiger Begleiter. Die Mischung aus Musik, Unterhaltung und Nachrichten to go war wie gemacht für mich. Wenn ich morgens zu Hause das Radio ausschaltete, schaltete ich es im Auto wieder ein, ich nahm es also einfach mit. Oft malte ich mir aus, wie es wäre, selbst aus diesem kleinen Kasten zu sprechen. Das war mir inhaltlich deutlich näher als ein Modedesign-Studium. Schon als ich klein war, hatte ich mich vor meinen Kinder-Kassettenrekorder mit integriertem Mikrofon gesetzt und Nachrichtensprecherin gespielt. »Guten Tag aus Bösingfeld, hier sind die Nachrichten.« Dabei ging es dann um Dinge wie die Abholzung des Regenwaldes oder Tierschutz, aber auch darum, wer in der Schule wieder wen geärgert hatte und wer sich gerade das neueste Fünf-Freunde-Buch besorgt hatte.

Ich konnte stundenlang vor meinem Kassettenrekorder sitzen und das Gerät zutexten. War die Kassette voll, wurde sie einfach überspielt, schließlich waren die Nachrichten ohnehin alt. Was würde ich dafür geben, eine dieser Aufnahmen wiederzufinden, sie müssen bei einem der mindestens zehn Umzüge, die ich hinter mir habe, abhandengekommen sein.

Der »echte« Weg ins Radio schien mir aber auch kurz vor dem Abitur noch nicht zugänglich. Ich hätte gar nicht gewusst, wie ich da direkt hinkommen soll. Und so war ich auf der Suche nach einer Möglichkeit, ein Studium zu absolvieren und von dort aus in den Medienbetrieb einzusteigen. Ich informierte mich über die Kunsthochschule für Medien in Köln, ich kann mich an das Heft erinnern, das ich angefordert hatte. Ja, es war ein Heft, da war noch nichts mit mal eben googlen. Ich war Feuer und Flamme. Aber Feuer und Flamme wurden schnell gelöscht, denn wieder schoben sich die Gedanken an die finanzielle Abhängigkeit, die Sorge, es nicht schaffen zu können, dazwischen und hielten mich davon ab, einen Schritt weiterzugehen. Auch andere Möglichkeiten, wie Politik oder Germanistik zu studieren, verwarf ich. Ich kam immer wieder an denselben Punkt, es fühlte sich zu riskant und irgendwie nicht richtig an. Und so wurde der Drang, in die praktische Welt einzusteigen, nach Jahren der gedrückten Schulbank, größer. Es schien sicherer und natürlicher, außerdem wollte ich zu dem Zeitpunkt gar nicht aus Lippe weg, und so entschied ich mich gegen ein Studium.

Ich werde immer wieder gefragt, ob ich es bereue, nicht studiert zu haben. Diese Frage kann ich schwer mit Ja oder Nein beantworten. Ein Studium lehrt unumstritten, analytisch und eigenständig an Themen heranzugehen, sie zu durchdringen, den eigenen Blickwinkel zu erweitern, selbstständig zu werden. Es lehrt Kommunikation, schon alleine, weil man umgeben ist von neuen Menschen, die ähnliche Interessen und vergleichbare Ziele haben. Dieses Campusgefühl und die Aufgeregtheit, die neue Kontakte und eine neue Stadt mit sich bringen, sie schienen mir schon verlockend. Und nicht zu vergessen die wochenlangen Semesterferien, um die ich meine Freundinnen und Freunde stets beneidete. Ein Auslandssemester wäre auch spannend gewesen, London, Kopenhagen, Paris. Allzu gerne wäre ich in das Leben eines anderen Landes eingetaucht, wäre vermutlich einfach die Deutsche gewesen, die jetzt im Ausland lebt. Nicht das Arbeiterkind mit türkischen Wurzeln aus Lippe. Der Gedanke, dieser Spin, er hätte mir gefallen.

Und ebenso gerne wollte ich Englisch sprechen können wie ein Native Speaker, das gelingt vor allem denen, die im Ausland studiert oder gearbeitet haben. Meine Englischkenntnisse musste ich selbst polieren. Mein Schulenglisch so weit ausbauen, dass ich bei Veranstaltungen mit wichtigen und gebildeten englischsprachigen Gästen problemlos mithalten kann. Oder auch selbst auf Englisch durch eine Veranstaltung führen kann, was heute kein Problem mehr für mich ist. Aber ich musste es mir eben hart erarbeiten.

Wenn mich junge Leute heutzutage fragen, wie sie selbst zu Journalistinnen und Journalisten, zur Moderatorin oder zum Moderator werden können, dann erzähle ich ihnen natürlich von meinem eher ungewöhnlichen Weg. Dass ich als Einzige in meiner »Liga« nicht studiert habe. Viele überrascht das, und ich rate dem Nachwuchs auch nie davon ab, selbst einen anderen Weg zu gehen. Ganz im Gegenteil, ich finde es wichtig, dass junge Leute die Möglichkeit haben zu studieren, wenn sie es wollen. Dass sie sich nicht den Kopf darüber zerbrechen müssen, ob sie gut genug sind, ob sie überhaupt das Abitur schaffen und sich später ein Studium leisten können.

So geht es noch viel zu vielen jungen Leuten. Der Hochschul-Bildungs-Report des Stifterverbandes befasst sich seit mehreren Jahren mit der Lage an den deutschen Universitäten. Er besagt, dass es in Deutschland Schülerinnen und Schüler aus bildungsfernen Schichten immer noch viel zu selten an eine Hochschule schaffen. Und wenn sie dann studieren, erzielen sie durchschnittlich weniger gute Ergebnisse. Es gibt also keinen umfassenden fairen Zugang unabhängig von sozialem oder kulturellem Hintergrund. Der Hochschul-Bildungs-Report definiert dazu ein Ziel, das lautet, »… die Vielfalt der deutschen Gesamtbevölkerung auch in der Studierendenschaft widerzuspiegeln. Menschen aus allen Gesellschaftsschichten sollen unabhängig von ihrem sozialen Hintergrund gleiche Chancen auf höhere Bildung und damit verbundene Möglichkeiten haben«. Ein hehres Ziel, von dem wir in Deutschland noch weit entfernt sind, andere europäische Länder sind uns da weit voraus. Blickt man in Deutschland auf den gesamten Bildungsweg von Nichtakademikerkindern und Akademikerkindern, zeigt sich laut dem Report folgendes Bild:

Ausgehend von jeweils 100 Grundschülerinnen und Grundschülern werden 74 Prozent der Akademikerkinder zu Studienanfängern. Bei den Nichtakademikerkindern sind es nur 21 Prozent. Von ihnen schaffen es 15 Prozent zum Bachelorabschluss, 8 Prozent absolvieren einen Master und nur 1 Prozent promoviert. Bei den Akademikerkindern schaffen es 63 Prozent bis zu einem Bachelorabschluss, 45 Prozent zu einem Masterabschluss und 10 Prozent zu einem Promotionsabsolventen.

Anhand dieser blanken Zahlen wird klar, wie schwer es für Kinder aus Nichtakademikerfamilien ist, eine akademische Laufbahn einzuschlagen. Sie sind an den Universitäten in der klaren Minderheit, ihre Sichtweisen, Lebenswege und Probleme treten kaum in Erscheinung. Sie gehören zu einer Gruppe, die kaum repräsentiert wird und damit auch in der späteren Berufswelt weniger auftauchen wird. Im Jahr 2008 rief Kanzlerin Angela Merkel die »Bildungsrepublik Deutschland« aus. An den Bildungsgipfel in Dresden kann ich mich gut erinnern. Es wurden viele Probleme benannt. Und es wurden auch große und kostspielige Ziele formuliert, mit denen Chancengerechtigkeit und insgesamt ein besseres Bildungsniveau in Deutschland erreicht werden sollten. Wohlstand durch Bildung, so das Motto. Und zu diesem Wohlstand solle jeder und jedem der Zugang ermöglicht werden, dafür wollten Bund und Länder die Ausgaben für Bildung und Forschung bis 2015 auf zehn Prozent des Bruttoinlandsprodukts steigern.

»Das ist zum ersten Mal, glaube ich, in der Geschichte der Bundesrepublik Deutschland, dass es ein solches gemeinsames Bekenntnis gibt«, so Merkel nach langen Beratungen mit den Ländern. Die Ausgaben stiegen auch kurz an, aber dann stagnierten sie und das Ziel wurde verfehlt. Noch immer stehen viele Jugendliche ohne Berufsausbildung da, noch immer verpassen zu viele ihren Schulabschluss, und die Studienanfänger aus Nichtakademikerfamilien bleiben klar in der Minderheit.

Nun lässt sich nicht sagen, es habe sich gar nichts getan. Der Kita-Ausbau, ein erster Bildungsschritt, schreitet voran, und die Probleme werden weiter erkannt und benannt. Doch es reicht nicht. Für *Statista* hat Matthias Janson zwischen Oktober 2012 und Februar 2014 16- bis 39-Jährige, die eine Studienberechtigung hatten, gefragt, warum sie nicht studiert haben. Mit Abstand die meisten, also fast 80 Prozent, nannten den Wunsch, möglichst bald selbst Geld zu verdienen. Das werden junge Leute, die sich glücklicherweise, und es sei jedem und jeder gegönnt, auf ein familiäres finanzielles Polster verlassen können, kaum sagen. Sie wissen, dass sie gut durch das Studium kommen werden, dass sie trotz der Universitätsjahre nicht auf allzu viel verzichten müssen und sich mehr oder weniger auf ihr Studium konzentrieren können. Auch sie müssen vielleicht nebenher jobben, sich mit gebrauchten Möbeln einrichten und Fernbus statt Bahn fahren. Doch sie haben einen finanziellen Rückhalt, der im Notfall da ist. Ihre Eltern werden zudem in den meisten Fällen anerkennen, was sie leisten, und ein Studium als Mehrwert sehen. Und das Wichtigste: Sie können sich fast sicher sein, dass sie nach dem Studium bessere Berufschancen haben werden und damit auch später mehr Geld verdienen können. Auch werden sie während des Studiums Möglichkeiten haben, sich darüber hinaus zu entwickeln. Mit Auslandsaufenthalten oder Praktika ihren Horizont erweitern, vielleicht bislang unentdeckte Talente oder Interessen identifizieren. Ein Studium ist auch dafür da, sich orientieren zu können, ohne bereits zu sehr im Arbeitsalltag gefangen zu sein. Sich auszuprobieren, vielleicht auch den einen Studiengang abzubrechen und den anderen zu beginnen.

Es bietet bei all der Arbeit, die dahintersteht, und bei all den durchgemachten Nächten für Hausarbeiten und Abschlussarbeiten eine gewisse Flexibilität. Jugendliche aus anderen sozialen Schichten kennen all das eher nicht. Sie kennen von zu Hause, dass das Leben in bestimmten Mustern abläuft. Arbeiten gehen, auch wenn es nicht besonders viel Spaß macht und es keine Aufstiegsmöglichkeiten gibt. Arbeiten gehen, um Geld zu verdienen. Arbeiten erfüllt den Zweck, die Miete zu zahlen, den Kühlschrank zu füllen und vielleicht einmal im Jahr eine kleine Reise zu unternehmen. Der Job wird nicht unbedingt als Erfüllung angesehen, sondern als ein Muss. Auch sind oft die Aufstiegschancen rar, Perspektiven fehlen.

In den Interviews, die ich für dieses Buch geführt habe, wurde immer wieder deutlich, wie wichtig Perspektiven sind. Und welch große Rolle die Eltern dabei spielen. Können sie sich für ihr eigenes Kind vorstellen, dass es einen anderen Weg einschlägt als sie? Haben sie das Vertrauen in ihr Kind, dass es ein Studium absolvieren kann, den vorgezeichneten Pfad verlassen? Ich habe großen Respekt vor Eltern, die mehr oder weniger über ihren eigenen Schatten springen und ihren Kindern so viel es geht ermöglichen.

Zwei der prominentesten Deutschen haben dieses Glück gehabt. Dabei wissen viele nicht, dass unser Staatsoberhaupt und seine Frau aus einfachen, ja teils armen Verhältnissen kommen und es viel Glück und Ehrgeiz brauchte, um an die Spitze Deutschlands zu gelangen: Bundespräsident Frank-Walter Steinmeier und seine Ehefrau, die Richterin Elke Büdenbender, sind Aufsteiger im wahrsten Sinne des Wortes. Der Bundespräsident hat vieles seinen Eltern zu verdanken, aber auch seinem Grundschullehrer, der ihn und seine Eltern überzeugte, dass er besser zum Gymnasium gehen sollte. In einem Gespräch für einen Podcast der Wochenzeitung *Die Zeit* mit *Zeit*-Chefredakteur Giovanni Di Lorenzo erzählt Frank-Walter Steinmeier sehr eindrücklich von seinem steinigen Weg.

1956 geboren und aufgewachsen in einem 800-Seelendorf, in Brakelsiek, das übrigens, so wie mein Heimatort, ebenso im Kreis Lippe liegt, lebte er in behüteten, aber einfachen Verhältnissen. Sein Vater war Landwirt, da das Geld aber nicht genügte, arbeitete er zusätzlich als Tischler. Frank-Walter Steinmeier wurde auf einem Bauernhof groß, als Teil einer Bauernfamilie, bei der es, wie er selbst sagt, nicht zum Leben und nicht zum Sterben reichte. Schon sein Großvater musste neben der Landwirtschaft als Wanderarbeiter jeden Sommer in der Ziegelei schuften und monatelang getrennt von der Familie leben. So wie viele damals, die als Torfstecher oder eben Ziegler im Norden und Osten Deutschlands schufteten, um ihre Familie in der Ferne zu ernähren. Steinmeiers Mutter, eine Geflüchtete aus Schlesien, die ob des Krieges keinen Schulabschluss machen konnte, half ebenso auf dem Hof und arbeitete zusätzlich in einer Pinselfabrik. Für Frank-Walter Steinmeier war es also alles andere als selbstverständlich, als Erster in der Familie Abitur zu machen, später zu studieren und heute im Schloss Bellevue zu leben und zu wirken. Ein beispielhafter Aufstieg, denn er beschreibt ihn als eine Verkettung von Talent, Glück und Zuspruch. Dieser Weg, von einem Bauernhof aus einem kleinen Dorf kommend, aus einer bildungsfernen Arbeiterfamilie stammend, diese Geschichte verbindet ihn mit seiner Ehefrau, der Verwaltungsrichterin Elke Büdenbender.

Sie wurde 1962 im Kreis Siegen geboren und wuchs ebenso in einer kleinen Ortschaft auf. Ende der 1980er-Jahre lernten sie und Frank-Walter Steinmeier sich in Gießen beim Jura-Studium kennen, lebten dann zeitweise gemeinsam in einer Wohngemeinschaft und heirateten 1995, einen Tag nach Weihnachten. Elke Büdenbenders Eltern kamen auch aus einfachen Verhältnissen, auch sie wurde nicht mit einem goldenen Löffel im Mund geboren.

Ihr Vater, ebenso Tischler, arbeitete hart, um die Familie zu ernähren. Ich konnte Elke Büdenbender für mein Buch treffen und mit ihr über ihre Geschichte sprechen. Über ihre Kindheit und Jugend, über Schwierigkeiten und Chancen, und wie sie selbst sich heute für Bildungschancen und Chancengerechtigkeit junger Menschen einsetzt. Wir saßen gemeinsam in einem der schönen, weitläufigen Räume des Schlosses Bellevue, einem beeindruckenden Gebäude, dass ich zuvor erst einmal betreten hatte. An einem Tisch, eingedeckt mit einem Kaffeeservice aus feinstem Porzellan, saßen wir uns gegenüber, und es sollte ein offenes, angeregtes Gespräch werden, bei dem wir immer wieder gemeinsam lachen mussten, über alte Anekdoten und Gemeinsamkeiten.

PINAR: Frau Büdenbender, Ihr Vater war Tischler, so wie meiner auch. Sie sind also ebenso in einem Handwerkerhaushalt aufgewachsen.

ELKE BÜDENBENDER: Ja, das bin ich. Ich gucke auch auf eine bäuerliche und handwerkliche Ahnenreihe zurück. Meine Vorfahren waren fast alle mindestens im Nebenerwerb Landwirte, wie das auf dem Dorf so üblich war. Aber mein Großvater mütterlicherseits war auch schon Industriemeister, und auch meine Onkel waren im Wesentlichen Handwerker. Mein Vater hat dann nach der Hochzeit noch eine Ausbildung zum Stahlbau-Schlosser gemacht, weil man dort einfach mehr verdienen konnte. Bildung war in dem Milieu, in dem ich aufgewachsen bin, sehr wichtig, und natürlich auch eine Berufsausbildung. Meine Mutter, meine Tanten, meine Großmutter, sie alle haben eine Ausbildung gemacht, meine Großmutter beispielsweise lernte Köchin und Hauswirtschafterin. Und so war es ihr auch wichtig, dass ihre Töchter einen solchen Weg gehen. Diese Haltung hat mich schon sehr, sehr geprägt.

PINAR: Sie haben gerade das Wort Milieu benutzt. Was hieß das für Sie, aus diesem Milieu zu kommen?

ELKE BÜDENBENDER: Dass ich auf einem Dorf groß geworden bin, hat mich sehr geprägt. Dort haben sich im Grunde alle in der Dorfgemeinschaft engagiert – zumindest in meiner Generation, ich bin ja 1962 geboren. Es gab den Gesangsverein, eine Musikkapelle, den Fußballverein. Später wurde dann aus dem Fußballverein ein größerer Sportverein. In diesem Sportverein fanden Veranstaltungen statt, und da traf man sich einfach. Da waren alle, ganz gleich, was die Eltern gemacht haben. Meine Eltern sind keine Akademiker, aber sie waren immer an Bildung interessiert. Meine Mutter hat gesungen, mein Vater auch, und sie haben sich einfach in Vereinen engagiert, das war ihnen wichtig. Und es gab ein besonderes Arbeitsethos. Wir Kinder mussten einerseits helfen und andererseits auch unsere Schule ordentlich machen. Das hat mich geprägt und auch die Frauen in meiner Familie: Meine Großmutter, meine Mutter und meine Patentante haben zwar traditionelle Rollen gelebt, gleichzeitig habe ich sie alle als sehr stark empfunden. Und sie haben mir immer vermittelt: Wenn du willst, kannst du alles erreichen, du musst dich nur anstrengen.

PINAR: Also haben Ihre Eltern damals nicht gedacht, das war ja zu der Zeit durchaus häufig der Fall, dass Sie am besten auf die Hauswirtschaftsschule gehen und danach heiraten?

ELKE BÜDENBENDER: Meine Eltern wollten, dass ich nach dem Realschulabschluss erst einmal eine Ausbildung mache, damit ich was Ordentliches in der Hand habe. Ich selbst hätte mir gut vorstellen können, weiter zur Schule, zum Gymnasium zu gehen. Wenn ich auf meine Schulzeit zurückblicke, war das teils schon abenteuerlich. Ich bin eine klassische Babyboomerin, von uns gab und gibt es viele: Wir waren 42 Kinder in der Grundschulklasse. Zweiundvierzig! Ich bin danach auf die Hauptschule gegangen und dann auf die Aufbau-Realschule nach Siegen, was ein großes Glück war. Die Schüler kamen aus allen möglichen Ortschaften, das Siegerland liegt in einem Dreiländereck, Hessen, Rheinland-Pfalz, Nordrhein-Westfalen. Ich habe nach der Realschule erst meine Ausbildung gemacht und bin danach wieder zur Schule gegangen. Und im Nachhinein muss ich sagen, das war richtig gut so.

PINAR: Sie haben es gerade gesagt, Sie waren auf der Hauptschule, dann auf der Aufbau-Realschule. Waren Sie demnach eine sehr gute Schülerin?

ELKE BÜDENBENDER: Zumindest war ich gut genug, um zu wechseln. Meine Lehrerin hat mir das offensichtlich zugetraut. Das war auch eine sehr tolle Schule, in Nordrhein-Westfalen hat man, wie in vielen anderen Bundesländern auch, gerne mal experimentiert mit Schulformen. Für mich war die Aufbau-Realschule gut. Denn wenn man sonst von der Hauptschule auf die Realschule gegangen ist, musste man ein Jahr wiederholen, das konnte ich mir sparen. Es waren auch Mitschülerinnen und -schüler da, die auf dem Gymnasium nicht weiterkamen oder merkten, dass diese Schulform doch nichts für sie ist. Ein Wechsel war ohne Brüche möglich. Damit waren wir ein ziemlich bunter Haufen und hatten auch junge Lehrer und Lehrerinnen, die sehr inspirierend waren. Ich erinnere mich an meinen Geschichtslehrer mit selbstgestricktem Pullover. Wir lernten die Französische Revolution rauf und runter, Lernen hat da wirklich viel Spaß gemacht.

PINAR: Also hing viel von den Lehrerinnen und Lehrern ab?

ELKE BÜDENBENDER: Ich glaube, es kommt nicht darauf an, ob jemand streng ist oder nicht. Mir war immer ein Gefühl von Gerechtigkeit wichtig und dass die Lehrer selber Spaß an ihrem Beruf haben. Und sie haben uns gezeigt, dass sie uns mögen. Insgesamt hat mich der Besuch dieser Schule schon sehr geprägt.

PINAR: Dann waren Sie und die anderen besonders motiviert?

ELKE BÜDENBENDER: Wir waren eine große Klasse, und wir konnten ab der achten Klasse wählen, ob wir den naturwissenschaftlichen Zweig, den wirtschaftswissenschaftlichen Bereich oder Sprachen bevorzugen. Ich habe mich für Sprachen entschieden. So kam für mich noch Französisch dazu. Ich bin mit zwei Mitschülerinnen zur Realschule gewechselt. Wir drei hießen übrigens alle

Büdenbender mit Nachnamen … Kornelia, Angelika und Elke.

PINAR: Fast so gut wie Bibi und Tina …

ELKE BÜDENBENDER: (lacht) Ein bisschen so war es auch – wir drei Büdenbender-Mädchen. Wir haben gemeinsam die Realschulreife abgelegt, waren dann auch zusammen in der Berufsschule und haben alle einen kaufmännischen Beruf erlernt. Unsere Eltern wollten das so, das war sicherlich auch ein Grund, diesen Weg zu gehen.

PINAR: Also was Handfestes lernen. Sie waren ja dann durchaus in einer Männerdomäne, als Sie Ihre Ausbildung machten. Ein Maschinenbaubetrieb.

ELKE BÜDENBENDER: Das kann man so nicht sagen. In dieser dreijährigen Ausbildung zur Industriekauffrau geht man durch alle Abteilungen, ich bin dann mehr im Verwaltungsbereich gewesen, und dort waren auch viele Frauen. Mich hat besonders die Leiterin der Versandabteilung beeindruckt, sie war Gewerkschaftsmitglied und hat mich auch zur IG Metall gebracht. Mit 17 bin ich dort eingetreten. Die einzige Abteilung, die rein in Männerhand war, das war die IT-Abteilung. Da durfte ich aber auch nichts anfassen. (lacht)

PINAR: Ihren Eltern war die Ausbildung wichtig, sie waren Nichtakademiker, haben immer hart gearbeitet. Wie fanden es Ihre Eltern, als Sie doch weiter zur Schule und dann auch noch studieren wollten?

ELKE BÜDENBENDER: Ich habe mich schon ganz früh, noch in der Ausbildung, am Siegerland-Kolleg, wo ich später das Abitur gemacht habe, beworben. Die schickten mir dann einen netten Brief zurück, in dem stand, sie würden sich auf mich freuen, aber ich solle jetzt erst einmal meine Ausbildung zu Ende machen und mich dann wieder bewerben. So habe ich das dann auch gemacht: Ich habe meine Ausbildung beendet, bin auf das Kolleg gegangen, um danach Jura studieren zu können. Das fanden meine Eltern völlig in Ordnung. Ich würde mich nie als Spitzenschülerin bezeichnen, aber ich war immer gut und es hat mir in der Schule immer Freude gemacht, und das merkten meine Eltern. Jura war ihnen sicherlich inhaltlich fremd, aber sie haben es interessiert begleitet. Sie haben mich gefragt, was ich dort machen muss, ob es schwer ist, wie viele Arbeiten ich schreiben muss. Und ich habe immer versucht zu erklären, was genau ich im Studium mache. Ich wollte ihnen das gerne verständlich machen.

PINAR: Manchen Eltern bereitet es fast ein wenig Angst, wenn sie nicht wissen, was ihre Kinder genau machen, wenn ihre Kinder in eine völlig andere Welt einsteigen. Wie war das bei Ihren Eltern?

ELKE BÜDENBENDER: Ich selbst habe das bei ihnen nicht so empfunden. Ich hatte schon immer einen sehr engen Kontakt zu meiner Mutter, und mein Vater war ebenfalls ein vielseitig interessierter Mensch. Ich hatte nicht den Eindruck, dass sie Angst hatten, mich zu verlieren. Das ist ja so ein bisschen das, was zu Angst führen kann. Dass man aus der Familie »rauswächst« oder ihr »entgleitet« in eine andere Lebenssituation. Das ist ja auch irgendwie so. Aber erstens ist die Gießener Uni jetzt nicht so weit weg von Siegen, und zweitens waren dort ganz normale Leute. Zwei Kommilitoninnen kamen von einem Bauernhof, die haben dort auch noch gewohnt. Es waren einige, die so wie ich aus einem Nichtakademikerhaushalt kamen. Diese Uni war so mein Habitat – ich habe mich dort sehr wohlgefühlt.

PINAR: Ich finde den Schritt schon beeindruckend. Sie sind die Erste in der Familie, die studiert hat. Selbstverständlich war das nicht!

ELKE BÜDENBENDER: Nein, das war nicht selbstverständlich. Aber ich bin durch das Kolleg dort hineingewachsen. Ich war außerdem Stipendiatin der Hans-Böckler-Stiftung und sehr engagiert in der Gewerkschaft, im DGB und in der IG Metall. Wir waren also die Arbeiterkinder, um das mal so plakativ zu sagen, die sich auf den Weg machten, um zu studieren. Wir waren die Zielgruppe dieser Stiftung, und da waren ganz viele mit meinem Hintergrund, also mit Eltern, die keine Akademiker waren. Viele hatten den zweiten Bildungsweg eingeschlagen oder kamen aus dem gewerblichen Bereich und haben später das Abitur gemacht. Also die kamen alle aus diesem Milieu, und ich habe mich im Grunde genommen in diesem Milieu dann bewegt. Gut war, dass die Universität Gießen, gerade der juristische Fachbereich, neben der Forschung auch sehr auf die Lehre ausgerichtet war. Es gab zu jeder Vorlesung, also öffentliches Recht, Privatrecht, Strafrecht, begleitende Übungen neben dem Studium, die durch Studenten und Studentinnen abgehalten wurden. Das habe ich später dann auch selbst gemacht, wir haben also einfach Fälle gelöst, um das, was wir in der Vorlesung theoretisch gelernt haben, besser zu verstehen. Das kam mir sehr entgegen, das Strukturierte.

PINAR: Sie haben sich dennoch in eine sehr andere Welt begeben.

ELKE BÜDENBENDER: Klar – es ist schon anders. Man muss neue Codes lernen, das stimmt schon. Aber ich bin da einfach so reingewachsen, mir ist das nicht schwergefallen. Ich hatte oftmals den Eindruck, dass Frauen das leichter fiel, dass sie etwas anpassungsfähiger sind, vielleicht auch schneller lernen, wie man sich in welcher Umgebung verhält.

PINAR: Das kann man auch Resilienz nennen. Eine gewisse psychische Widerstandskraft. Ich kenne auch Situationen, die mich eigentlich fast überfordert haben, weil es völlig anders und ungekannt war. Als junge Frau beim Radio nahm ich einmal an einem Zwölf-Gänge-Charityessen teil und wusste überhaupt nicht, wie ich mich verhalten sollte.

ELKE BÜDENBENDER: Da muss ich immer an »Pretty Woman« denken.

PINAR: Die Schnecke, die durch die Gegend fliegt …

ELKE BÜDENBENDER: … »du schlüpfriges Scheißerchen« … (lacht) … also ich habe mir gemerkt: das Besteck immer von außen nach innen.

PINAR: Ja, genau. Aber ich fand das alles auch immer spannend, es hat mir eher wenig Angst gemacht.

ELKE BÜDENBENDER: Ich glaube, das ist ein wichtiger Punkt. Ich hatte schon immer Respekt vor neuen Situationen. Aber ich habe sie bislang immer gemeistert – geholfen hat mir dabei sicher, dass ich mich getraut habe, zu fragen. Ich habe nie ein Problem damit gehabt, nach dem Weg zu fragen ... und ich habe mich immer mit anderen zusammengetan – an der Uni, am Gericht; Leute, mit denen ich offen sein konnte; wir haben voneinander gelernt. Ich habe dann ganz offen gesagt, wenn ich etwas nicht verstand, und wollte es dann noch mal durchsprechen. Ich bin ein sehr neugieriger Mensch. Ich will möglichst alles wissen und verstehen. Manchmal wirkt das fast unhöflich, wenn ich stehen bleibe und völlig selbstverloren anderen zuschaue oder zuhöre. Meiner Tochter ist das übrigens manchmal sehr peinlich. Sie sagt dann: »Mama, guck da doch nicht so hin!« (lacht) Aber das passiert eher selten ...

PINAR: Hat Ihnen Ihr Lebensweg später im Amt der Richterin geholfen? Weil Sie manche Dinge vielleicht anders sehen konnten als die anderen?

ELKE BÜDENBENDER: Ich denke schon. Ich habe 1985 angefangen zu studieren. 1990 war ich fertig und bin dann vier Jahre später Richterin geworden. Da war ich dann schon 32 Jahre alt, hatte mich bereits in ganz unterschiedlichen Milieus bewegt und mich in ganz unterschiedlichen Situationen bewährt: bei Warnstreiks als junge Auszubildende etwa, zwischen den Jungs vom Stahlwerk. Dabei habe ich auch gelernt, mich zu streiten; als Jugendvertreterin im Maschinenbaubetrieb gehörte ich zum Betriebsrat und habe mich dann auch mal mit unserem Ausbildungsleiter, den ich sehr respektiert habe, auseinandergesetzt. Der war dann kurz beleidigt, aber das war in Ordnung, das hat mich nach vorne gebracht, und wir haben uns dann auch immer wieder gut verstanden.

PINAR: Hatten Sie manchmal auch Respekt vor dem eigenen Mut?

ELKE BÜDENBENDER: Als ich als Referendarin nach Amerika gegangen bin, da habe ich gedacht: Elke, du hast echt einen Sprung in der Schüssel. Warum machst du das? Ich konnte damals nicht vernünftig Englisch sprechen, und ich war noch nie länger im Ausland gewesen und wollte jetzt also drei Monate lang in die USA. Aber das war einfach eine super Gelegenheit, sich als Referendarin beim Auswärtigen Amt zu bewerben, und man wurde auch noch für diese Auslandsstation bezahlt. Toll, oder? Und dann haben sie mich tatsächlich nach Washington geschickt. Aber ich muss schon sagen, da musste ich mein Herz ganz schön über die Hürde schmeißen. Das war eine große Herausforderung, aber auch eine tolle Erfahrung. Man geht zwar nicht immer als strahlende Siegerin raus, aber für mich war es immer okay, sich auch mal eine blutige Nase zu holen. Wenn ich zum Beispiel in den Hearings, also den Anhörungen, im Kongress saß, habe ich echt überhaupt kein Wort verstanden, weil dieser Texaner geknödelt hat wie sonst was. Ich habe dann einfach seinen Mitarbeitern aufgelauert, bin ihnen quasi hinterhergelaufen und habe sie gebeten, mir die Papiere der Anhörung zur Verfügung zu stellen. Sie haben mir dann tatsächlich alles zusammengeschrieben, und ich konnte es nacharbeiten.

PINAR: Das muss man sich erst einmal trauen. Also nach dem Weg fragen, wie Sie es so schön sagten. Das klingt sehr logisch. Ihr Chemielehrer sagte ja mal zu Ihnen, als Sie noch in der Schule waren: »Elke, für ein Mädchen hast du einen erstaunlich logischen Verstand.« Das hört sich wiederum nicht sehr nett an.

ELKE BÜDENBENDER: Ach, der war eigentlich schon ganz nett. Ich glaube sogar, dass er es nett gemeint hat. Trotzdem fand ich das damals doof. Warum sollte ich keinen logischen Verstand haben? Meine Empörung war auch ein Resultat der Vorbildwirkung, die meine Großmutter, Mutter und Tante hatten. Sie lebten mir vor, dass ich als Mädchen natürlich alles kann.

PINAR: Aus solchen Momenten wie den Worten des Lehrers kann Chancenungleichheit entstehen. Was heißt Chancengleichheit für Sie?

ELKE BÜDENBENDER: Chancengleichheit bedeutet für mich, dass idealerweise jedes Kind – wirklich jedes Kind, egal in welches Umfeld es hineingeboren wird – die Chance bekommt, das aus sich zu machen, was es möchte und was in ihm steckt. Ich bin fest davon überzeugt, dass in jedem Kind ganz viel steckt. Und gleichzeitig hat die Corona-Pandemie noch einmal geradezu schockierend gezeigt, wie ungleich unser Bildungssystem immer noch ist.

PINAR: Was ist besonders wichtig?

ELKE BÜDENBENDER: Die Sprache ist wichtig. Wenn ich eins gelernt habe, dann, dass man den Mund aufmachen muss. Du musst reden können, dich mitteilen können. Das Werkzeug dafür – die Sprache – müssen wir unbedingt jedem Kind mitgeben: Unter anderem das bedeutet für mich Chancengleichheit oder Chancengerechtigkeit. Und dass nicht jeder studieren muss, wenn er nicht will. Oder jemand aus einem Handwerkerhaushalt nicht unbedingt ein Handwerk lernen muss, sondern vielleicht Balletttänzer wird oder zur Universität geht. Dafür brauchen wir eine klischeefreie Erziehung. Und wir brauchen Basics wie frühkindliche Bildung in den Kitas. Unsere Tochter ist ganz früh in die Kita gegangen; dort lernen die Kinder, wie sie sich gegenüber anderen verhalten können, und auch, sich durchzusetzen. Natürlich zählt auch eine liebevolle Umgebung und dass die Kinder gefördert werden. Chancengerechtigkeit ist, wenn es nicht entscheidend ist, wo ich herkomme. Ich kann Ihnen gar nicht sagen, wie ungerecht ich es finde, wenn Kinder heute in der Pandemie in der Schule scheitern, weil ihre Eltern sie nicht unterstützen können, weil sie alleine vor dem Rechner und ihren Aufgaben sitzen. Das zementiert Ungleichheit. Für sie ist es unendlich viel mühsamer, all das nachzuholen. Es ist für Kinder wichtig, früh Lernen zu lernen und vor allem die Sprache gut zu lernen.

PINAR: Ich habe für mein Buch ja auch mit dem CDU-Vorsitzenden Armin Laschet gesprochen und mit der Ministerpräsidentin von Mecklenburg-Vorpommern, Manuela Schwesig, also politisch Verantwortlichen. Ich merkte beiden an, dass Ihnen das Thema sehr wichtig ist und sie auch Ideen haben für Chancengerechtigkeit. Und trotzdem passiert seit Jahren insgesamt so wenig, das macht schon mürbe.

ELKE BÜDENBENDER: Das kann ich mir auch nicht erklären. Im Grunde genommen wird ja viel Geld in das System gesteckt. Vielleicht muss man noch stärker auf die Ganztagsschulen setzen, wie in Frankreich. In den Fällen, in denen es zu Hause schwierig ist, würden die Kinder dann tagsüber in der Schule sein. In einer Stadt wie Berlin gibt es das ja durchaus auch, in anderen Regionen dagegen läuft es manchmal noch etwas anders. Da kümmern sich dann ab und zu die Tanten und Onkel, ich habe ja eine sehr große Verwandtschaft, jeder kennt jeden. Daher weiß ich, wie das auf dem Dorf sein kann: Das ist manchmal anstrengend, kann aber auch wirklich helfen. Die frühkindliche Bildung ist ohnehin das A und O. Zusätzlich kann man sich dann besser um die Kinder kümmern, die Gefahren in der Familie ausgesetzt sind. Es fällt schneller auf, und man kann hoffentlich etwas tun.

PINAR: Sie unterstützen junge Menschen. Wenn Sie mit ihnen Gespräche führen, schlägt Ihnen da auch mal Frust entgegen?

ELKE BÜDENBENDER: Wir hatten hier im Schloss Bellevue den »Kids Takeover« von UNICEF, im vorletzten Jahr, vor der Pandemie. Es waren junge Leute aus ganz Deutschland hier, von allen Schulformen, aus allen Ecken der Republik. Unter ihnen war ein junger Mann, er lebte gemeinsam mit seiner alleinerziehenden Mutter, die zeitweise ergänzende Sozialhilfe in Anspruch nehmen musste. Und dieser Junge besuchte das Gymnasium, das er mittlerweile erfolgreich abgeschlossen hatte. Aber er berichtete, dass ihm von einer Lehrerin regelrechte Abneigung entgegengeschlagen war. Sie hatte ihm gegenüber behauptet, er würde die Schule eh nicht schaffen, er hätte keine ausreichende Unterstützung. Ich war erschüttert, einfach weil ich nicht gedacht hätte, dass es das noch gibt. Und da ist mir wieder aufgefallen, welch unglaubliche intrinsische Motivation nötig ist, um solche Vorbehalte zu überwinden. Ich selbst habe etwas Ähnliches erlebt, als ich damals auf die Realschule gehen wollte und meine damalige Lehrerin sagte, ich sei zu nervös, um auf diese Schule zu gehen. Das war wie ein Stachel in meinem Fleisch, und ich habe mir gedacht, dir zeige ich es jetzt erst recht. So etwas kann also auch motivieren, sollte einen aber wirklich nicht ein Leben lang begleiten.

PINAR: Was können Sie den jungen Leuten mitgeben, wie wichtig sind Vorbilder?

ELKE BÜDENBENDER: Ich fand den Jungen von UNICEF selbst ein Vorbild, weil er diese Ablehnung der Lehrerin überwunden hat. Mir haben Vorbilder auch schon geholfen. Es war für mich wichtig, Menschen zu kennen, die ich fragen konnte. Ich habe natürlich auch die Unterstützung meiner Eltern gehabt. Das hat nicht jeder. Ich denke, man muss Kinder ermutigen, sich Unterstützung zu suchen – bei Freunden, Verwandten, einer Lehrerin, einem Lehrer. Auch die Schulen brauchen mehr als »nur« Lehrerinnen und Lehrer, es braucht weitere

Betreuungskräfte und eben eine Ganztagsbetreuung. Sodass immer jemand ein Auge auf die Kinder haben kann.

PINAR: Wenn wir uns das Wort »Bildungsaufstieg« ansehen: Sie haben einen Bildungsaufstieg gemacht, von der Hauptschule bis zur Universität. Muss es aber immer ein Studium sein, das am Ende steht?

ELKE BÜDENBENDER: Das muss es ganz und gar nicht. Dazu gehört natürlich, dass der Beruf einen auch ernährt. Aber vor allen Dingen sollte jeder junge Mensch die Chance haben, den Beruf zu ergreifen, den er oder sie möchte. Ich habe gerade neulich eine Frau kennengelernt, die Industriekauffrau gelernt hat und jetzt eine Ausbildung zur Tischlerin macht. Und sie profitiert von beiden Ausbildungen, wenn sie später den Meister als Tischlerin hat und sich selbstständig macht. Mein älterer Bruder beispielsweise ist Zimmerer und hat dann seinen Meister gemacht, heute organisiert und verantwortet er für eine Firma das entsprechende Gewerk auf großen Baustellen in Deutschland und Europa. Mein anderer Bruder ist technischer Zeichner geworden und hat dann die Fortbildung zum Techniker absolviert und arbeitet heute als Konstrukteur.

PINAR: Ich habe ja dann auch eine Ausbildung gemacht, ein Volontariat beim Radio. Und nicht studiert. Meine Tochter ist jetzt vier, aber ich würde schon wollen, dass sie studiert. Können Sie mir erklären, was in meinem Kopf schiefläuft?

ELKE BÜDENBENDER: Da läuft nichts schief. Ich kenne das, man möchte für das Kind nur das Beste, und man hat noch immer drin, dass ein Studium das Beste ist. Unsere Tochter hat ihr Abitur gemacht, und sie backt wahnsinnig gerne. Wenn sie sich für eine Konditorinnenausbildung entschieden hätte, hätte ich ihr nicht im Weg gestanden, das habe ich ihr immer gesagt. Davon hätte ich ja auch profitiert … (lacht)

PINAR: Jeden Tag eine Torte …

ELKE BÜDENBENDER: Ja! (lacht) Aber gut, ich wusste, es hätte Hand und Fuß gehabt. Auch wenn die Berufsschulen manchmal die Stiefkinder der Schulbildung sind, weiß ich eben, wie qualifizierend diese Ausbildungen sind. Aber ich fand es schon gut, dass sie das Abitur direkt gemacht hat, weil ich wusste, damit hat sie wirklich alle Chancen. Ich hätte an Ihrer Stelle keine Sorge, dass Ihre Tochter sich falsch entscheidet. So viele Wege führen nach Rom. Meine Neffen beispielsweise haben beide eine gewerbliche Ausbildung gemacht. Der eine dann noch das Abitur und jetzt ein Studium, der andere macht noch eine Technikerausbildung und Abitur. Und unter meinen Altersgenossen gibt es viele, die dann einen solchen Weg gegangen sind wie ich, also den Weg bis zum Studium, da bin ich überhaupt keine Ausnahme.

PINAR: Vermissen Sie Ihren Beruf manchmal?

ELKE BÜDENBENDER: Ja, ich bin einfach wahnsinnig gerne Richterin, das ist ein schöner Beruf, verantwortungsvoll. Mit meinem Werdegang habe ich mich am Gericht nie als Exotin gefühlt. Am Verwaltungsgericht in Berlin, dem größten Verwaltungsgericht Deutschlands, sind einige mit meiner Art von Biografie. Es gibt zwar viele mit Juristen in der Familie, aber eben auch viele wie mich. Und ich denke, dass mir durch meine Erfahrungen viele Sachverhalte und Lebensgeschichten auch einfach zugänglicher waren. Zum Beispiel wusste ich, wenn zwei Menschen zusammenleben, müssen sie keine Beziehung haben. Das kann auch einfach eine Wohngemeinschaft sein. Wir haben nämlich selber gerne lange in Wohngemeinschaften gewohnt.

PINAR: Wenn ich mir Ihren Weg anschaue, aus einem Arbeiterhaushalt, aus einem Dorf ins Schloss Bellevue. Laufen Sie manchmal durch die Gänge und denken: Wow!

ELKE BÜDENBENDER: Ja, das ist mir total oft so gegangen. Gerade bei Staatsempfängen, so wie bei der britischen Königin – das schien mir ganz ungeheuerlich. Oder die Audienz beim Papst. Da muss ich mich schon manchmal kneifen und denke dann: »Büdenbender, Wahnsinn!«

PINAR: Was heißt das für Sie, First Lady zu sein? Mögen Sie das Wort First Lady überhaupt?

ELKE BÜDENBENDER: Ich mag die Bezeichnung nicht so sehr, aber sie hat den Vorteil, dass jeder weiß, was gemeint ist.

PINAR: Hört sich aber so schön an …

ELKE BÜDENBENDER: Für mich war es die Chance, nach über 20 Jahren in meinem Beruf noch einmal etwas ganz anderes und vor allen Dingen etwas ganz Ungewöhnliches zu machen. Ich kann Themen, die mir besonders wichtig sind, Aufmerksamkeit verschaffen – das ist wohl das Beste an allem. Auf das Thema berufliche Aus- und Weiterbildung habe ich großes Augenmerk gelegt. Dann Bildungsgerechtigkeit, Kinder oder Frauen und Gleichstellung. Da bin ich auch ziemlich aktiv und nicht immer »Lady«-like, sondern kann auch sehr fordernd sein. Ich lege den Fokus auf Themen, die mir wichtig sind, arbeite mit anderen Personen und Institutionen aus diesem Bereich zusammen und kann so ein Thema nach vorne bringen. Das ist ein echt gutes Gefühl!

PINAR: Wie sehr verbindet es Sie mit Ihrem Mann, dass Sie aus ähnlichen sozialen und materiellen Verhältnissen kommen?

ELKE BÜDENBENDER: Ich glaube schon, dass uns auch das von Anfang an verbunden hat. Wir mochten unsere Familien gegenseitig sofort ziemlich gern. Wenn Sie so wollen: Es ist derselbe Stall. Und es ist auch einfach immer lustig zusammen. Man muss sich da auch nicht verstellen, obwohl, ich verstelle mich sowieso nicht. Aber es ist für mich einfach überhaupt nicht anstrengend, und das ist sehr angenehm.

PINAR: Sogar mit den Lippern? (lacht) Ich komme ja selber da »wech«.

ELKE: Und woher kommen Sie?

PINAR: Bösingfeld, Extertal.

ELKE: Da fahre ich immer durch, wenn ich von der Autobahn komme.

PINAR: Ja, ein Durchfahrtsort.

ELKE: Ja, nee, klar, wir sind beide Westfalen. Aber mein Mann würde sagen, dass die Ostwestfalen, die Lipper, natürlich ganz anders sind als die Südwestfalen. Na ja, da ist es auch sehr schön. Aber ich würde mal sagen, wir sprechen die gleiche Sprache, und das hilft. Also, im übertragenen Sinne natürlich. Wir haben eine ähnliche Sozialisation, das verbindet. Wir wissen beide sehr zu schätzen, was unsere Familien uns mitgegeben haben. Und ja, das macht es für uns vertraut. Ich glaube, wir sind uns von Anfang an sehr vertraut gewesen.

PINAR: Und Sie sind auch beide ehrgeizig in Ihrem Weg. Nach dem Motto: Man macht was draus.

ELKE BÜDENBENDER: Ja, das stimmt. Man macht was draus. Ergreife deine Chance!

PINAR: Sie werden im nächsten Januar 60 Jahre alt. Wir hoffen doch mal, dass die Pandemie dann vorbei ist. Wie würden Sie Ihren Geburtstag gerne feiern?

ELKE BÜDENBENDER: Meinen fünfzigsten Geburtstag habe ich mit meinem Mann und meiner Tochter in Paris gefeiert. Das hatte ich mir damals gewünscht. Ich wollte nichts geschenkt bekommen, ich wollte einfach mit den beiden nach Paris. Das war wunderschön. So etwas Ähnliches könnte ich mir auch wieder vorstellen ... und hoffe sehr, dass die Pandemie uns dann wieder die Welt entdecken lässt.

Mehr als eine Stunde saßen wir zusammen. Und wir merkten beide, dass auch wir »eine Sprache sprachen«. Immer mit der gebotenen Distanz, es saßen sich noch immer die First Lady und die Journalistin gegenüber, und doch merkte ich, dass wir uns gut in die damalige Lebenssituation der anderen hineinversetzen konnten. Für mich bleibt der Eindruck einer starken Frau, die mit viel Fleiß und Ehrgeiz, aber auch mit einer gewissen Leichtigkeit und Freude durchs Leben geht und sich bewusst ist, woher sie kommt. Die weiß, dass sie ein privilegiertes Leben führt und es selbstbewusst nutzt, um anderen zu helfen. Es darf nicht unerwähnt bleiben, welch schwere Zeiten Elke Büdenbender und ihr Mann 2010 gemeinsam durchlebt haben. Wegen einer schweren Nierenerkrankung brauchte Elke Büdenbender akut eine neue Niere. Und sie sollte sie bekommen, von ihrem Ehemann. An den Tag, als Frank-Walter Steinmeier, damals als SPD-Fraktionschef, vor die Presse trat und diesen Schritt öffentlich machte, erinnere ich mich gut. Es war alles andere als selbstverständlich, dass ein hochrangiger Politiker, eine öffentliche Person einen solchen Eingriff wagte, und es brachte ihm viel Respekt ein.

Büdenbender und Steinmeier sind ein besonderes Paar, auf das vor allem das Wort »bodenständig« passt. Ihre Herkunft haben sie nie verleugnet, ganz im Gegenteil. Ich finde, es zeigt sich gerade hier, wie wichtig es ist, dass Menschen mit Hintergründen wie denen von Steinmeier und Büdenbender in wichtigen Positionen sind. Denn sie setzen sich damit noch mehr für Menschen ein, die ähnliche Lebenswege haben. Sie wissen, was es heißt, sich vieles nicht leisten zu können, auf andere Menschen und glückliche Umstände angewiesen zu sein. Sie wissen, dass Menschen Chancen brauchen, und dass sie, haben sie sie erst bekommen, oft besonders fleißig und zuverlässig sind. Wer selbst erlebt hat, dass der vermeintlich vorgegebene Weg verlassen werden kann, kann Mut machen. Und den brauchen viele.

Besonders Familien aus finanziell schwachen Verhältnissen und mit niedrigem Bildungsstatus befinden sich oft in einem Hamsterrad, das ermüden und ermatten kann. Die Perspektiven, ihrer Lage zu entkommen, sind gering. Das kann ziemlich frustrierend sein, jeden Morgen aufzustehen mit der eher düsteren Aussicht, dass es jetzt noch jahrzehntelang so weitergeht, bis endlich das Rentenalter eintritt. Das wird auch anderen Arbeitnehmerinnen und Arbeitnehmern so gehen, ich will all dies nicht verallgemeinern. Doch für manche Menschen ist es einfach strukturell schwerer, sich aus einer solchen Situation selbst zu motivieren und sie zu verändern. Wenn dann auch noch Anreize wie soziale Anerkennung, Ermunterung oder die Option auf eine bessere finanzielle Situation fehlen, belässt man es lieber, wie es ist. Muss ja.

Jugendliche, die in Familien groß werden, in denen der Bildungsgrad niedrig und der finanzielle Rahmen stark eingeschränkt sind, werden selten mit der Gewissheit groß, dass sie einen anderen Weg einschlagen können und es schon werden wird mit ihren Zukunftsplänen. Ihre Wünsche wirken eher wie Luftschlösser. Wenn sie ihren arbeitslosen Eltern oder der Mutter ohne Schulabschluss erklären wollen, dass sie gerne Kunst oder Informatik studieren wollen, wird das in vielen Fällen sicher erfreut aufgenommen, doch als unwahrscheinlich eingeschätzt. Wie gesagt, es geht mir nicht darum, niedrigere Bildungsabschlüsse partout als negativ darzustellen. Im Gespräch mit Elke Büdenbender wurde auch das deutlich, es geht nicht immer darum, ein Studium in der Tasche zu haben. Die *Working Class* ist der Pfeiler dieser Gesellschaft, gerade in der Corona-Pandemie zeigt sich, wer systemrelevant ist und wer den Laden am Laufen hält. Es geht mir bei der Beschreibung und in der Analyse darum, dass jeder und jede gleichermaßen eine Chance bekommt, einen anderen Weg einzuschlagen. Wenn er oder sie es denn möchte.

Die Chance, ein Gymnasium zu besuchen, ohne dass Vorurteile oder mangelnde Förderung diesen Weg verbauen. Ein Studium zu absolvieren, unabhängig von den finanziellen Möglichkeiten der Eltern. Sie sollen die Chance dazu bekommen, sich weiterzuentwickeln. Frei wählen können, unabhängig von ihrem Elternhaus, dem Kontostand und der kulturellen Herkunft. Oft wird den Kindern schon im Grundschulalter vermittelt, dass sie weniger Aussichten haben, sie werden mit Vorurteilen konfrontiert. Evamarie König, die Sprecherin des Netzwerks »Arbeiterkind.de«, beschreibt es in einem Artikel in der *FAZ* vom 28.09.2020 so: »Ihre Begabung wird eher bei praktischen Tätigkeiten gesehen. Manche haben auch die Vorstellung, dass alle Arbeiterkinder arm und ungebildet seien«, dabei sei »die Wirklichkeit viel komplexer.« »Das Studium wird oft nicht als Möglichkeit in Betracht gezogen, da es keine Vorbilder in der eigenen Familie gibt, die Wege aufzeigen können und unterstützen können.« Und sie appelliert an die jungen Leute: »Fasst mehr Mut, den eigenen Bildungsweg zu gehen.«

Den Kindern fehlt oft die Perspektive, es anders machen und aufsteigen zu können. Sie werden mit dem Gefühl groß, ebenso auf Nummer sicher gehen zu müssen, mit einem handfesten Beruf, und lieber keine Luftschlösser zu bauen und ein Studium zu beginnen, das über Jahre nur Geld kostet und keines einbringt. Auf eigenen, wenn auch wackeligen Beinen zu stehen, das scheint sicherer. Sie können es sich meist nicht leisten, zu scheitern. Ihnen wird der Start ins Arbeitsleben »normaler« vorkommen als der akademische Weg, wird er doch von der Familie eher anerkannt und unterstützt und vor allem vorgelebt. Wenn sich bislang niemand in einem Studium mit komplexen Themenfeldern auseinandergesetzt hat, es keine lange Bücherwand mit Literatur zu dem Studienfach oder überhaupt ein Regal mit Büchern gibt. Keinen vollbepackten Arbeitstisch, der von der theoretischen Lehre zeugt. Keine ehemaligen Kommilitoninnen und Kommilitonen, die abends auf einen Wein zu Besuch kommen und von der Uni erzählen, von ihrem Weg in den Beruf und wie spannend diese Zeit war. Dann ist es schwieriger, sich das für sich selbst vorzustellen. Und wenn dann in der Schule auch die Eltern der Freundinnen und Freunde, wenn zu Hause die Nachbarinnen und Nachbarn ähnliche Lebens- und Berufswege haben wie die eigenen Eltern, wie schwer ist es dann, eine andere Option in Betracht zu ziehen? Ja, wie Evamarie König von »Arbeiterkind.de« es sagt, es braucht Mut, den eigenen Weg einzuschlagen.

Ich kenne dieses Gefühl, sich auf sich selbst verlassen zu müssen. Auch wenn ich nicht in ärmlichen Verhältnissen groß geworden bin und meine Eltern versucht haben, mir jeden Wunsch zu erfüllen. Dennoch gab es klare Grenzen, und der Fokus lag immer auf der Arbeit und der Motivation, Geld zu verdienen. Denn sie selbst lebten ohne Netz und doppelten Boden. Es gab keine gut situierte Familie im Rücken, die im Notfall einspringen kann. Mir ging es ähnlich, ich wusste, wenn es sehr eng wird, wird mir geholfen, aber die Mittel waren sehr eingeschränkt und so war es sicherer, mein Leben und die damit verbundene finanzielle Unabhängigkeit selbst in die Hand zu nehmen.

Ich bin mit diesem Wissen aufgewachsen, und das war sicher auch bei mir ein ausschlaggebender Punkt, mich gegen ein Studium zu entscheiden. Es brachte zu viel Unsicherheit mit sich. Ich wollte lieber mein eigenes Geld verdienen, und die Motivation, das Lipperland zu verlassen, sank. Vielleicht hätte ich mich anders entschieden, wären die Startmöglichkeiten andere gewesen. Um aber auf die Frage zurückzukommen, die mir immer wieder gestellt wird, ob ich es bereue, nicht studiert zu haben: Da bleibe ich beim Ja und beim Nein. Warum es hätte gut sein können, das habe ich versucht zu analysieren. Und gleichzeitig weiß ich, dass ein Studium kein Freifahrtschein ist. Dass Akademikerinnen und Akademiker nicht automatisch ein besseres Berufsleben haben werden, besser verdienen oder zufriedener sind, selten ist etwas im Leben ein Selbstläufer. Egal woher man kommt und wie weit man es gebracht hat, man muss immer etwas dafür tun, um es zu halten, um weiterzugehen. Und es liegt nicht immer in der eigenen Hand. Schicksalsschläge können das Leben verändern, und es gehört auch immer eine Portion Glück dazu. Fortuna war oft auf meiner Seite, ich war immer wieder zur richtigen Zeit am richtigen Ort, und ich habe viele Menschen um mich gehabt, die mich gefördert haben und es immer noch tun. Aber schwimmen muss man selbst.

Pragmatismus und Übermut

»Ich heiße Erwin und bin Rentner. Und in 66 Jahren fahre ich nach Island und da mache ich einen Gewinn von 500.000 Mark. Und im Herbst eröffnet dann der Papst mit meiner Tochter eine Herrenboutique in Wuppertal.«

Der Sketch »Der Lottogewinner« von Loriot. Ich liebe den Loriot-Humor, und ich kann nicht zählen, wie oft mir jemand diesen Spruch aufgesagt hat. Warum? Weil das Wort Boutique vorkommt. Für die meisten Menschen ist dieser Abschnitt meines Lebens der wohl ungewöhnlichste. Kaum ein Zeitungsartikel über mich, der ohne auskommt. Ich hatte mein Abitur damals mittlerweile in der Tasche, Abi '97. Dass ich nicht studieren würde, hatte ich auch entschieden. Und dann tat ich etwas, dass eben heute viele überrascht: Ich eröffnete eine Boutique.

Meine Mutter hatte bereits eine Schneiderei, in der sie zusätzlich Jacken, Hosen, Röcke und T-Shirts verkaufte. War also Schneiderin und Einzelhändlerin zugleich, und ich hatte ihr schon von Kindesbeinen an im Laden geholfen. Ob als Zwölfjährige, die Säume auftrennte und den Kunden ihre Kleidung aushändigte und kassierte. Oder als 16-Jährige, die beim Einkauf der neusten Kollektion half und im Laden stand, um die Kundinnen und Kunden zu beraten. Nach der Schule fand man mich also entweder im Pferdestall oder im Geschäft. Es machte mir Spaß, meiner Mutter zu helfen, in Bösingfeld war sie bekannt als gute Schneiderin, und so hatte sie immer alle Hände voll zu tun und war froh über die Unterstützung. Hinzu kam, dass es mir selbst nie an Kleidung fehlte, ich durfte mir immer etwas aussuchen und meine Mutter gab mir ein ordentliches Helferinnen-Taschengeld. Als ich also darüber nachdachte, wie es nach dem Abitur weitergehen sollte, kam uns die Idee, noch ein Geschäft zu eröffnen. Mit mir als Geschäftsführerin. Ich musste nicht lange überlegen. Das war der Weg aus der Misere. Ich könnte arbeiten und Geld verdienen. Ich könnte in Lippe bleiben, ich lebte zu der Zeit mit meinen Freundinnen in einer WG zusammen und fühlte mich wohl dort.

Mit der Unterstützung meiner Eltern müsste ich nicht in ein ungewisses Abenteuer starten, könnte aber trotzdem etwas Neues beginnen. Natürlich wusste ich zu dem Zeitpunkt noch nicht, wie viel Verantwortung am Ende tatsächlich auf meinen Schultern lasten würde. Ich sah erst einmal nur die Chance, etwas auf die Beine stellen zu können, um dann selbst auf eigenen Beinen zu stehen.

Nachdem die Entscheidung gefallen war, ging alles recht schnell. Wir fanden in der nächsten größeren Stadt, in Lemgo, meiner Geburtsstadt, ein kleines Geschäft, das wir anmieten konnten. Mit einer freundlichen Vermieterin, die uns über Jahre wohlgesonnen war. Mein Vater baute die Ladeneinrichtung kurzerhand selbst, Regale, Verkaufstresen, Schränke. Er verlegte den Teppich und brachte die Kleiderstangen an. Ich knüpfte derweil Kontakte zu verschiedenen Modemarken, die es in Lemgo nicht gab. Es gab ohnehin kaum hippe Kleidung für junge Leute, und

240

so fand ich quasi eine Marktlücke. Ich war aufgeregt, als ich auf einmal die Vertreter der Modemarken am Telefon hatte. Nun sollte ich ihnen also erklären, es waren immerhin große und bekannte Marken, dass ich mit meinen 19 Jahren einen Laden eröffnen würde, in einer kleinen Stadt, und dass ich ihre Ware verkaufen wollte. Sie waren es gewohnt, dass ihnen große Mengen abgenommen wurden, ich konnte gerade mal drei verschiedene Hosenmodelle in ein paar verschiedenen Größen bestellen, für mehr reichte das Startkapital nicht. Und so viel Kundschaft würde es auch nicht geben. Ich weiß noch, wie jedes Mal mein Herz raste, bei jedem Telefonat. Die meisten waren überrascht, sagten gleich ab. Sie dachten sicher, das wird ohnehin nichts, da kann ich mir die Mühe sparen, mit meiner Kollektion nach Lemgo zu fahren. Doch einige fanden gerade das spannend, eine junge Frau in einer kleinen Stadt, die einen Laden aufziehen will, sie sagten zu. Nach und nach nahm das Geschäft Gestalt an.

Nun musste ich noch lernen, wie das Kassensystem funktionieren sollte, Steuern, Finanzamt. Aber auch das schaffte ich mir rauf, und so stand ich auf einmal in einem nagelneuen Laden, als Geschäftsführerin. Ich musste alles selber machen, meine Eltern hatten beim Start geholfen und waren Eigentümer der Boutique. Aber eigentlich gehörte der Laden mir. Einkauf, Verkauf, sauber machen, zusammenlegen, Buchhaltung, Messebesuche in fremden Städten, ganz allein. Alles, was zu einem Geschäft nun mal so dazugehört, lag in meinen Händen.

Ich stand jeden Morgen früh auf, um mit dem Bus ins Geschäft zu fahren, und kam spät abends wieder zurück. Sechs Tage die Woche. Wie sagt man so schön: Selbstständig, selbst und ständig. Nun kann man sich denken, dass das für eine 19-Jährige eine nicht ganz einfache Sache war. Wie gesagt, meine Freundinnen und Freunde studierten meist oder hatten Jobs, die zumindest ein freies Wochenende vorsahen. Ich musste sechs Tage die Woche arbeiten und nebenbei noch die Buchhaltung machen. Da blieb nicht viel Raum für Freizeit oder Urlaub. Ich will mich nicht über die Arbeit beschweren, was sollen erst die sagen, die in Schichtdiensten arbeiten, in der Pflege, an der Supermarktkasse? Immerhin hatte ich mein kuscheliges Geschäft und war meine eigene Chefin. Und doch war es eine große Herausforderung, immer freundlich sein, krank werden kann man sich nicht erlauben. Die Sorge, wenn es mal nicht so gut läuft und man zu wenig verkauft, wenn man die falsche Ware bestellt hat und sie zum Ladenhüter wird. Diese Sorgen waren mein ständiger Begleiter, und doch machte es mir Spaß. Der Kontakt zu den unterschiedlichen Menschen – auch wenn es nervige Kundschaft gab, die meisten waren nett. Und sie fanden es oft angenehm, dass da eine Verkäuferin in ihrem Alter war und sie verstand.

Und so stand ich Tag für Tag im Laden. Konnte ich doch einmal nicht, sprang meine Mutter ein oder unsere Aushilfe, die im Notfall übernahm. Ich fuhr regelmäßig zu Bekleidungsmessen in Köln oder zu einem der Vertreter nach Hannover, kaufte im Großhandel Shirts, Kleider und Jacken bei gerissenen Verkäufern in Düsseldorf ein. Meist allein. Es war ein Fulltime-Job, von null auf hundert nach dem Abitur. Wenn heutzutage manch einer belächelt, dass ich mal eine Boutique hatte, weil es so völlig anders ist als das, was ich heute mache, dann habe ich wenig Verständnis. Vielleicht denkt der ein oder andere: »Ach, Mensch, im Laden rumstehen und ein paar Sachen verkaufen, da muss man nicht viel für können.« Doch Einzelhändlerin zu sein ist ein knallharter Job, viel Risiko, viel Verantwortung, egal was man verkauft. Es hat mich Disziplin und Verantwortungsbewusstsein gelehrt und mich in einer bestimmten Art der Kommunikation trainiert. Mit Menschen, mit denen ich sonst vielleicht eher weniger in Kontakt gekommen wäre. Ich musste früh professionell sein, zu viel stand auf dem Spiel. Unfreundlichkeit, Unpünktlichkeit oder Laisser-faire konnte ich mir nicht erlauben, und das hat mich geprägt. Es ist gut, diese Erfahrung gemacht zu haben, eigenständig zu sein und ins kalte Wasser geworfen zu werden.

Aber ich merkte schon nach einem Jahr, dass es nicht meine Erfüllung sein würde, ich war noch zu jung, um nicht noch etwas anderes zu probieren. Eine Idee hatte mich nicht losgelassen, sie geisterte durch meinen Kopf und ich blieb immer wieder daran hängen: Das Erste, was ich tat, wenn ich morgens in den Laden kam, war das Radio einzuschalten. 1Live, was sonst? Das war DER Sender für die Jugend in Nordrhein-Westfalen, ich höre ihn heute noch, wenn ich in die alte Heimat fahre. 1Live macht hörig, der Jingle klingelt noch in meinen Ohren. Wenn sich an verregneten Tagen kaum eine Kundin in meinen Laden verirrte und ich einsam und allein im Geschäft saß, dann hörte ich einfach zu. Und je länger ich da so saß, desto mehr wuchs der Wunsch, selbst einmal aus diesem kleinen Kasten sprechen zu dürfen. Ich stellte mir vor, wie es wohl sein würde, in einem Studio zu sitzen, vor dem hell erleuchteten Moderationspult mit seinen Reglern und Knöpfen, vor einem schaumstoffbezogenen Mikrofon.

Vor allem die Nachrichtensprecherinnen und -sprecher bewunderte ich, wie sie meist ohne Verhaspler die wichtigsten News des Tages so präsentierten, dass ich als junge

Frau bestens informiert war. Moderatorinnen und Moderatoren wie Thomas Bug und Miriam Pielhau, oder später Sabine Heinrich und Thorsten Schorn weckten die Lust in mir, diesen wunderbaren Beruf selbst auszuüben. Es war die Mischung aus Journalismus und Unterhaltung, die mich reizte, und nicht zu verhehlen die Musik – ich kann noch immer die Charts der 90er im Schlaf runtersingen.

So saß ich da also Tag für Tag, und der vage Gedanke, den Laden Laden sein zu lassen und etwas anderes zu machen, wurde zur Gewissheit. Meine Eltern waren alles andere als begeistert, als ich ihnen eröffnete, dass ich nun statt im Laden am Mikrofon stehen wollte. Es hatte sich gerade alles zurechtgerüttelt, es war seit der Eröffnung kein ganzes Jahr vergangen, und nun wollte ich weiterziehen? Anfangs glaubten sie vermutlich nicht daran, dass ich es tatsächlich schaffen würde, einen Fuß in einen Radiosender oder eine Zeitungsredaktion zu setzen. Zu abwegig der Gedanke. Vor allem in Lippe, so viel gab es da nicht. Und es kam wieder die Frage der Finanzierung auf. Ich schlug ihnen vor, dass ich mich auf ein Praktikum bewerben könnte. Beim Lokalradio und bei der Lokalzeitung, und wir uns die Arbeit im Laden teilen könnten.

Ich hatte ein schlechtes Gewissen, schließlich hätte ich den Laden alleine nicht geschafft. Ohne die Hilfe meiner Eltern wäre es sicher schwieriger gewesen, ihn aus dem Boden zu stampfen. Ich hätte einen Kredit aufnehmen müssen, um starten zu können. Und nun wollte ich etwas anderes. Aber der Wunsch war so groß, dass ich es versuchen wollte, und so schrieb ich genau zwei Bewerbungen. Eine schickte ich an Radio Lippe. Eine an die lippische Landeszeitung. Beide antworteten. Die Zeitung nahm keine redaktionellen PraktikantInnen an. Das Radio schon.

Als ich damals beim Radio begann, war ich also gerade mal 19 Jahre alt. Nach meinem Ausflug in den Einzelhandel sammelte ich ein paar Habseligkeiten zusammen, um in die nächste größere Stadt zu ziehen. Detmold. Lippisches Upgrade. Immerhin Residenzstadt, größte Stadt im Kreis Lippe, insgesamt etwa 66.000 Einwohner mehr, als mein bisheriger Wohnsitz hatte, und vor allem ausgestattet mit einem Radiosender. Radio Lippe. Was sonst? Ich wurde freundlich aufgenommen, und ich war voller Wissbegierde. Alles war neu, statt alleine im Geschäft zu stehen, würde ich nun von ganz vorne anfangen und in einem Team arbeiten. Mit jüngeren und älteren Kolleginnen und Kollegen, mit Chef und anderen Praktikantinnen und Praktikanten.

Der Tag begann mit einer Redaktionskonferenz. Da saßen sie also alle zusammen, die, die am Mikrofon später die Sendung präsentieren sollten, Nachrichtenleute, Planerinnen und Planer, Sekretärin, Chef. Und ich. Anfangs war ich mehr Beobachterin, als dass ich mich in die Diskussionen einmischte, es ging um so viele Themen, mit denen ich mich noch nicht auseinandergesetzt hatte. Es eröffnete sich eine neue Welt. Auch merkte ich, dass ich als Erstes mal eine lippische Landkarte brauchte, denn der Kreis war doch verhältnismäßig groß, und mit seinen vielen, kleinen Dörfern bis an die niedersächsische Grenze ran konnte ich kaum etwas anfangen. Ich sollte das Lipperland aber noch bis in seine letzte Ecke kennenlernen, noch heute kenne ich hilfreiche Schleichwege und weiß, zu welcher Uhrzeit man welchen Weg besser nicht nutzen sollte.

Gut, dass ich mit meinen 19 Jahren noch meinen jugendlichen Leichtsinn hatte, denn ich wurde ins kalte Wasser geworfen, und wie. Eigentlich hatte ich gedacht, ich würde erst einmal zusehen, wie die anderen arbeiten. Begleiten, beobachten, lernen. Doch ein Lokalsender kann sich das nicht erlauben, jede helfende Hand ist willkommen, und zwar nicht zum Kaffeekochen. Es ging sofort um ernste Politik. Schon an einem meiner ersten Tage in der Redaktion sagte eine der sehr netten Kolleginnen zu mir: »Du wirkst ganz plietsch, schnapp dir mal das Aufnahmegerät (damals noch ein größerer Kassettenrekorder mit unzähligen Batterien, die gerne mal nicht aufgeladen waren) und fahr nach Blomberg zum Finanzausschuss, um ein paar O-Töne für die Nachrichtensendung einzuholen.« Aufnahmegerät: Wie geht das? Blomberg: Wie komme ich da denn hin? Finanzausschuss: Wie bitte? O-Töne: O-was? Wie kleine Blitze flogen diese Fragen durch meinen Kopf, ich fühlte mich wie auf einem anderen Planeten und gleichzeitig wie Superwoman, die den ultimativen Auftrag erhalten hatte.

Die Kollegin war unglaublich hilfsbereit, noch heute bin ich dankbar, dass sie mir nicht das Gefühl gegeben hat, dass ich überfordert bin. Sie hat mir alles erklärt, ist die Themen und Fragen mit mir durchgegangen und sagte »Zur Not rufst du mich an«. Das stärkte mich, und so bereitete ich mich völlig aufgeregt ob dieser für mich wichtigen und ungewohnten Aufgabe auf den Ausschuss vor. Der Weg nach Blomberg fühlte sich an, als würde er nie enden. Mit einem Dienstwagen war ich auch noch nie gefahren, aber ich kam zum Glück pünktlich an, wohl zu pünktlich. Es war kaum jemand da. Ich betrat das Gebäude und fragte mich durch zu dem Raum, in dem der Ausschuss tagen sollte. Dort blickte ich mich um und wusste nicht, wohin mit mir und meinem riesen Kassettenrekorder alias Aufnahmegerät. So setzte ich mich einfach an den großen Tisch, der mitten im Raum stand, und wartete. Peinlicherweise war das der Tisch für die Ausschussmitglieder. Wie immer ich auf die Idee gekommen war, dass dieser große, schwere Tisch für etwas anderes gedacht sein könnte als für sie. Den Katzentisch für die Presse hatte ich gar nicht wahrgenommen, er stand in der Ecke, noch unbesetzt. »Ähm, junge Dame, ihr Platz ist wohl da«, wies mich einer zu Recht, und so setzte ich mich mit hochrotem Kopf an meinen Presse-Platz. Das erste Mal Ausschuss und gleich ein unglaublich peinlicher Fauxpas. Aber gut, Fehler wie dieser lehrten mich, noch aufmerksamer zu sein und keine Angst vor dem zu haben, was da noch kommt. Ja, es war peinlich, aber hey, ich war Praktikantin, hatte noch nie einen Ausschuss erlebt, geschweige denn mich detailliert mit Finanzpolitik auseinandergesetzt. Gespannt verfolgte ich die Tagesordnungspunkte, versuchte den Diskussionen zu folgen und mir ein Bild zu machen.

Ich hatte im Vorfeld mit der Redakteurin besprochen, wo die Knackpunkte liegen würden, worauf ich achten müsste, welche Fragen ich stellen könnte. Ich hatte so viel in den Zeitungsarchiven nachgelesen, wie es in der kurzen Zeit möglich war, um zu verstehen, was denn nun relevant sein würde, und was nicht. Es war ungewohnt für mich, erwachsene Männer, ja, es waren fast nur Männer, Rede und Antwort stehen zu lassen. Und sicher dachte sich der ein oder andere: Wer hat denn das junge »Fräulein« hier hingeschickt? Ich war sicher auch kaum in der Lage, ein ernsthaft kontroverses Gespräch mit dem Ausschuss-Vorsitzenden zu führen. Aber ich schaffte es, die bestellten O(riginal)-Töne einzufangen und pünktlich zurück im Sender zu sein. Sie wurden dann auch gesendet, und ich war unglaublich stolz, keine groben Fehler gemacht zu haben (gut, das Tisch-Gate musste ja nicht jeder erfahren).

Dieser Tag führte dazu, dass ich nun noch ausführlicher die Lokalzeitungen las, jeden und jede, die Zeit für mich hatte, ausfragte, mir alle Nachrichten, die gesendet wurden, zweimal anhörte. Ich wollte verstehen, lernen, selbst Nachrichten machen. Nun fragt sich, ob wirklich Praktikantinnen und Praktikanten, also ungeschultes Personal, so wichtige Aufgaben erfüllen sollten. Aber wie gesagt, in einem eher kleinen Radiosender mit einem verhältnismäßig großen Sendegebiet wird jeder und jede benötigt. Es war schwierig und anstrengend für mich. Oft wurde ich von einem der dienstältesten und erfahrensten Nachrichtenmoderatoren zurechtgewiesen, wenn ich etwas nicht richtig formulierte, den Kern der Nachricht nicht erkannte oder einfach am Thema vorbei fragte. Ich war manches Mal ärgerlich und überfordert, und doch bin ich gerade diesem strengen Nachrichtenkollegen, der immer in cooler schwarz-grauer Kluft und Haarband im grauen Haar zur Schicht kam, dankbar, denn ihm war nicht egal, was ich tat. Er wollte, dass ich lerne, dass keine Fehler passieren, dass die Hörerinnen und Hörer zu ihrem Recht kommen, nämlich vernünftig, umfassend und richtig informiert zu werden. Und so nahm er sich die Zeit, meine O-Töne und Texte doppelt und dreifach durchzugehen und mir zu erklären, was ich falsch und was ich richtig machte. Learning by doing.

Bald wurde ich zur Nachrichtenassistentin, die zulieferte und recherchierte. Unvergessen sind die müden Morgende an kalten Wintertagen, wenn wir zum Wachwerden einfach mal die Musik aufdrehten »I am the passenger and I ride and I ride … la la la la la la la la …« Iggy Pop im lippischen Detmold um 5 Uhr morgens, ein bisschen Rock'n'Roll war also auch. Überhaupt war es ein gutes und freundschaftliches Arbeiten bei Radio Lippe. Klar, es gab Aufs und Abs, aber insgesamt blicke ich gerne zurück. Die andere Volontärin, die zeitgleich mit mir da war, wurde eine meiner besten Freudinnen, und auch zu den anderen Kolleginnen und Kollegen, die teils noch immer dort arbeiten, habe ich heute noch Kontakt. Nach dem Motto: *Lippe rules.*

Aber gut, zurück in die 90er. Ich arbeitete also für die Nachrichtenredaktion und zusätzlich weiterhin als Reporterin. Es machte unfassbar viel Spaß, und jeden Tag lernte ich etwas dazu, über Politik, Geschichte, Wissenschaft, Kultur, oder erlebte einfach nur Unterhaltendes, wie ein Kindersommerfest der Stadt oder den Bauernhof-Mitmach-Tag. Wir sendeten auch live aus einem Tierpark oder aus einem Tattoo-Studio – letzterer Reportereinsatz hinterließ übrigens bleibende Spuren, denn ich ließ mich live im Hörfunk tätowieren. Es war, wie man so schön sagt, ein bunter Strauß an Themen. Für mich ein Erfahrungsschatz, der mir auf meinem späteren Berufsweg helfen sollte, denn ich war immer nah an den Menschen dran, ich war unterwegs und im Studio. Ich führte viele Gespräche, mit Gott und der Welt. Das hat meine Sicht auf bestimmte Dinge geschärft, hat mich noch neugieriger werden lassen und vor allem sicherer. Je mehr ich wusste und verstand, desto besser konnte ich die Geschehnisse um mich herum einordnen. So schwer es war, in so jungen Jahren mit dem Journalismus zu starten, so viel einfacher war es später. Denn ich hatte Berufserfahrung, als Reporterin, als Nachrichtenmoderatorin, später als Chefin vom Dienst, als Redakteurin und als Moderatorin langer Sendungen.

Wenn ich zurückdenke an meine erste Zeit beim Lokalfunk, fällt mir immer ein Termin ein, der doch außergewöhnlich für mich war: Der Kanzler war zu Besuch. Gerhard

Schröder. Er war fast acht Jahre lang Ministerpräsident in Niedersachsen gewesen, doch eigentlich kam er doch »aus Lippe wech«, wie man im Lipperland zu sagen pflegt. Im Oktober 1998 wurde er zum Bundeskanzler gewählt, und damit hieß es für viele im Kreis Lippe: »Wir sind Kanzler.« Je nach politischer Couleur wurde das mal mehr, mal weniger gern gesehen. Aber das war schon was, dass jemand aus dieser nicht vielen bekannten Region es zum Kanzler schaffte. Und so war es etwas Besonderes, wenn der Regierungschef »nach Hause« kam.

Gerhard Schröder reiste im Februar 2000, ich war damals gerade mitten in meinem Volontariat bei Radio Lippe, ins Schloss Brake nach Lemgo. Gemeinsam mit seiner damaligen Frau Doris Schröder-Köpf. Ich wurde mit der hehren Aufgabe dorthin geschickt, einen Beitrag über den Besuch zu machen und O-Töne für die Morgensendung einzusammeln. Mittlerweile war ich bereits erfahrener mit Aufgaben wie diesen, aber doch alles andere als ein alter Hase. Und das größte Problem war: Ich war nicht angemeldet.

Wer ein Interview mit dem Kanzler oder der Kanzlerin haben will, das ist auch heute noch so, muss sich bekanntlich akkreditieren. Also anmelden, mit Namen, mit bestimmten Angaben zur Person, denn es herrschen hohe Sicherheitsstandards. Ich dagegen fuhr einfach mal los und wollte mein Glück versuchen. Ich kann mich nicht erinnern, warum mich niemand angemeldet hatte, aber ich war guter Dinge, dass ich mich in der Menge der Bürgerinnen und Bürger, die ihn vor dem Schloss empfangen durften, schon irgendwie bemerkbar machen würde. Ich drängte mich also durch die Menschenmassen und sah Gerhard Schröder draußen stehen, umringt, aber gut abgeschirmt. Hinter ihm das schöne Schloss Brake mit dem Weserrenaissance-

Museum, ein geschichtsträchtiges Gebäude – dieser Termin sollte es für Lippe ebenso sein. Die Besucherinnen und Besucher drängten sich im Vorgarten, um einen Blick auf den Kanzler zu erhaschen oder ihm Nettigkeiten zuzurufen. Mittendrin mein Mikro und ich. Um den Kanzler herum: mehrere Bodyguards, mehr schlecht gelaunt als wohlwollend. Doch ich schob mich zu ihnen und Schröder durch: »Der Kanzler ist doch aus Lippe und ich bin von Radio Lippe. Da muss man doch ein, zwei Fragen stellen dürfen.« Dieses doch eher forsche Auftreten schien zu funktionieren. Die Bodyguards waren überrascht, der Kanzler hörte mich und ich durfte ihn etwas fragen. Leider weiß ich nicht mehr was, und auch nicht mehr, was er geantwortet hat. Aber ich hatte mein Ziel erreicht. Stolz fuhr ich in den Sender zurück, mit Schröder auf dem Tape.

Für den Altkanzler war der Weg übrigens auch nicht vorgezeichnet. Er ist ungewöhnlich, Schröder ein Aufsteiger. Ebenfalls auf einem lippischen Bauernhof geboren, genau wie Bundespräsident Steinmeier. Aufgewachsen in Bexten, in bitterer Armut. Schröder selbst beschrieb seine Familie, die damals von der Fürsorge, also der heutigen Sozialhilfe, lebte, so: »Wir waren die Asozialen.« Doch dieser »Asoziale«, welch herablassende Beschreibung, kämpfte sich hoch. Volkshochschule, Einzelhandelskaufmann, Abendschule, Abitur, Studium, Zweites Staatsexamen, Ministerpräsident in Niedersachsen und dann: Bundeskanzler, von 1998 bis 2005. Schröder ist der einzige noch lebende Altkanzler Deutschlands, wenn dieses Buch erscheint, wird Angela Merkel sich zu ihm gesellen. Schröder ist einer, der nicht stillhalten kann, was ihm immer wieder viel Kritik einbringt. Aber von nichts kommt nichts, das sieht man wohl auch hier bestätigt.

Die Zeit im Lokalfunk prägte mich. Ich war rasende Reporterin, Nachrichtenassistentin, dann selbst Nachrichtenmoderatorin, und später präsentierte ich ganze Sendungen – jahrelang in der »Primetime«, was hieß: Aufstehen um 3.30 Uhr. Und ich hatte Glück, obwohl ich nicht studiert hatte und eben noch so grün hinter den Ohren war, bekam ich bei Radio Lippe auch einen begehrten Volontärsplatz. Diese für mich wichtige journalistische Ausbildung legte den Grundstein für mein späteres Berufsleben. Und dann reihte sich ein Job an den nächsten. Nach meinem Volontariat empfahl mich ein Moderations-Coach einem anderen Lokalsender. Dazu aber bald mehr.

Dass es später für mich zur Routine werden würde, hochrangige Politiker zu interviewen, daran konnte ich mit meinen 21 Jahren noch nicht denken. Oft werde ich heute gefragt, ob es anstrengend ist, live auf dem Bildschirm zur besten Sendezeit hochrangige Politiker zu interviewen. Ob ich aufgeregt sei, manchmal vielleicht sogar eingeschüchtert? Dieses Gefühl hatte ich nie, zumindest war es nie so stark, dass ich mich daran erinnern könnte.

Ich habe offensichtlich gelernt, mich auf mich selbst zu verlassen, das journalistische Handwerk lehrte mich, mit besonderen Situationen umzugehen, und mit den Jahren konnte ich mich ausprobieren und die Skills stärken. Auch ist mir immer bewusst, dass mir meist ein gut gecoachter, erfahrener Interviewpartner oder eine Interviewpartnerin gegenüber ist, die auch voller Selbstbewusstsein in ein solches Gespräch geht. Ich bin da auf Augenhöhe und sehe mich als Anwältin der Zuschauer und Zuschauerinnen. Ich weiß nicht, ob es eine Gabe ist oder ob man es auch einfach lernen kann, cool zu bleiben. Wahrscheinlich ist es die Mischung. Auch ich bin vor jedem Interview im positiven Sinne angespannt, dass sollte ich auch sein. Nur so bin ich aufmerksam genug und in der Lage, die richtigen Fragen zu stellen. Aber ich bin in dem Sinne nicht aufgeregt. Ich versuche, ganz pragmatisch ranzugehen. Ich will etwas erfahren von meiner Gesprächspartnerin oder meinem Gesprächspartner. Ich will etwas herausfinden, was die Gegenseite möglicherweise nicht preisgeben will. Ich möchte den Zuschauerinnen und Zuschauern beim Einordnen von komplexen Themen helfen.

Wie gesagt, ich war immer eher pragmatisch, und die mehr als 20 Jahre Berufserfahrung helfen. In der Phoenix Runde konnte ich diese Erfahrung und den Spaß am Gespräch besonders ausleben. 45 Minuten politische Talkshow, drei Tage am Stück, alle zwei Wochen, also rund sechs Sendungen im Monat – das prägt. Wir waren immer aktuell, teils wurde die Sendung wenige Stunden vor Beginn umgeschmissen, weil etwas passierte, das wir dann diskutieren wollten. In den Runden hatte ich viele sitzen, die politische Verantwortung hatten, aber auch viele Fachleute sowie Journalistinnen und Journalisten. Das erforderte umfassende Informiertheit meinerseits, außerdem höchste Aufmerksamkeit beim Moderieren. Gleichzeitig waren die Diskussionen anregend und inspirierend, die 45 Minuten unglaublich intensiv. Diese Sendetage aus dem Hauptstadtstudio der ARD, ganz unten aus dem Keller, ich vermisse sie manches Mal. Denn die Möglichkeit zu haben, Themen 45 Minuten lang vertiefend zu diskutieren, das ist ein Privileg.

Es ist zur Normalität geworden und gehört mit zu den wichtigsten Seiten meines Jobs als Moderatorin: Das Handeln der Politikerinnen und Politiker in Interviews zu hinterfragen, stellvertretend für die Zuschauerinnen und Zuschauer. Besonders im Jahr 2021, dem Superwahljahr mitten in der Pandemie, sind die Interviews wichtig und aufschlussreich. Ein gefragter Mann in diesen Zeiten: Armin Laschet. Der CDU-Vorsitzende und Ministerpräsident von Nordrhein-Westfalen stand teils nonstop vor den Kameras der Republik, auch bei den tagesthemen. Um Stellung zu nehmen zur Pandemiebekämpfung, zu seinem Verhältnis zu Angela Merkel, zur möglichen Kanzlerkandidatur. Jetzt gerade, als ich diese Zeilen tippe, ist Ostermontag, und es ist noch offen, wer für die Union ins Rennen gehen wird.

Ich kenne Armin Laschet bereits seit vielen Jahren; als damaligen Integrationsminister von Nordrhein-Westfalen traf ich ihn immer wieder auf verschiedenen Veranstaltungen, die ich moderiert habe. Mir ist immer aufgefallen, dass er neben seiner unkomplizierten rheinländischen Art auch etwas sehr Bodenständiges hat. Armin Laschet, 1961 in Aachen geboren, kommt aus der Mittelschicht. Man könnte ihn auch dem Arbeitermilieu zurechnen, da sein Vater bekanntermaßen im Bergbau arbeitete, dazu gleich mehr. Laschet hat drei jüngere Brüder, sein Schulweg, der des Ältesten, war nicht geradlinig. Armin Laschet blieb in der Schule sitzen, und auch das Studium war nicht selbstverständlich. Mir war es wichtig, mit ihm für mein Buch zu sprechen, denn auch er ist Aufsteiger. Der Sohn eines Bergmanns möglicherweise Kanzler?

Armin Laschet hat als erster Integrationsminister überhaupt – damals war Nordrhein-Westfalen das erste Bundesland, dass dieses Amt einführte – die Problematik angefasst, die die Lage bildungsferner Kinder betrifft, deren Eltern nicht in Deutschland geboren wurden. Eines seiner zentralen Themen ist die Bildungsgerechtigkeit, und dazu gehört auch das Thema Integration. Beschäftigungsfelder, die nicht so recht zur CDU passen wollen, da fällt einem schneller die SPD ein. Doch Laschet begleiten diese Fragestellungen seit Jahren. Teils aus seiner persönlichen Lebenserfahrung heraus, teils aus der Erkenntnis, dass das Thema Zukunftschancen von Kindern eines der wichtigsten der kommenden Jahre werden wird.

Ich traf Armin Laschet in der nordrhein-westfälischen Staatskanzlei in Düsseldorf. Im sogenannten Landeshaus direkt am Rheinufer, ein geschichtsträchtiges Gebäude, das von 1961 bis 1999 schon Sitz des Ministerpräsidenten war und seit 2017 wieder als Staatskanzlei dient. Es sind bewegte Zeiten, als wir uns an einem Montagnachmittag in seinem Büro treffen. Am Wochenende zuvor war bekannt geworden, dass sich CDU-Bundestagsabgeordnete an Masken-Verkäufen während der Corona-Pandemie bereichert hatten. Der CDU-Vorsitzende stand unter Druck und verurteilte das Verhalten. Ich hatte fast mit einer Absage unseres Interviewtermins gerechnet, aber Armin Laschet nahm sich mehr als eine Stunde Zeit für unser Gespräch. Ein Gespräch über Scheitern und Erfolge, über politische Verantwortung und persönliche Ziele.

PINAR: Herr Laschet, Sie kommen aus einer Familie, in der unter Tage malocht wurde. Ihr Vater war Steiger, im Bergbau in Aachen. Wie hat der Beruf Ihres Vaters Sie geprägt?

ARMIN LASCHET: Mein Vater hat als junger Mann im Bergbau angefangen, das war zu der Zeit ein gut bezahlter Beruf. Aber es war auch sehr, sehr harte Arbeit und er hat dann später, als ich etwa sieben, acht Jahre alt war, umgesattelt und auf Lehramt studiert, in einem verkürzten Studium. Das war damals möglich. Die Menschen, die diesen Weg eingeschlagen haben, wurden »Mikätzchen« genannt, nach dem nordrhein-westfälischen Kultusminister Paul Mikat. Er hat damals die Idee entwickelt, berufserfahrenen Menschen den Sprung in den Lehrerberuf zu ermöglichen, weil es zu der Zeit Lehrermangel gab. Dann ist mein Vater also nachts ins Bergwerk gefahren und hat tagsüber studiert. Ich habe ihn später doch eher als Lehrer wahrgenommen, dennoch hat ihn die Zeit als Bergmann sehr geprägt. Er hat sehr oft davon erzählt und gerade der Bergbau war ja etwas, wo die Religion, die Kultur, die Herkunft keine Rolle spielten. Die Verlässlichkeit auf den anderen war das Wichtigste. Die Integrationsdebatten, die wir zu anderen Zeiten geführt haben und auch heute führen, waren zu der Zeit nicht notwendig, auch nicht wichtig. Es hat mich geprägt, dass man durch Anstrengung, durch Bildung den Aufstieg schaffen kann.

PINAR: Hatten Sie denn das Gefühl, einem Arbeitermilieu anzugehören, oder war das dadurch, dass der Vater Lehrer war und auf ein Studium Wert gelegt wurde, anders?

ARMIN LASCHET: Ich habe es nicht wirklich als Arbeitermilieu wahrgenommen. Als mein Vater noch unter Tage gearbeitet hat, war ich noch zu klein. Wir wohnten in einem bürgerlichen Viertel. Gespürt habe ich aber den Zusammenhalt der Arbeiter der damaligen Zeit. Das ist im Aachener Raum anders als im Ruhrgebiet, wo quasi die gesamte Region durch Stahl, durch Bergbau, durch Institutionen geprägt war. So stark war das bei uns nicht.

Aber es gab diesen besonderen Zusammenhalt auch bei uns.

PINAR: Und es war ihm offensichtlich wichtig, dass seine Kinder studieren. Sie und ihre Brüder haben alle studiert.

ARMIN LASCHET: Auf das reine Studium kam es ihm dabei nicht an. Bildung war ihm immer wichtig und er hat mich früh gefördert. Und diese Vorstellung, dass es den Kindern einmal besser gehen soll, hat meine Eltern sehr geprägt.

PINAR: Sie sind in der 10. Klasse in der Schule sitzen geblieben, wie kam das denn?

ARMIN LASCHET: Ja, das passiert schon mal, wenn man in diesem Alter tausend andere Dinge im Kopf hat. Fußball, Freunde und was dann sonst im Leben passiert.

PINAR: Was war dann zu Hause los?

ARMIN LASCHET: Meine Eltern haben uns so erzogen, dass wir selbstständig aufwuchsen und uns nach Möglichkeit selbst um unsere Belange kümmerten. Als es dann aber um meine Versetzung ging, haben sie mir natürlich geholfen und mich unterstützt, damit es in der Schule weiterging. Leider musste ich nicht nur die Klasse wiederholen, sondern damals auch die Schule wechseln. In der Klassenstufe unter mir, in die ich hätte wechseln sollen, gab es nur einen Zweig mit bilingualem Französischunterricht. Das passte nicht zu meiner Sprachenreihenfolge Latein, Englisch und Französisch als Drittsprache. Deshalb musste ich mit dem Wiederholen der Klasse auch die Schule wechseln.

PINAR: Auch das noch.

ARMIN LASCHET: Ich bin dann vom Rhein-Maas Gymnasium in Aachen auf das Pius-Gymnasium gekommen, das eher das Image hatte, strenger zu sein. Dort lief es dann aber besser mit den Noten.

PINAR: Das hat Ihnen gutgetan, die Strenge?

ARMIN LASCHET: Ja, das hat mir als Jugendlicher gutgetan, es war eine Art Warnschuss für mich. Die Lehre muss sein, streng dich an, dann geht es. Und am Ende habe ich dann das Abitur am Pius-Gymnasium gemacht.

PINAR: Was hat das dennoch mit Ihnen gemacht, sie waren ja jung, haben Sie das gut weggesteckt oder hatten Sie da auch einen Knacks von weg?

ARMIN LASCHET: Nein, keinen Knacks, weil ich wusste, dass es gerecht und richtig war. (lacht) Es ist ein Ansporn gewesen. Ich kann mir aber vorstellen, dass das Sitzenbleiben bei anderen Kindern auch etwas ausmachen kann.

PINAR: Waren Sie denn danach als Schüler besonders fleißig? Die Autorin Deniz Ohde, mit der ich ja auch in meinem Buch spreche, erzählt, dass Sie dann besonders gut sein wollte.

ARMIN LASCHET: Ja, bei mir war das auch so, ich habe mich danach mehr angestrengt. Auf dem neuen Gymnasium hatten meine Klassenkameraden schon viel früher mit dem Englischunterricht begonnen und waren mir ein paar Jahre voraus. Da musste ich aufholen und war dann ungefähr auf dem gleichen Niveau in der 10. Klasse, nachher habe ich sogar in Englisch als Leistungskurs mein Abitur abgelegt. An der Stelle muss ich aber betonen, dass es auch Lehrer gab, die diesen Weg sehr unterstützend begleitet haben. Sie haben gewusst, Sitzenbleiben durfte mir kein zweites Mal passieren, sonst hätte ich die Schule wieder verlassen müssen. Meine Eigenanstrengung, meine Eltern, die mitgewirkt haben, und die Lehrer, die sehr geholfen haben, das Zusammenspiel aller hat mir am Ende den Weg ermöglicht.

PINAR: Sie haben Ihr Studium durch ein Stipendium der CDU-nahen Konrad-Adenauer-Stiftung machen können. Wäre das anders nicht möglich gewesen, ohne diese finanzielle Unterstützung?

ARMIN LASCHET: Meine Eltern hatten nur ein Einkommen, meine Mutter war als Hausfrau und Mutter zu Hause und hat uns Kinder erzogen, vier Söhne. Später haben meine Eltern ein Haus gebaut, in das Bauvorhaben ist dann das Geld geflossen, das zu dem Zeitpunkt dafür möglich war. Damit waren die übrigen Mittel eher knapp. Ich habe in München studiert, nicht die günstigste deutsche Stadt, um dort zu wohnen und zu leben. Aber ich hatte die Möglichkeit, preiswert in einem Studentenwohnheim eines Klosters zu wohnen. Und ich erinnere mich bis heute, dass ich 150 Mark im Monat zur Verfügung hatte.

Das war auch für damalige Verhältnisse relativ wenig. Mir hat das Stipendium schon sehr geholfen, studieren zu können. Parallel habe ich mir aber auch mit Nebenjobs noch etwas dazuverdient.

PINAR: Dann mussten Sie schon auch was dafür tun, studieren zu können. Sie sagten, Ihr Vater verdiente eigentlich ganz gut, Sie hatten ein Haus, aber es brauchte noch mehr.

ARMIN LASCHET: Es war auch nicht so einfach, das Stipendium zu bekommen. Zum einen musste man gesellschaftspolitisches Engagement vorweisen. Bei mir war es die kirchliche Jugendarbeit. Aber es brauchte auch Zeugnisse und Referenzen von Professoren, die Leistungen und Anstrengungen, die man im Studium aufbrachte, attestierten.

PINAR: Sie wurden unter dem damaligen Ministerpräsidenten von Nordrhein-Westfalen, Jürgen Rüttgers, zum ersten Integrationsminister, dem ersten in Deutschland überhaupt. Das war im Juni 2005. Warum hat es so lange gedauert, Sinn und auch Notwendigkeit eines solchen Ministeriums zu erkennen?

ARMIN LASCHET: Das ist eine gute Frage. Integration in Deutschland hat ja in unterschiedlichen Ausprägungen stattgefunden. In der Zeit, in der mein Vater im Bergbau tätig war, kamen die ersten sogenannten Gastarbeiter nach Deutschland. Ein typisch deutsches Wort übrigens, kein Land der Erde würde Gäste arbeiten lassen. Aber das Wort Gastarbeiter sollte ausstrahlen, dass es sich um einen vorübergehenden Zustand handelt. Die Politik rechnete damit, die Menschen würden irgendwann wieder in ihre Heimat zurückkehren. Diejenigen, die zu uns nach Deutschland kamen, waren auf dem Arbeitsmarkt perfekt integriert. Jeder, der kam, fand einen Job. Als die Weltwirtschaftskrise 1973 begann, gab es den Anwerbestopp in der Regierung Willy Brandt. Man hat immer gedacht, dass die, die zunächst kamen und in Deutschland Arbeit gefunden hatten, irgendwann zurückkehren würden. Deshalb gab es türkischen Unterricht für die Kinder in deutschen Schulen von türkischen Lehrern, weil sie ja gut Türkisch lesen und schreiben können sollten, wenn sie wieder zurückgingen. In dem Sinne sah man zu diesem Zeitpunkt noch keine Notwendigkeit für eine langfristige Integration. Und der Erste, der das gebrochen hat, war 1979 Heinz Kühn.

PINAR: Ehemaliger SPD-Politiker und ebenso Ministerpräsident von Nordrhein-Westfalen –

ARMIN LASCHET: Er war der erste Ausländerbeauftragte. Das Amt wurde 1978 eingerichtet und Heinz Kühn hat dann das sogenannte Kühn-Memorandum ins Leben gerufen. Dabei ging es ihm wesentlich um vier Aspekte, die damals wie heute ihre Gültigkeit haben: die Anerkennung einer politischen Verantwortung des Aufnahmelandes, die Forderung einer über Arbeitsmarktfragen hinausgehenden Integrationspolitik und ein Optionsrecht bei der Frage der Staatsbürgerschaft. Und mit diesem Memorandum wurde Deutschland zum ersten Mal faktisch als Einwanderungsland betrachtet. Trotz dieser wichtigen Grundlage hat sich bis in die 80er-Jahre nicht viel verändert. Die CDU hat immer wieder gesagt, Deutschland sei kein Einwanderungsland. Auch Helmut Schmidt hat das so gesehen. Ab den 1990ern wurde vor allem über Asylbewerber gesprochen, aber wieder nicht über die Menschen, die schon länger da waren, hier ihr Geld verdienten und auch Steuern zahlten. Die ganze Asyldebatte der 1990er war so geprägt, und erst 2005 war die Zeit reif für einen Umschwung. Der damalige Ministerpräsident Jürgen Rüttgers hat ein Integrationsministerium ins Leben gerufen. Dass ausgerechnet die CDU dann das erste Integrationsministerium schaffte, war innovativ. Cem Özdemir vertraute mir später an, dass sich die Grünen über dieses Versäumnis geärgert hätten. Auf diese Idee hätten wir auch kommen können, bedauerte er.

PINAR: Ja, es fiel auf, ein Christdemokrat als erster Integrationsminister. Denn die CDU trägt ja auch durchaus ein schweres Erbe, wenn es um Integration geht. Helmut Kohl wollte ja eigentlich am liebsten die Türken wieder loswerden.

ARMIN LASCHET: Ganz so nicht, aber viele gingen davon aus, dass auch die türkischen Gastarbeiter in ihre Heimat zurückkehren. Und in der Regierung Kohl wurde, ganz zu Anfang, eine sogenannte Rückkehrprämie eingeführt. Viele Türkeistämmige haben das aber so verstanden, dass Deutschland sie loswerden wolle, frei nach dem Motto: Wir geben euch Geld, geht, aber bitte bald. Ein Jahr später wurde dieses Vorhaben aus gutem Grund wieder eingestellt. Später konnte man beobachten, dass viele gut qualifizierte Türkeistämmige zurückgingen in die Türkei. Da hätten wir fast eine Hierbleibprämie gebraucht. Also das glatte Gegenteil, um zu signalisieren: Wir brauchen euch hier in Deutschland. An diesem Punkt sind wir aber heute angekommen, das stellt niemand mehr infrage.

PINAR: Sind wir wirklich an diesem Punkt angelangt, dass sich diese Frage nicht mehr stellt? Denn es steht doch nicht unbedingt auf der christdemokratischen Agenda, dass man ein Einwanderungsland sein will, oder?

ARMIN LASCHET: Doch. Auf meiner Agenda stand das immer. 2005 hat das Umdenken in Nordrhein-Westfalen durch die Errichtung des Integrationsministeriums begonnen. Dann hat im Herbst 2005 Angela Merkel, als sie Bundeskanzlerin wurde, das Amt der Ausländerbeauftragten zu einer Staatsministerin im Kanzleramt aufgewertet. 2006 hat Wolfgang Schäuble, also wieder ein Christdemokrat, die Deutsche Islamkonferenz begründet. Er war übrigens derjenige, der die Aussage geprägt hat, der Islam ist Teil der deutschen Gesellschaft. Das war gar nicht der ehemalige Bundespräsident Christian Wulff, er hat den Satz vier Jahre später wiederholt. Ihn hat man dann zu Unrecht kritisiert. Diese Jahre von 2005 bis 2010 waren eine Zeit, die sehr stark vom Gemeinschaftsgefühl geprägt war. In diese Jahre fällt auch die Fußballweltmeisterschaft, das Sommermärchen 2006, bei dem alle zusammen gefeiert haben. 2010 kam es dann zu einem Bruch durch einen Sozialdemokraten, Thilo Sarrazin. Er forderte wieder, Menschen nach Religion und Kulturen zu beurteilen. Ich würde heute sagen, dass die CDU sich auch nach der Flüchtlingskrise 2015 klar dazu bekennt, dass wir ein Einwanderungsland sind. Dass unsere Gesellschaft multikulturell ist. Das ist einfach ein Fakt. Und wir wollen Aufstieg, unabhängig von der eigenen oder der Herkunft der Eltern, für alle ermöglichen.

PINAR: Warum ist es dann noch so schwer? Sie führen jetzt die CDU, warum ist es auch politisch offensichtlich so schwer, ordentliche Bildung unabhängig vom Elternhaus zu ermöglichen?

ARMIN LASCHET: Genau daran arbeiten wir. Der Ansatz fängt bereits bei den Kindern unter drei Jahren an. Es war jahrelang verpönt, die Kinder so früh betreuen zu lassen. Kinder würden am besten zu Hause, noch besser von der eigenen Mutter, betreut und erzogen. Das hat Ursula von der Leyen als damalige Familienministerin aufgebrochen mit dem Rechtsanspruch auf einen Krippenplatz. Heute besuchen 95 Prozent der Kinder vor ihrem Schuleintritt die Kita. Das ist der beste Ort für die soziale Entwicklung eines Kindes und auch, um die deutsche Sprache zu lernen. Das ist gerade für die Kinder aus Familien, deren Eltern vielleicht nicht helfen können, wichtig. Das haben wir in Nordrhein-Westfalen erkannt und investieren seit 2017 fast 30 Prozent mehr für eine qualitative Erweiterung unserer Angebote in der Kindertagesbetreuung. Diese Notwendigkeit zeigt sich jetzt in der Pandemie wieder besonders spürbar. Weil Schule und Kinderbetreuung nicht in vollem Umfang in Präsenz stattfinden, lässt man die Familien mit diesen Aufgaben wieder mehr allein. Eine Zwei- oder Dreizimmerwohnung mit mehreren Kindern ist nicht der bessere Lernort als die Schule, wo man auch soziale Beziehungen hat. Wenn Kinder nicht mehr voneinander lernen und miteinander spielen dürfen und die Muttersprache im Elternhaus eine andere ist, verlernen die Kinder auch die Sprache. Natürlich sollte die Muttersprache auch gepflegt werden, aber wenn der Austausch in der Schule gar nicht stattfindet, entstehen schnell große Bildungslücken. Und das heißt auch, dass das Deutsch vieler Kinder leidet. Mir ist dabei immer wichtig zu sagen, Spracherziehung ist keine ethnische Frage, das ist eine soziale Frage. Es gibt auch deutsche Kinder, die nicht gut Deutsch sprechen.

PINAR: Und da ist ja die Frage, was können Sie und ihre Partei tun gegen diese soziale Ungerechtigkeit? Denn es geht nicht darum, welche Wurzeln ich habe, es ist der sozio-ökonomische Hintergrund, der eine Rolle spielt.

ARMIN LASCHET: Integration ist natürlich kein Selbstläufer, da muss der Staat unterstützen und ein Gegengewicht für mehr Chancengleichheit schaffen. Ganztagsschulen sind die eine Antwort, individuelle Förderung die andere. Es gibt immer wieder große Talente unter den Schülerinnen und Schülern, bei denen die Förderung durch die Schule ausbleibt, auch weil man ihnen als Zuwandererkind ohne Unterstützung der Eltern nur die Mittelschule zutraut. Aber viele schaffen dann doch nach ein, zwei Mittelschuljahren am Ende den Sprung und sind teilweise exzellente Wissenschaftler geworden. Uğur Şahin war das erste Gastarbeiterkind auf seinem Gymnasium. Es war ein Zusammentreffen glücklicher Umstände und sicherlich sein Können im frühen Lebensalter, dass er es auf das Gymnasium geschafft hat. Und jetzt erfindet er gemeinsam mit seiner Frau den Corona-Impfstoff für die ganze Welt.

PINAR: Und das empfinden viele als ungerecht. Warum muss man mehr leisten, warum funktioniert das System nicht anders, besser?

ARMIN LASCHET: Das System müsste so sein, dass die Lehrer individuelle Talente noch besser erkennen und sie fördern. Die Situation ist heute besser als noch vor 20 Jahren. Mit mehr Zeit und individueller Betreuung wäre sicherlich noch mehr möglich. Ich erzähle diese Geschichte von Uğur Şahin, weil sie zeigt, dass man es schaffen kann. Es gibt immer, immer mehr, die genau das schaffen. Aber zuerst brauchen diese jungen Menschen Vorbilder in der Gesellschaft. Deshalb sollten wir in Parlamenten, im Öffentlichen Dienst und in der Politik sowie in der Wirtschaft diese Beispiele schaffen, an denen sich junge Menschen orientieren können, um dann für sich zu sagen, da will ich auch hin.

PINAR: Wenn man sich den Bundestag anguckt, da kann man die Abgeordneten mit Migrationsgeschichte schnell zusammenzählen.

ARMIN LASCHET: Der Bundestag setzt sich aus den aufgestellten Kandidatinnen und Kandidaten in den Wahlkreisen und auf den Landeslisten der Parteien zusammen. Die meisten Parteien haben zu wenig Menschen mit Zuwanderungsgeschichte als Mitglieder. Deshalb muss das von oben anders gesteuert werden. Wir müssen als Volkspartei die Gesellschaft abbilden. 25 Prozent der Menschen in Deutschland haben eine Migrationsgeschichte. Deshalb ist es unsere Pflicht, auch hier mehr Menschen mit Migrationsgeschichte für die politische

Arbeit zu motivieren und sie auch für die Wahlkreise auf-
zustellen.

PINAR: Oben, das sind jetzt Sie. Werden Sie steuern?

ARMIN LASCHET: Ja, ich habe es ja auch schon gemacht.
Wir haben in Nordrhein-Westfalen mit Serap Güler die
erste türkeistämmige Abgeordnete in den Landtag und
in die Landesregierung gebracht. Das Gleiche haben wir
in der Bundestagsfraktion mit Cemile Giousouf gemacht.
Von diesen Beispielen brauchen wir viel, viel mehr.

PINAR: Werden Sie das denn auch für Ostdeutsche tun?

ARMIN LASCHET: Das kann man nicht vergleichen. Die
ostdeutschen Bürgerinnen und Bürger sind ja vertreten
durch die Aufstellung in ihrem Wahlkreis und entsprechend ihrem Bevölkerungsanteil wie Rheinländer oder
Württemberger.

PINAR: Sie sind aber selten in prominenten Entscheider-
Positionen.

ARMIN LASCHET: Sie haben jetzt aktuell mal 16 Jahre die
Bundeskanzlerin gestellt.

PINAR: Aber das ist ja bald Geschichte.

ARMIN LASCHET: Und gleichzeitig noch eine ganze Zeit
unseren Bundespräsidenten. Und das auch noch aus
einem einzigen Bundesland, aus Mecklenburg-Vorpommern. Jetzt sind zufällig viele Kandidaten aus Nordrhein-

Westfalen. Aber die Beispiele Angela Merkel oder Joachim Gauck zeigen ja, dass und wie es geht.

PINAR: Aber jetzt wird es weniger divers.

ARMIN LASCHET: Ostdeutsche allein stehen auch nicht für Diversität. Diversität sind Männer, Frauen, Zuwanderer, unterschiedliche Lebensmodelle. Das muss sich in einer repräsentativen Demokratie alles widerspiegeln. Und natürlich werden wir nach dem Ende der Amtszeit von Angela Merkel auch sehen müssen, wo wir an wichtigen Stellen ostdeutsche Kolleginnen und Kollegen haben. Wir haben aktuell zwei Kollegen im Präsidium. Und auch in der nächsten Bundesregierung muss sich das widerspiegeln.

PINAR: Der Regisseur Andreas Dresen, mit dem ich ja hier im Buch auch spreche, sagt, in wichtigen, sichtbaren Positionen sind kaum Ostdeutsche. Und ihm fehlt das.

ARMIN LASCHET: Es gibt viele Vorbilder, unter Schauspielern, im Kulturbereich, da weiß man am Ende gar nicht mehr, wer aus dem Osten und wer aus dem Westen in seiner Lebensgeschichte kam. Das ist bei Migranten noch mal anders. Weil man meint, es teilweise am Namen oder an anderen Merkmalen erkennen zu können. Aber die Gesellschaft muss divers sein, deswegen gefällt mir, was US-Präsident Joe Biden in den USA macht: Von oberster Stelle in seine ganze Administration hinauszustrahlen, dass die Diversität der USA sich auch in Washington widerspiegelt. Diesen Geist brauchen wir auch in Deutschland. Grundsätzlich gefällt mir diese Aufteilung und Kategorisierung zwischen Ost- und Westdeutschen nicht. Wir sind jetzt im 32. Jahr der Wiedervereinigung. Da würde ich mir wünschen, dass wir diese Kategorien so langsam ablegen.

PINAR: Würden Sie, sollten sie Bundeskanzler werden, das so machen wie Joe Biden?

ARMIN LASCHET: Das ist jedenfalls ein gutes Ziel für jeden Regierungschef. Man muss bei der Regierungsbildung auf vieles Rücksicht nehmen, etwa den Koalitionspartner. Aber die nächste Bundesregierung muss einen größeren Schritt in Richtung eines vielfältigen Deutschlands machen. Es muss sich auch in einer Bundesregierung widerspiegeln, und das wäre mein Ziel.

PINAR: Die Grünen, ein möglicher Koalitionspartner für Sie, hat im Vorstand derzeit sehr ähnliche, wenig diverse Biografien.

ARMIN LASCHET: Ich habe auch nicht den Eindruck, dass sie beispielsweise Cem Özdemir fördern. Der wäre ein exzellenter Kandidat in vielen Ministerpositionen. Aber auch da gelten interne Machtstrukturen, die am Ende die hochgehaltene Diversität in der Praxis schwierig machen können. Trotzdem muss man sich aktiv dafür einsetzen und die Ambition haben.

PINAR: Wenn dieses Buch erscheint, könnten Sie bereits die Möglichkeit haben, sich aktiv zu beteiligen. Sie könnten Kanzler sein, das wäre mal ein Aufstieg, oder?

ARMIN LASCHET: Es ist sicherlich eines der begehrtesten und bedeutendsten politischen Ämter in Deutschland und in ganz Europa.

PINAR: Und wäre es auch ein persönlicher Aufstieg?

ARMIN LASCHET: Wenn der Sohn eines Bergmanns Kanzler würde, wäre das natürlich ein Aufstieg. Mein Vater würde es auch mit Freude begleiten, vermute ich mal. Aber es ist auch ein Aufstieg, wenn der Sohn des Bergmanns Ministerpräsident ist.

Sie alle werden sich gut erinnern, es glich einem Krimi, die Entscheidung, ob Armin Laschet oder Markus Söder Kanzlerkandidat der Union werden würde. Oder in Teilen eher einem Drama, das sich über eine gefühlte Ewigkeit, am Ende bis tief in die Nacht zog. Vom 19. April auf den 20. April 2021, es war längst nach 1 Uhr, blickte ich noch auf mein Telefon und verfolgte in einem Nachrichtenticker und über Kolleginnen und Kollegen auf Twitter die Sitzung des CDU-Vorstands. Wie viele würden für Laschet stimmen, wie viele für Söder? Bis zu diesem Zeitpunkt hatte es bereits einen harten Kampf zwischen den Kontrahenten gegeben, der mit der Entscheidung des CDU-Vorstands in dieser Nacht nicht enden sollte. Am nächsten Tag war zwar klar, dass Laschet CDU-Kanzlerkandidat werden sollte. Doch der Union steckte dieser gesamte Prozess noch tief in den Knochen, und er sollte auch immer wieder Schmerzen bereiten. Aber gut, am Ende zählte das Ergebnis. Die klare Mehrheit der CDU hatte sich hinter ihren Parteivorsitzenden gestellt, Armin Laschet wurde Kanzlerkandidat.

Er hatte nicht lockergelassen, vehement seine Truppen zusammengehalten und Nerven bewiesen. Auch wenn es ihn derer sicher einige gekostet hat. Aber wie sagte er mir selbst in unserem Gespräch: Es geht immerhin um eines der begehrtesten politischen Ämter Deutschlands und ganz Europas. Wenn Sie dieses Buch in den Händen halten, wissen Sie, ob er es geschafft hat, dieses Amt das Seine nennen zu können. Der Bergmannssohn ein Kanzler? Das wäre ein Aufstieg.

Hören und Sehen

Ich hatte mittlerweile das Volontariat in der Tasche, das war schon etwas, in meinem jungen Alter, ohne Studium. Doch es sollte weitergehen. Wieder ein Upgrade, diesmal raus aus Lippe und rein ins Münsterland. Antenne Münster, in einer Stadt mit immerhin viermal so vielen Einwohnern wie Detmold. Großstadt-Feeling.

In den Lokalsendern spielte meine Herkunft, also die Tochter türkischer Eltern zu sein und aus einer Arbeiterfamilie zu kommen, kaum eine Rolle. In den relativ kleinen Teams kümmerte sich jeder und jede um alles, und ich kam schnell im Team an, moderierte die Frühsendung »Hallo wach« im wöchentlichen Wechsel mit einem Kollegen und arbeitete in den anderen Wochen als Chefin vom Dienst und plante die Sendungen. Ich hatte auch hier wieder das Glück, mit Uwe Haring einen guten und aufmerksamen Chef zu haben, der mich förderte und für den meine Herkunft oder mein soziales Umfeld als Kind keine Rolle spielten.

Und doch fiel mir auch hier auf, dass es außer mir und einer weiteren Kollegin, die meine gute Freundin werden sollte, niemanden mit Migrationsgeschichte im Sender gab. Matthias, Stefan, Martina, Robin, Jonas, Henrik, Felix, Daniela, lauter geschätzte Kolleginnen und Kollegen, sie waren es, die auf dem Sender hauptsächlich zu hören waren. Pinar und Ekin waren die Ausnahmen. Und ich war die Einzige, die nicht studiert hatte. Die meisten hatten Studium und Volontariat lange hinter sich und arbeiteten seit Jahren als Festangestellte in der Redaktion. Andere studierten parallel, übrigens auch meine liebe tagesschau-Kollegin Judith Rakers. Wir haben uns allerdings im Sender nie gesehen, als ich kam, war sie schon weitergezogen.

Es spiegelte sich also auch hier die Gesellschaft nicht recht wider, was man dem Sender nicht zum Vorwurf machen kann. Offensichtlich bewarben sich kaum junge Leute mit anderen Lebensgeschichten als denen der vermeintlichen Mehrheitsgesellschaft. Und so kommt erneut die Frage auf: Was ist es, das Menschen einen anderen Weg einschlagen lässt? Was braucht es, damit sie die Möglichkeit bekommen und sich vor allem selbst trauen? Oft sind es wohl Zufälle, glückliche Begebenheiten, die eine Tür öffnen, durch die man dann aber auch durchgehen muss. Ist es, wie im Fall Gerhard Schröders, um noch mal auf ihn zurückzukommen, vielleicht auch das Motto: Alles oder nichts? Das Wissen, dass es kaum gelingen kann, etwas anderes aus seinem Leben zu machen, wenn man sich nicht anstrengt, und zwar doppelt und dreifach? Für mich war immer klar: Wer nicht wagt, der nicht gewinnt. Ich wusste, wie wichtig Menschen sind, die einen fördern und an einen glauben. Allerdings ist es nicht immer leicht, sie zu finden. Netzwerke können helfen, aber die muss man sich auch erst einmal aufbauen, das war nie so meins. Es waren eher glückliche Zufälle, die meinen Berufsweg bestimmten. Ich wusste aber auch, dass ich mich nicht darauf verlassen kann, dass schon jemand da sein wird, der mir Chancen gibt und mich fördert. Mir war mindestens so wichtig, nicht stehen zu bleiben und sich auf dem Erreichten auszuruhen. Ich wollte immer noch einen Schritt weitergehen, man mag das Ehrgeiz nennen, es war aber immer auch entstanden aus einem Sicherheitsbedürfnis heraus. Je weiter ich es bringen würde, je erfahrener und breiter aufgestellt ich war, desto sicherer fühlte ich mich. Desto weniger konnten mich Niederlagen treffen, denn ich hatte schon einiges in der Hand, das konnte mir keiner nehmen und ich war selbst in der Lage, es noch weiter auszubauen.

Und so wagte ich nach wenigen Jahren einen Schritt, den viele mutig fanden, lag doch die Aussicht auf Erfolg bei fifty-fifty. Ich verabschiedete mich vom privaten Lokalfunk, nach fast acht Jahren. Raus aus meiner Komfortzone mit unbefristetem Vertrag bei Antenne Münster und rein in das nächste berufliche Abenteuer, das einer Freiberuflerin. Bei meiner Kündigung in Münster sagte einer meiner Kollegen zu mir: »Vielleicht kommst du ja wieder zurück, so ganz ohne Studium und als Lokalfunk-Moderatorin hat man es nicht leicht beim öffentlich-rechtlichen Rundfunk. Mal sehen, wann wir uns wiedersehen.«

Es war nett gemeint, und es brachte mich durchaus zum Nachdenken: War ich zu blauäugig? Aber wie gesagt, wer nicht wagt, der nicht gewinnt, und so begann ich als freie Hörfunkmoderatorin und Reporterin im NDR-Studio Osnabrück. Gerade mal 60 Kilometer weit entfernt von meiner bisherigen Arbeitsstätte und doch ein meilenweiter Unterschied, wie sich herausstellen sollte. Auf den ersten Blick schienen sich die Sender zu ähneln: Ein kleines Regionalstudio, nett gelegen am Osnabrücker Marktplatz. Altbau, zwei Stockwerke, ein altbewährtes, eingespieltes Team, das nicht unbedingt in regelmäßigen Abständen

Zuwachs bekam. Das Studio Osnabrück, weit weg vom NDR-Landesfunkhaus in Hannover und erst recht von der NDR-Zentrale in Hamburg. Gelegentlich kamen Volontärinnen und Volontäre für einige Wochen zu uns, waren aber womöglich froh, auch wieder gehen zu können. Denn die große Bühne erwartete einen nicht unbedingt.

Das Studio war klein, was aber nicht hieß, dass klein gedacht wurde. Es war voller Ideen, und das gefiel mir. In der morgendlichen Konferenz diskutierten wir fleißig, welche Themen wir angehen könnten. Osnabrück mag mit seinen rund 165.000 Einwohnern nicht der Nabel der Welt sein. Aber die Stadt des Westfälischen Friedens, wo sich übrigens der Kreis zu Münster wieder schließt, hatte dennoch viel zu bieten, auch das Umland, das ebenso zum Sendegebiet gehörte. Und so wurde mir schnell klar, dass meine Kündigung vielleicht die beste Entscheidung gewesen war, die ich zu dem Zeitpunkt hätte treffen können. Denn mit ihr kamen die großen Veränderungen.

Zu meiner Freude meinte Fortuna es ein weiteres Mal gut mit mir. Die NDR-Studioleiterin in Osnabrück, zu der ich immer noch Kontakt habe und der ich in Dankbarkeit verbunden bin, war streng, aber fair. Sie forderte und förderte mich, sie war es, die mich zum Fernsehen brachte: »Sie sind wie gemacht fürs Fernsehen«, sagte Waltraud Luschny eines Tages zu mir, »ich würde Sie gerne zu einem Seminar schicken, bei dem Sie lernen, Fernsehbeiträge und Reportagen zu machen.« Ich sagte natürlich nicht nein. Wie plane und bereite ich einen Fernsehbeitrag vor, wie muss er aufgebaut sein? Wie läuft ein Dreh ab, was muss ich koordinieren und bedenken? Eine neue Welt prasselte auf mich ein, übrigens auch auf einen, der damals noch genauso grün hinter den Ohren war wie ich: Steffen Leifert, der später bekannter und ausgezeichneter Korrespondent im Brüsseler ZDF-Studio werden sollte. Immer wenn ich ihn auf dem Schirm sehe, muss ich an unsere gemeinsamen Tage im Hannoveraner Seminarraum denken, lang her, aber irgendwie immer noch präsent.

Ich lernte schnell und viel und konnte, kaum zurück im Studio, sofort anfangen, Filme und Reportagen zu produzieren. Für Nachrichtensendungen, aber auch leichtere Kost für ein Reise- und Erlebnisformat im NDR. Kurze Zeit später kam der zweite Schritt. Wieder saß ich in Waltraud Luschnys Büro: »So, Frau Atalay, das klappt doch schon mal ganz gut. Jetzt geht es vor die Kamera, das können Sie auch.« Und so saß ich wenige Wochen später im nächsten Seminar, »Live-Reportagen im TV«. Wieder Hannover, wieder lauter junge, wissensdurstige Reporterinnen und Reporter. Unser Seminarleiter war wieder ein Glücksfall, denn er wusste wirklich, wovon er sprach, und bereitete uns auf die verschiedensten Situationen vor. Rainer Tauber ließ mich einminütige »Aufsager« vor der Kamera studieren, und wehe ich guckte zu oft auf die Kamera oder sagte zu oft »ähhmm«. Er ließ mich im Zoo durch die künstliche Eislandschaft tapsen und über Tiere und ihre Besonderheiten reportieren. Und er übte vor allem sogenannte Schaltgespräche mit mir ein, jene, die Zuschauerinnen und Zuschauer immer wieder in den tagesthemen oder anderen Sendungen zu sehen bekommen: Eine Korrespondentin, die beschreibt, was gerade vor Ort passiert. Sieht manchmal leicht aus, ist es aber nicht, alles muss schnell selbst recherchiert werden, es muss präzise und kurz sein, dazu gut strukturiert und auf den Punkt, und das Ganze in 1:30. Auch hier lernte ich viel und schnell und merkte, dass mir die Arbeit vor der Kamera Spaß machte. Ich fand die Kamera nicht bedrohlich, dieses riesige schwarze Ding, in das man guckte. Mir gefiel es eher, im Gegensatz zum Hörfunk irgendwo hingucken zu können, mit »jemandem« sprechen zu können, auch wenn es ein Kameraobjektiv war. Ich stellte mir einen Menschen, einen interessierten Zuschauer vor, der da hinter der Linse saß und mir zuhörte.

Nach den paar Tagen in Hannover fühlte ich mich gewappnet für alles, was mich im TV als Reporterin erwarten würde. Beflügelt, wie es so ist nach einem guten Seminar, kehrte ich aus der Landeshauptstadt zurück an meinen beschaulichen Arbeitsplatz im Regionalstudio, um auf den Moment zu warten, in dem ich »in echt« vor der Kamera stehen würde. Der kam dann allerdings schneller als erhofft. Schon am nächsten Tag stand ich in einer Osnabrücker Siedlung, ein Mikro in der Hand, hinter mir ein runtergekommenes Haus, in dem ein mutmaßlicher Terrorist leben sollte. Die Polizei hatte ihn festgenommen, und ich sollte für das Regionalprogramm des NDR um 19.30 Uhr berichten, was es mit dem Fall auf sich hatte. Ich hatte keine zwei Stunden, um zu recherchieren, mich einigermaßen kameratauglich herzurichten, dorthin zu fahren, aufzubauen und so weiter. Das nennt man wohl Feuertaufe. Und es ging ganz gut. Na ja, wer weiß, was ich denken würde, könnte ich mir diese »Schalte« heute, fast 15 Jahre später, noch einmal ansehen. Aber zumindest nicht zu viele »äääämms«, alles korrekt recherchiert und ohne Aussetzer wiedergegeben und Lob am nächsten Tag aus Hannover. Das motivierte mich, und so hieß es weiterhin: learning by doing. Je häufiger ich vor der Kamera stand, desto mehr Spaß machte es mir und desto lockerer wurde ich.

Die Arbeit für das Fernsehen war durchaus anders als für den Hörfunk: Man musste in Bildsprache denken; auch der Aufwand, mit Drehteam unterwegs zu sein, den Film später mit einem Cutter zu schneiden und für die Sendung vorzubereiten, war größer. Alleine vor einer Kamera zu stehen und von unzähligen Menschen beobachtet zu werden, das war ungewohnt. Im Radio war ich mehr die All-in-one-Pinar, auf mich gestellt, mit Inhalt und Technik allein im sogenannten Selbstfahrerstudio, also ohne technischen Support, dazu sah mich keiner, damals gab es noch keine Webcams in den Studios. Für das TV musste ich mehr Schritte durchdenken und planen und war auf die Kollegen der Technik angewiesen. Zugute kam mir einmal mehr, dass ich trotz meines jungen Alters, ich war Mitte zwanzig, schon viel Erfahrung als Journalistin hatte und mir damit die inhaltliche Arbeit nicht schwerfiel. Es ging also alles sehr schnell, ich produzierte Fernsehbeiträge für das NDR-Regionalprogramm und bald sogar für das Erste. Für die tagesschau, das Nachtmagazin und die tagesthemen. Über den Orkan Kyrill, der damals über Deutschland fegte und rund um Osnabrück so heftig wütete, dass ich im Dauereinsatz mitten im Sturm drehte und die tagesschau in Hamburg belieferte. Oder über den Deutschen Katholikentag, der 2008 in Osnabrück stattfand, mit Interviews mit Ben Becker und Berichten über Bundeskanzlerin Merkel, die zu Gast war.

Ich hätte mir übrigens zu dem Zeitpunkt nicht erträumen lassen, dass ich es sechs Jahre später selbst sein würde, die als tagesthemen-Moderatorin die Beiträge im Studio anmoderiert. Für mich war es schon besonders genug, als Reporterin für diese wichtigen Sendungen zu arbeiten und Teil der bundesweiten Berichterstattung zu sein. Ich war rund um die Uhr im Einsatz, für verschiedene Sendungen im Dritten und Ersten Programm, und ich konnte meine Live-

Fähigkeiten bei allen möglichen Einsätzen vor der Kamera ausprobieren und stärken. Ich arbeitete aber auch weiterhin für den Hörfunk, weil es mir Spaß machte und wohl auch wieder aus einem Sicherheitsgefühl heraus, man weiß ja nie. Mittlerweile hatte ich Fuß gefasst im NDR, arbeitete auch für Sendungen des Landesfunkhauses in Hannover und fühlte mich sicher in dem, was ich tat. Wie der Zufall es will, wurde der Westdeutsche Rundfunk in Köln auf mich aufmerksam und lud mich zu einem Fernseh-Casting ein. Völlig aufgeregt und voller Erwartung stellte ich mich also das erste Mal in meinem Leben in ein Fernsehstudio, für die Sendung »Cosmo TV«. Bislang kannte ich die Arbeit vor der Kamera lediglich als Reporterin, draußen, nicht in einer eher sterilen Umgebung mit vielen Kameras, riesigen Lampen an der Decke, Tonleuten und und und. Aber ich konnte die Redaktion überzeugen, und so hatte ich meinen ersten Job als Fernsehmoderatorin in der Tasche. Alle zwei Wochen moderierte ich nun die Sendung »Cosmo TV«, die in Köln aufgezeichnet wurde, und zwar mit Herzblut. Der Fakt, dass es sich um eine Sendung handelte, in der es um Fragen der Integration und Migration ging, spielte für mich keine große Rolle. Ich identifizierte mich mit der Sendung, ich konnte die Probleme, über die wir berichteten, wohl auch besser nachvollziehen als jemand, der selbst keine Migrationsgeschichte hatte. Und erstmals arbeitete ich in einer Redaktion, in der auch Birand, Tibet und Bojana arbeiteten und der Name Pinar nicht ungewöhnlich war. Aber es war mir genauso wichtig, meinen Job im NDR fortzuführen, Themen zu behandeln, die alle Welt beschäftigen und nicht speziell zugeschnitten sind. Als Journalistin zu arbeiten, die unabhängig von ihrer Herkunft Teil des Betriebs und breit aufgestellt ist – die Mischung macht's.

Und so pendelte ich durch Deutschland, arbeitete für den WDR und den NDR und lernte immer weiter dazu.

Das liest sich jetzt alles wie ein geradliniger, problemloser Aufstieg. Niemand, der einem Steine in den Weg legt, alle fördern die junge Journalistin, alles voller Enthusiasmus und Freude. Diese Erzählung wäre realitätsfremd. Immer wieder gab es Momente, in denen ich mich durchsetzen musste, gegenüber Kolleginnen und Kollegen und auch gegenüber Chefs der verschiedenen Sendungen, für die ich arbeitete. Es ist wohl nie ein einfacher Weg, gerade in jungen Jahren. Zu wissen, was man will, und die richtigen Entscheidungen zu treffen. Es gehören auch Niederlagen dazu, Absagen anderer Sender, für die ich gerne gearbeitet hätte. Bevor ich beim Fernsehen begann, wollte ich unbedingt zur besagten WDR-Jugendwelle 1Live in Köln, the place to be für junge Radioleute, cool, lässig, prominent. Ich schaffte es sogar bis zu einem Casting in Köln. Ich durfte eine Probesendung moderieren und fühlte mich um 100 Prozent cooler, allein weil ich jetzt in dem ECHTEN 1Live-Studio stand. Nur hörte natürlich kein Mensch zu, außer den paar, die da um mich herumsaßen, es war ja nur eine Probesendung, die aufgenommen und vermutlich auch schnell wieder gelöscht wurde. Dazu musste ich einen Fragebogen ausfüllen, ich weiß bis heute nicht, was das sollte, es fühlte sich seltsam an, wie Schule. Aber gut, auch das tat ich, und das Ende vom Lied war das Ende meiner Radiokarriere bei 1Live. Ich war wohl nicht cool genug. »Danke, dass du dabei warst, wir wünschen dir weiterhin viel Erfolg.«

Immer wieder bewarb ich mich bei den Jugendprogrammen der öffentlich-rechtlichen Sender. 1Live, N-Joy, Bremen 4. Ich war jung und fühlte mich den jungen Programmen nah. Und ignorierte vermutlich, dass ich eher nicht die dauergutgelaunte, hippe Radiomoderatorin war, sondern das Journalistische, Ernsthaftere mir näher lag. Vielleicht war es auch einfach nicht die Zeit, alles hat seine Zeit, und damals passte es nicht. Vielleicht war ich auch einfach nicht gut genug. Wer weiß. Blicke ich zurück auf die Zeit, in der ich lauter kreative Bewerbungen und selbst aufgenommene Hörfunkproben abschickte in der Hoffnung, es würde sich jemand zurückmelden, so waren das schwierige Zeiten. Ich war und bin ein ungeduldiger Mensch, warten ist nicht meins, und immer wieder hinterfragte ich, ob »jemand wie ich« überhaupt weiterkommen könnte. Lag es vielleicht doch daran, dass ich nicht studiert hatte und »nur« im Lokalradio arbeitete? Auch gab es, soweit ich mich erinnern kann, niemanden mit einem türkischen Namen. Und dann noch eine, die aus einem unbekannten Dorf kam? Wir sprechen von den frühen 2000er-Jahren, damals sah die Radiolandschaft doch noch etwas anders aus. Aber so sehr es mich wurmte und zurückwarf, so sehr motivierte es mich, einfach weiterzumachen.

Der nächste »Schlag« kam, als mir der damalige Chef der Sendung »Cosmo TV« eröffnete, dass ich bald nicht mehr zum Team gehören sollte. Es war ein gutes, offenes Gespräch, dessen Botschaft mich damals aus den Socken haute, aber mich nicht vergrämt zurückließ. Ich konnte es verstehen, es sollten weniger Sendungen gemacht werden, und es sollte nur noch EIN Gesicht geben, und das war nicht meines. Ich war erst später zum Team gestoßen, und man entschied sich für den Kollegen, der schon länger dabei war. Meine Moderationskarriere beim WDR war damit beendet. Übrigens verstehen der Kollege, der damals blieb, und ich uns heute noch, auch zu den anderen ehemaligen Kolleginnen und Kollegen sowie zu unserem damaligen Chef habe ich noch guten Kontakt, allerdings wurde die Sendung vor Jahren eingestellt, alle arbeiten seit Jahren in anderen Positionen. So sehr es mich traf, nicht mehr moderieren zu dürfen, so dankbar war ich ihnen für die Chance und die gute Zeit.

»Wenn sich eine Tür schließt, öffnet sich eine andere«, das habe ich oft zu hören bekommen. Eine Weisheit, die ich damals eher genervt aufnahm, doch es ist was dran. Denn hätte ich bei Cosmo TV nicht aufgehört, wäre ich vermutlich nicht so schnell zum NDR nach Hamburg gekommen. Auch dieser Schritt entstand eigentlich wieder aus einem Zufall. Wieder eine glückliche Begegnung, aber auch mein offensichtliches Gespür, die Chance, die sich mir bot, zu ergreifen.

Ich war zu einer Veranstaltung des WDR eingeladen, mein damaliger Vorgesetzter beim WDR war auch da, und wir unterhielten uns über mein Ende im Sender und einen möglichen Neuanfang. Ich hatte ja, wie gesagt, noch andere Standbeine. Beim NDR lief alles wie gewohnt weiter, ich war noch immer im Regionalstudio und machte meine Filme und stand als Reporterin vor der Kamera. Und doch war die Frage, wie es darüber hinaus weitergehen konnte. »Schau mal, da ist dein NDR-Chefredakteur, kennt ihr euch?«, fragte mein Ex-Chef. »Woher denn?«, war meine Antwort. Wie sollte ich im fernen Osnabrück unserem Chefredakteur über den Weg gelaufen sein?

»Komm, ich stell dich ihm vor, vielleicht hat er ja ein Plätzchen für dich in Hamburg.«

Es war mir ehrlich gesagt etwas unangenehm, ich hatte nicht damit gerechnet und war nicht darauf vorbereitet. Ich tapste also mit meinen Ende zwanzig hinter dem Kollegen her, Richtung Andreas Cichowicz, Chefredakteur

NDR-Fernsehen Zeitgeschehen. Zuständig für Tausende Mitarbeitende. Zuständig für Nachrichten, politische Programme, Talksendungen wie »Anne Will«. Große Journalistenwelt.

»Hallo Andreas, darf ich vorstellen, das ist Pinar Atalay. Sie hat bei uns moderiert und ist jetzt auf der Suche nach neuen Aufgaben, und sie arbeitet schon beim NDR«, sagte mein Vorgesetzter. Charmant ausgedrückt, dachte ich, ich wäre ja eigentlich auch gerne geblieben. »Guten Abend, Cichowicz, wo arbeiten Sie denn?«

Es sollte der Beginn meines neuen Lebensabschnitts werden. Desjenigen, der mich zu den tagesthemen bringen sollte. Und genau darüber sprach ich mit Andreas Cichowicz, Jahre später per Videocall. Ich im Homeoffice, er im Homeoffice, aufgrund der Pandemie, beide in Hamburg. Wir kennen uns schon lange und duzen uns natürlich.

PINAR: Es ist jetzt zwölf Jahre her, dass wir uns das erste Mal begegnet sind. Das war damals bei der Preisverleihung des »Civis Medienpreises« in Berlin. Es war purer Zufall. Weißt du noch, was du zu mir gesagt hast?

ANDREAS CICHOWICZ: (überlegt kurz) »Was machen Sie denn da in Osnabrück?«, meine ich.

PINAR: Ich weiß gar nicht mehr, ob ich etwas Sinnvolles geantwortet habe. Aber natürlich merkte ich, dass es ungewöhnlich war, dass eine Mitarbeiterin aus dem kleinen Regionalstudio auf den NDR-Chefredakteur aus der Zentrale traf.

ANDREAS CICHOWICZ: Ja, das ist schon ein Problem. Man arbeitet in seinem Büro, weit entfernt von der Landeshauptstadt, und kennt womöglich gar nicht die Strukturen in einem so großen Unternehmen wie dem NDR oder weiß nicht, wer da für was zuständig ist. Man ist zufrieden, aber macht sich dennoch wahnsinnig viele Gedanken, wie man da auch mal wegkommen könnte. Ich kenne das selbst, ich habe bei einer Zeitung in einer kleinen Kreisstadt als Volontär angefangen und hatte schon die Überlegung, wie man von dort noch woanders hinkommt. Ich wollte immer im Ausland arbeiten. Und mich haben jahrelang die Gedanken begleitet, wie ich das schaffen könnte, ohne nur auf den Zufall zu hoffen. Wechsel waren vor zwölf Jahren auch im NDR noch schwierig. Wenn man in Osnabrück arbeitet, gehört man formal zum Landesfunkhaus Hannover in Niedersachsen. Und wehe man hob den Finger, dann hieß es meist: Du gehörst zu meiner Mannschaft und nicht woanders hin. Das gilt heute nicht mehr. Heute werde ich auch mal direkt angesprochen, ob ich jemanden aus der Region fördern würde.

PINAR: Und andersherum, die Sicht der Zentrale auf die Region?

ANDREAS CICHOWICZ: Das ist manchmal eine sehr beschränkte Sicht. Obwohl die Wurzeln und Stärken einer öffentlich-rechtlichen Anstalt im Regionalen liegen. Man trifft sich eben kaum, man sieht selten, was im Regionalprogramm gesendet wird. Das geht mir persönlich auch so. Wir haben schon oft einen Großstadtblick, ich sage jetzt mal überspitzt, den des »veganen Radfahrers«. Andere Lebensformen verschwinden da gelegentlich, und das ist nicht gut. Es ist aber die Pflicht und die Aufgabe von Führungskräften, dafür zu sorgen, dass das Programm in vielerlei Hinsicht Pluralität spiegelt und diverser wird. Stadt, Land. Mehr Mitarbeiter und Mitarbeiterinnen mit Einwanderungsgeschichte. Wobei man über das Wort schon lange diskutieren kann, viele sind ja einfach Deutsche, hier geboren.

PINAR: So wie ich.

ANDREAS CICHOWICZ: Genau, sie haben vielleicht einfach einen anderen familiären Hintergrund. Wegen meines sehr komplizierten Namens habe ich mich auch ein Leben lang erklärt und gerechtfertigt.

PINAR: Hat der denn Einwanderungsgeschichte?

ANDREAS CICHOWICZ: Ich buchstabier den, seit ich sprechen kann (lacht). Die liegt schon über 200 Jahre zurück. Meine Vorfahren väterlicherseits kamen aus Polen ins Ruhrgebiet und verstreuten sich dann später über den Süden Baden-Württembergs. Mütterlicherseits kommen wir aus Halle, also aus Ostdeutschland. Bei meinem persönlichen Lebensweg spielten aber oft auch Glück und Zufall eine große Rolle. Es gab an entscheidender Stelle Menschen, die mich gefördert haben.

PINAR: Du hast, so wie ich, auch nicht studiert, oder?

ANDREAS CICHOWICZ: Ich habe ein Fernstudium begonnen. Das kam so: Ich hatte gleich nach dem Abitur als

Volontär angefangen. Direkt im Anschluss wurde ich als Redakteur übernommen, habe dann Zivildienst absolviert und danach entschieden, neben dem Job als Lokalredakteur ein Studium an der Fernuni Hagen zu machen. Das habe ich bis zum vierten Semester durchgezogen. Aber dann ging ich – inzwischen beim Fernsehen – für zehn Jahre als ARD-Korrespondent ins Ausland. Ich blieb all die Jahre brav an der Uni eingeschrieben und zahlte meine Asta-Beiträge. Doch ich war meist in einem Kriegsgebiet, erst im südlichen Afrika und später monatelang im Irak und konnte von dort aus definitiv keine Prüfungen ablegen. Als ich dann wieder aus dem Ausland zurückkam, wollte ich weiterstudieren, wurde aber vom Präsidenten der Fernuni Hagen höchstpersönlich exmatrikuliert. Weil ich alle Fristen überschritten hatte, also, sie haben mich rausgeschmissen. Ich habe mich dann dagegen entschieden, mit vierzig noch mal ein Studium von vorn anzufangen. Ich habe also keinen Studienabschluss, ich kenne auch andere Führungskräfte, die keinen haben. Das wäre heute übrigens nicht mehr möglich, und das halte ich für problematisch. Denn so spiegelt der Journalismus nicht die Realität einer Gesellschaft wider und lässt Talente, die keinen bestimmten Bildungsabschluss haben, links liegen. Ich weiß, dass man bei der Auswahl von Volontärinnen und Volontären oft hin und weg war, wenn 21-jährige Menschen schon unzählige Praktika überall auf der Welt gemacht hatten, das kam gut an und so wurden die gern genommen. Da stellt sich aber die Frage, ob wir damit eigentlich breit genug aufgestellt sind. Ob Menschen, bei denen man einfach spürt, dass da eine Leidenschaft für Journalismus ist, dass sie neugierig sind und gut, überhaupt eine Chance hätten. Das führt dazu, dass die Redaktionen alles andere als heterogen besetzt sind. Das haben wir in den vergangenen Jahren alle festgestellt, dass das offensichtlich so gekommen ist.

PINAR: Ist es denn heute anders?

ANDREAS CICHOWICZ: Es ändert sich schon etwas. Es ist schon ein Schritt, dass zum Beispiel der NDR jetzt ein Regional-Volontariat anbieten wird. Führungskräfte können immer den Entscheidungsspielraum, den sie haben, nutzen und etwas verändern. Also eine Struktur schaffen und Leute bewusst ins Team holen. Da ist entscheidend, wie man jemanden auf seinem Weg unterstützen kann. Das ist Aufgabe von Führungskräften, und mir ist das wichtig. Ich habe vor 15 Jahren damit angefangen, auf das Verhältnis der Leitungsposten von Männern und Frauen zu blicken, denn das stimmte einfach nicht. Ich wollte, dass es ein ausgeglichenes Verhältnis gibt. Und dann muss man schauen, was es dafür braucht. Da kann man proaktiv viel verändern. In meinem Programmbereich, dem Zeitgeschehen, ist mir das von ursprünglich nur einer zu einer Mehrheit von Abteilungsleiterinnen gelungen. Auch die Redaktionsleitungen sind fifty-fifty besetzt. Das hat zehn Jahre gedauert. Man muss das eben auch durchkämpfen. Ich finde das einfach nur richtig, es ist ein ganz anderes Arbeiten. Und das gilt nicht nur für Männer und Frauen, sondern auch für das Thema Diversität insgesamt. Wir müssen versuchen, noch viel stärker abzubilden, was die Gesellschaft ausmacht, das ist auch Aufgabe des öffentlich-rechtlichen Rundfunks.

PINAR: Es ist aber immer noch mehr das Prinzip Zufall, das gerade beim Thema Diversität greift. Wenn es um andere soziale Hintergründe geht, um Menschen mit Einwanderungsgeschichte. Man muss eben jemanden finden, der einen bewusst fördert, das System selbst schafft es nicht.

ANDREAS CICHOWICZ: Wir haben im NDR Institutionen, die darauf achten. Beispielsweise eine Gleichstellungsbeauftragte und eine Kollegin, die sich für Diversität einsetzt. In vielen anderen Unternehmen sind vielleicht die institutionellen Dinge, die Grundvoraussetzungen da – aber das Controlling klappt nicht unbedingt. Dadurch, dass wir mehr Gleichberechtigung von Frauen und Männern schaffen, ist auch der Blick auf diese Fragestellungen heute ein anderer. Mehr Frauen in Führung bedeutet auch, dass mehr Gewicht auf das Thema Diversität gelegt wird. Frauen bringen das viel stärker ein als Männer, was ich richtig und gut finde. Da ist es dann nicht mehr nur eine Frage von Zufall oder Glück. Ein Beispiel, wie man Ziele definiert und erreicht: die Anzahl der Kommentare in den tagesthemen, die von Frauen gesprochen werden, zu erhöhen. Heute liegen wir bei fifty-fifty. Wenn Führungskräfte sich das gemeinsam vornehmen, dann schaffen sie das auch.

PINAR: In den tagesthemen hat neulich erstmals eine Schwarze Frau kommentiert.

ANDREAS CICHOWICZ: Dass das 'ne Nachricht ist – zugegeben, da sind wir noch nicht am Ziel. Menschen, die sich bei uns bewerben, können heute im Bewerbungsgespräch argumentieren, dass das Unternehmen sich verpflichtet hat, mehr für Diversität und Gleichberechtigung zu tun. Da hat man heute, anders als früher, bessere Chancen. Natürlich hilft es, wenn einem eine Führungskraft gegenübersitzt, die sich proaktiv einsetzt. Jemand muss den Anfang machen. Und dann kommt es zu einem Schneeballeffekt. Natürlich heißt das für mich auch, mit der bestehenden Mannschaft viele Gespräche zu führen, um zu erläutern, warum wir unsere Defizite angehen. Dass diese Besetzungen nicht gegen sie gerichtet sind und auch sie einen guten Job machen.

PINAR: Wie spiegelt sich das im Programm wieder?

ANDREAS CICHOWICZ: Ich greife ein, wenn in Sendungen, die wir machen – etwa ARD extra zur Corona-Lage – die Redaktion nur Experten findet und keine Expertinnen. Ich rufe dann an und sage: Das mache ich so nicht mit, wir werden nicht eine Sendung nur mit Männern machen. Punkt.

PINAR: Was sagen die dann?

ANDREAS CICHOWICZ: Die Antwort ist dann: Aber die Gäste sind doch gut. Ich sage dann: Ja, stimmt, aber es gibt auch gute Expertinnen. Es ist Aufgabe von uns, darauf zu achten. Wenn eine Redaktion keine Expertin findet, ihr einfach niemand einfällt, dann können sie bei uns auf eine Liste zurückgreifen, in der Expertinnen stehen. Virologinnen, Epidemiologinnen, beim Thema Corona, gerade in dem Bereich gibt es sehr viele ausgezeichnete. Ich gehe da also ganz aktiv rein, es ändert sich dann auch ziemlich schnell. Wenn man es laufen lässt, dann ändert sich nichts.

PINAR: Gerade dem öffentlichen-rechtlichen Rundfunk wird vorgeworfen, dass er sehr homogene Teams habe. Gutbürgerlich, weiß, eher Stadt als Land, eher links ein gestellt. Kaum Ostdeutsche, kaum Menschen mit Einwan derungsgeschichte. Viele Führungskräfte sagen dann, es gebe halt nicht genügend geeignete Bewerberinnen und Bewerber.

ANDREAS CICHOWICZ: Das ist immer die schönste und einfachste Ausrede. Ich habe sie bestimmt auch schon mal benutzt. Ich bin ja kein Hamburger, ich komme ja von außerhalb, und ich habe mich immer gewundert, warum in einer Stadt, in der 70.000 iranischstämmige Frauen und Männer leben, praktisch niemand von denen im Journalismus gelandet ist. Wer vertritt eigentlich die Anliegen dieser damals zweitgrößten iranischen Aus landsgemeinde weltweit? Das kann doch nicht sein, dass die sich für Journalismus nicht interessieren. Das ist so eine Herausforderung. Weil man aktiv auf die Commu nity zugehen muss, denn die selbst schaut, liest und hört uns nicht unbedingt, sondern eher iranische Kanäle über Satellit. Wie sollen junge Leute also erfahren, dass es überhaupt eine Möglichkeit gibt, beim NDR zu arbeiten, wenn sie uns gar nicht wahrnehmen? Sie wissen oft gar nicht, an wen sie sich wenden können. Man muss also Kontakt aufnehmen und Gesprächsrunden mit Vertretern der Communities bilden. Seit 2015 hatten wir beim NDR Hospitanzen für geflüchtete Menschen, die im Bereich Medien oder Kultur arbeiteten, eingerichtet: Das waren überwiegend junge Leute, die Medien oder Journalismus in Syrien, Afghanistan oder anderen Ländern studiert hatten. Und wir haben versucht, sie zu fördern und über sie in die Communities reinzutragen: Es gibt einen Weg zu uns. Im NDR haben wir inzwischen einen guten Prozentsatz von Mitarbeiterinnen und Mitarbeitern, die eine Einwanderungsgeschichte haben. Die sind in Deutschland aufgewachsen oder geboren und wissen, wie es geht. Man muss auf die Menschen zugehen, ich kann mich nicht hinsetzen und sagen, die haben sich nicht beworben. Es sind auch nicht alle Norddeutschen blond, und es haben auch nicht alle einen norddeutschen Namen. Punkt. Hier leben viele Menschen mit einer anderen Geschichte. Das ist eine Region mit einer Geschichte internationaler Beziehungen und des Handels. Warum sollte sich das nicht widerspiegeln?

PINAR: Dadurch fehlen jungen Menschen Identifikationsfiguren, die ganz natürlich im TV zu sehen sind. Es gibt zwar einige, aber meist heißen die Moderatorinnen Susanne, Michael und Antje.

ANDREAS CICHOWICZ: Das verändert sich mit der Zeit. Du zum Beispiel bist zu einer Identifikationsfigur geworden! Es ist wichtig, dass nicht nur der Name auftaucht, sondern dass es auch ein Gesicht dazu gibt. Damit die nächste Generation sieht, da gibt es jemanden, der so aussieht wie ich, also gibt es doch eine Chance für mich. Es fängt damit an, Leute auf den Schirm zu holen, am besten in Bereichen, in denen es eher ungewöhnlich ist. Du wirst dich erinnern, ich bin damit anfangs gescheitert. Es ging um die Moderation des ARD-Wirtschaftsmagazins »Plusminus«. Es gab ein Casting, zu dem ich auch dich für den NDR geschickt hatte. Ich wollte, dass du es einfach mal probierst. Du bist dann aus dem Stand die Beste geworden, so die Ergebnisse der Medienforschung. Dennoch sind wir mit der Idee gescheitert. Niemand hat ausgesprochen, dass sich der Widerstand gegen eine Frau mit Migrationshintergrund richtet, natürlich. Dabei wäre es gerade da wahnsinnig wichtig gewesen, dass sich ein Gesicht mit Themen verbindet, das eben nicht »stellvertretend« über Migration und Flüchtlinge spricht, sondern – in diesem Fall – mit Wirtschaft. Ich habe das als Rückschlag empfunden.

PINAR: Ich hatte das damals gar nicht so wahrgenommen, ich hatte mich gefreut, am besten abgeschnitten zu haben, und gewundert, dass man sich dann einfach nicht einigen konnte.

ANDREAS CICHOWICZ: Es ließ sich ja fachlich nicht begründen, denn selten habe ich ein Castingergebnis gehabt, das so eindeutig war. Wir hatten es schwarz auf weiß. Ich habe das als einen Rückschlag empfunden, weil ich genau wusste, was das für eine Signalwirkung gehabt hätte. Aber ich lasse mich von solchen Rückschlägen nicht entmutigen, es spornt mich erst recht an. Manchmal ist es so, wenn eine Tür zugeht, gehen andere Türen auf.

PINAR: Ich moderiere ja seitdem die Plusminus-Ausgaben des NDR, und dann kamen die tagesthemen. Ich habe nie gezweifelt, denn ich war schon lange im Nachrichtengeschäft und habe meinen Hintergrund weder als großen Vorteil noch als großen Nachteil gesehen. Es kommt nun mal auf die Leistung an, aber es brauchte eben Förderer. Du hast mich damals nach dem Casting für den Polittalk »Phoenix Runde« vorgeschlagen, ein wichtiger Schritt für mich.

ANDREAS CICHOWICZ: Ich fand es richtig gut, dass du das gemacht hast. Wenn man die Phoenix Runde eine Weile moderiert hat, kann einem keiner mehr etwas vormachen. Dort ist man ja doch sehr auf sich allein gestellt, das ist eine harte Schule.

PINAR: Ich finde, man muss ja auch Danke sagen können. Ich habe mich damals bei dir bedankt und du sagtest: Schwimmen musst du aber selbst.

ANDREAS CICHOWICZ: Ich kann nur eine Chance bieten und sagen: Spring rein. Und dann muss man in der Tat selber schwimmen und muss gut sein. Das Handwerk muss sitzen, Migrationshintergrund hin oder her. Jede und jeder muss auch etwas dafür tun, das läuft nicht von selbst. Vielleicht bin ich da mutiger als andere, weil ich ja selbst Chancen bekommen habe – von einer kleinen Lokalzeitung zur Fernsehchefredaktion. Führungskräfte sollten immer einen Blick für Talente haben. Und du hast deine Chance ja toll genutzt!

PINAR: Deswegen ist es ja wichtig, dass auch in den Führungspositionen Menschen unterschiedlichen Geschlechts, unterschiedlicher Herkunft und mit unterschiedlichem sozialen Status sitzen. Aber das ist auch im NDR noch nicht so.

ANDREAS CICHOWICZ: Ich habe oft erlebt, dass nach Menschen gesucht wurde, die passgenau für die Position sein sollten und dazu noch möglichst jung. Für mich selbst waren die Schuhe, in die ich wachsen musste, oft sehr groß – ich war nie passgenau. Wenn man mir den Job nicht zugetraut hätte, hätte ich ihn mit Blick auf die Ausschreibung gar nicht erst bekommen. Man muss Mitarbeiterinnen und Mitarbeitern zutrauen, dass sie in etwas hineinwachsen können, dann legen sie meist erst richtig los.

PINAR: Würdest du sagen, du bist Feminist?

ANDREAS CICHOWICZ: (lacht) Ich kann mit solchen Etikettierungen wenig anfangen. Das ist für mich einfach ein Gerechtigkeitsthema. Also, wie sind die Dinge in der Gesellschaft verteilt? Wie nutzt man das Potenzial einer Gesellschaft? Aus Afrika weiß ich, wer die Welt verändern will, der sollte auf die Frauen setzen. Für meine Aufgabe brauche ich kein Etikett. Und wäre ich ausschließlich Feminist, würde das nicht automatisch bedeuten, dass ich Leute mit Migrationshintergrund fördere. Ich halte es einfach für eine extrem wichtige Aufgabe, Frauen und Männer in Redaktionen gleichberechtigt in Führung zu haben. Und wenn man dann sagt, an der Stelle war er Feminist, dann nehme ich das gerne in Kauf. Im Privatleben stellen sich da aber noch ganz andere Herausforderungen.

PINAR: Du hast dir als Chefredakteur zumindest Elternzeit genommen.

ANDREAS CICHOWICZ: Es war ungewöhnlich damals, dass eine Führungskraft Elternzeit beantragte. Aber wir verändern uns im Unternehmen. Wir haben mittlerweile zum Beispiel gemischte Paare, die sich Führungsaufgaben teilen. Und Führung in Teilzeit. Für alle fällt es mit den neuen Sharing-Modellen leichter, Beruf und Familie zu kombinieren. Das macht uns als Unternehmen attraktiver. Jetzt brauchen wir nur noch eine diverse Chefredakteurin.

PINAR: Du sagst es, es gibt sowohl beim Fernsehen als auch bei den Zeitungen gerade im lokalen Bereich sehr, sehr wenige Frauen und mit Einwanderungsgeschichte erst recht nicht.

ANDREAS CICHOWICZ: Ja, ich habe versucht, andere Führungsebenen entsprechend zu besetzen. Das ist mir auch gelungen, aber ja, in den Runden, in denen ich sitze, müsste das Bild inzwischen anders aussehen. Da braucht es noch mehr Mut. Deswegen freue ich mich, dass es Vereine wie ProQuote gibt oder die Neuen Deutschen Medienmacher. Weil sie hartnäckig am Thema bleiben. Wir haben noch eine Strecke vor uns – deshalb tut es gut, sagen zu können: Pinar, du hast es geschafft!

Das Gespräch mit Andreas Cichowicz hat mir noch einmal verdeutlicht, wie wichtig es ist, Führungskräfte zu haben, die bewusst etwas verändern wollen und sich dahinterklemmen. Ich habe mir auch meine Lorbeeren abholen können, worüber ich mich freue, was aber natürlich auch ungewohnt ist, so öffentlich. Und darum geht es mir auch nicht. Das Gespräch zeigt sehr klar, wie Führungskräfte

Diversität und Chancengerechtigkeit proaktiv angehen können. Dass es kein Hexenwerk, sondern mithilfe durchdachter Strategien möglich ist, Menschen mit anderen Hintergründen und Frauen in bessere Positionen zu bringen und dadurch mehr Gerechtigkeit im Unternehmen herzustellen. Und, das war und ist mir immer wichtig, es reicht nicht, schlichtweg einen Migrationshintergrund zu haben oder Frau zu sein oder auf dem Land groß geworden zu sein. Jeder und jede muss selbst was aus der angebotenen Chance machen.

Gerade wenn es um Quoten geht, das sehen wir bei der Frauenquote permanent, wird das Argument angebracht, dass Frauen lediglich eingestellt würden, um die Quote zu erfüllen. Ihre Qualifizierung sei oft nicht gut genug. Dass diese Theorie nicht belastbar ist, wissen wir mittlerweile. Die Frauen wirken vielleicht manches Mal auf dem Papier nicht qualifiziert genug, weil ihnen bis dahin kaum die Chance gegeben wurde, aufzusteigen. Meistens aber haben sie genau die gleichen Fähigkeiten oder sogar bessere Voraussetzungen, scheitern aber an alten Männerseilschaften. Diese Frauen müssen letztendlich den gleichen Job machen wie die Männer vor ihnen. Sie müssen sich ebenso beweisen und erfolgreich sein. Ob im Vorstand eines Dax-Unternehmens, in einer leitenden Funktion in einem mittelständischen Betrieb oder eben in einer Leitungsfunktion eines Medienhauses. Beim NDR ist durchaus noch Luft nach oben, auch in anderen ARD-Sendern. Ich muss NDR-Chefredakteur Andreas Cichowicz zugutehalten, dass er früh erkannt hat, wie wichtig Pluralität und Diversität sind. Und wie entscheidend es ist, dass eben die Entscheider selbst mutig genug sind, sich gegen mögliche Widerstände zu stellen. Er ist dafür ein gutes Beispiel, welches zeigt, wie wichtig der eigene Lebenslauf, der eigene Hintergrund einer Führungskraft ist. Wenn der nicht dem üblichen Muster entspricht, wird möglicherweise auch anders eingestellt, anders gefördert. In diesem Fall war und ist es so.

Andreas Cichowicz' Worte sind ermutigend für jene, die dieses Buch lesen und schon immer in den Journalismus wollten, sich ob ihrer sozialen Lage oder ihrer Herkunft oder ihres Geschlechts aber nicht getraut haben. Trauen Sie sich, haben Sie Mut! Aufseiten der Sender sitzen Leute, die auf Sie warten. Bei den öffentlich-rechtlichen und auch bei den privaten Sendern. Ich habe meine Chance als weibliches Arbeiterkind aus einem bildungsfernen Haushalt mit türkischen Wurzeln bekommen. Also, es geht.

Hier sein und gleich sein

Das Label »Arbeiterkind« stand mir nicht auf die Stirn geschrieben. Es ist ja nun nichts, was unbedingt sichtbar ist. Und es ist auch für mich nie eine Abwertung gewesen, aus einer hart arbeitenden Familie zu kommen, ganz im Gegenteil. Und doch hat es eben, bedauerlicherweise, das Zeug zur Stigmatisierung. Es stand mir nicht auf die Stirn geschrieben, aber es stand in meinem Pass. Ich hatte von Geburt an, obwohl ich im Kreiskrankenhaus Lemgo zur Welt gekommen war, lediglich die türkische Staatsbürgerschaft. Die doppelte Staatsbürgerschaft gab es 1978 nicht, und die deutsche stand mir nach Ansicht der damaligen Bundesregierung nicht zu, auch wenn ich in Deutschland geboren wurde – schließlich waren meine Eltern Türken. Heutzutage ist das glücklicherweise anders. Hier geborene Kinder, deren Eltern nicht den deutschen Pass haben, bekommen bei Geburt trotzdem die deutsche Staatsbürgerschaft und können unter bestimmten Voraussetzungen einen Doppelpass haben. Ist ein Elternteil deutsch und der andere nichtdeutsch, darf das Kind ab Geburt in der Regel beide Staatsbürgerschaften besitzen – soweit kurz die rechtliche Lage.

Ich bekam damals also, weil weder die deutsche noch

die doppelte Staatsbürgerschaft möglich waren, lediglich einen Pass, als ich dann alt genug dafür war. Einen dunkelblauen mit goldenem Halbmond und Stern, den türkischen. Pinar Atalay, geboren am 27.04.1978. In Lemgo. Status: Arbeiterkind. Das stand tatsächlich in meinem Pass. In der Türkei wurde man so kategorisiert. Und damit auch der Status in der Türkei vorgegeben. Man war also »nur« Arbeiterkind. Und man gehörte für die Türken zu den »Almancı«, den Deutschländern. So wurden und werden die Türkischstämmigen genannt, die als sogenannte Gastarbeiter nach Deutschland gegangen waren. Das bekomme ich heute noch oft zu hören, allerdings eher scherzhaft. Dabei war und ist das Wort Almancı oftmals eher abfällig als liebevoll gemeint. Denn es bedeutete für viele: Spricht weder gut Deutsch noch Türkisch, ist eher ungebildet, hat nicht viel Geld, tut aber so und gibt damit in der Türkei an, fährt einen Mercedes Benz und kauft irgendwelche Grundstücke im Dorf auf. Das traf auch auf manche zu, aber bei Weitem natürlich nicht auf alle. Loswerden konnte ich das »Arbeiterkind« in meinem Pass nicht ohne Weiteres. Da ich nicht studierte, wurde keine »Öğrenci« daraus, also Studierende. So blieb es in meinem Pass stehen. Doch das Problem würde sich dann von selbst erledigen,, dachte ich, als ich beschloss, auch auf dem Papier Deutsche zu werden.

Ich wollte die deutsche Staatsbürgerschaft beantragen, was ich mir ehrlich gesagt damals, vielleicht etwas blauäugig, unkompliziert vorstellte. Es sollte aber ein langer Weg werden. Mittlerweile war ich Mitarbeiterin beim Radio, Anfang zwanzig und fest entschlossen, den deutschen Pass zu bekommen. Ich musste verständlicherweise im Vorfeld dafür unzählige Papiere beantragen und zusammenstellen, immerhin ging es um etwas Entscheidendes und Staatstragendes, um dann mit dem dicken Ordner im Gepäck zur Ausländerbehörde gehen zu können. Ein Gang, den ich eigentlich eher selten machen musste. Ausländerbehörde, ich fand es immer schräg, dass das Amt in manchen Dingen für mich zuständig war. Ich war doch gar keine Ausländerin, in meinen Augen. Aber gut. Ich packte meinen Ordner in die Tasche und machte mich auf zu dem vereinbarten Termin in der Ausländerbehörde meines Heimatkreises. Ich dachte, es würden meine Unterlagen auf Vollständigkeit geprüft, ein, zwei Fragen gestellt und ich könnte den Antrag abgeben.

Zur Erinnerung: Ich war in Deutschland geboren, hatte mein Abitur gemacht, Deutsch und Englisch als Abitur-Hauptfächer und arbeitete beim hiesigen Radio. Voller Vorfreude saß ich auf einem der eher unbequemen Plastikstühle im Flur und wartete darauf, eintreten zu dürfen. Dann hörte ich eine Männerstimme: »Sie, kommen bitte. Hier.« Ich drehte mich nach links und rechts um, außer mir war kaum jemand da, also war wohl ich gemeint. Ich ging auf die offene Tür zu und trat ein. »Guten Tag.« »Hier setzen, Sie!« war die Erwiderung auf meine Begrüßung. Ich blickte den Beamten der Ausländerbehörde verdutzt an und stellte in klarem, fehlerfreiem Deutsch fest: »Guten Tag, Atalay mein Name, ich habe hier einen Termin und Sie können ganz normal mit mir reden, ich verstehe Sie durchaus.« Doch es dauerte etwas, bis er »normal« mit mir sprach, offensichtlich war er es gewohnt, in »Ausländerdeutsch« zu kommunizieren. Ich legte ihm meine Unterlagen vor, erzählte ihm, warum ich den deutschen Pass haben wollte, dass ich mich ja nun als gebürtige Lipperin ohnehin zugehörig fühlte und gerne auch auf dem Papier Deutsche und Europäerin sein wollte.

Dass ich außerdem bei jeder Reise Probleme hatte, egal ob es ins benachbarte Polen, nach Frankreich oder London ging. Ich brauchte als türkische Staatsbürgerin immer ein Visum, was aufwendig und langwierig war. Vor jeder Schulauslandsreise musste ich zittern, ob mein Visum ausgestellt würde oder nicht. Ich erklärte also dem Beamten, dass ich schlichtweg der Überzeugung war, dass es das Beste und Natürlichste für mich war, den deutschen Pass zu haben, und dass ich dazu endlich wählen wollte. Er hörte sich das alles an, um dann in mehr oder weniger richtigem Deutsch zu sagen: »Danke für die Unterlagen, das sieht soweit gut aus. Sie müssten mir dann bitte beim nächsten Mal noch einen deutschen Zeitungsartikel mitbringen, diesen vorlesen und den Inhalt zusammenfassen.« Ich bin selten sprachlos, aber in diesem Moment musste ich das gerade Gesagte erst einmal wechseln. Ich saß nun also da, mit deutschem Abitur, eine junge Journalistin, die in Deutschland geboren war und fließend und voller Freude artikulierte, dass sie den deutschen Pass haben wollte. Und nun sollte ich einen Zeitungsartikel mitbringen, vorlesen und den Inhalt zusammenfassen?

»Was ist, wenn ich den Zeitungsartikel selbst geschrieben habe?«, fragte ich, nachdem ich mich wieder gesammelt hatte. Zögern. Blättern. »Ähmmm, also ich denke, also nein, ich denke, das geht nicht«, sagte der Behördenmitarbeiter, der voller bürokratischer Ernsthaftigkeit nachguckte, ob er in seinem Regelwerk etwas dazu finden würde. Fand er natürlich nicht, und meine Frage war auch eher ironisch gemeint gewesen. Ende des Versuchs, die deutsche Staatsbürgerschaft zu bekommen: Ich verabschiedete mich höflich. Und ich kam nicht zurück.

Der Plan, auch auf dem Papier deutsch zu sein, er

hatte sich erst einmal für mich erledigt. Ich war verletzt und geschockt. Und ich war noch zu jung, um darüber hinwegzusehen und mein Recht einzufordern. Erst viele Jahre später sollte ich es noch einmal versuchen. In einer anderen Stadt, bei einem sehr höflichen und gut gelaunten Beamten der Ausländerbehörde in Münster. Er beglückwünschte mich zu meiner Entscheidung und hieß mich willkommen als Mitbürgerin Europas, als er mir strahlend den Pass übergab. Geht doch.

Wann ist man eigentlich Teil dieser Gesellschaft? Wie viele Generationen braucht es, bis Hakan, Ali, Özlem und Arzu als Deutsche anerkannt sind? Viele haben einen deutschen Pass. Jeder vierte Einwohner in Deutschland hat mindestens ein Elternteil, das nicht mit deutscher Staatsangehörigkeit geboren wurde. Das sind 20 Millionen Menschen, und die Hälfte von ihnen hat auch den deutschen Pass. Und doch werden Menschen mit Migrationsgeschichte immer wieder auf ihre Wurzeln reduziert. Als in Stuttgart im Juli 2020 Jugendliche in der Innenstadt randalierten und plünderten, stellte sich sofort die Frage: Wer war es, der da die Stadt auseinandernahm? Jens und Tina oder Ali und Ayşe? Es gipfelte dann in einer umstrittenen Aktion der Polizei: Die Hintergründe der Kids wurden überprüft. Bei Standesämtern wurde nachgefragt, welche Nationalitäten die Eltern der Tatverdächtigen haben. Also deutscher Pass allein reicht nicht. Woher kamen die Jugendlichen WIRKLICH? Waren ihre Eltern auch Deutschpass-Besitzer oder waren sie aus der Türkei gekommen? Manch einer nannte das Stammbaumforschung, was einen Shitstrom in Deutschland auslöste. Jeder ist dem Grundgesetz verpflichtet, juristisch gesehen ist man mit deutschem Pass deutsch.

Macht es nicht mehr Sinn, wenn es um konkrete Jugendarbeit geht, die sozialen Strukturen, aus denen die Jugendlichen kommen, zu untersuchen? Wie viel sagen die Wurzeln über das Sozialverhalten aus? Was macht das mit den jungen Leuten? Ist es nicht normal, dass sie sich als Deutsche zweiter Klasse fühlen? Dass sie es schwer haben werden, da wieder rauszukommen, sich in der Gesellschaft willkommen zu fühlen? Wie so oft wird der soziale Hintergrund eher vernachlässigt, dabei sagt er mehr aus als die Migrationsgeschichte an sich.

Vor einigen Jahren wurde ich von der Robert-Bosch-Stiftung nach Stuttgart eingeladen. Sie fördert mit dem Stipendienprogramm »Talent im Land« Jugendliche aus benachteiligten Familien. Die Stiftung setzt sich schon lange für junge Menschen ein, deren Bildungserfolg noch viel zu oft von ihrer sozialen und wirtschaftlichen Lage abhängt. Ich sollte gemeinsam mit anderen aus dem sozialen Bereich, aus der Politik, Kultur und Wirtschaft nach bestimmten Kriterien Jugendliche auswählen, die das Stipendium erhalten sollten. Und damit die Möglichkeit, die finanziellen Hürden, denen sie und ihre Familien tagtäglich ausgesetzt sind, für eine Zeit lang zu überwinden. Vor allem auf dem Weg zum Abitur oder der Fachhochschulreife scheitern viele junge Leute, weil der finanzielle Druck zu groß ist, weil sie zu Hause nicht unterstützt werden können und manchmal eine schlechtere Schulbildung und der schnellere Einstieg in die Arbeit der bessere Weg zu sein scheint. Doch dieser Weg endet oft ungewollt an der Supermarktkasse oder in einer Reinigungsfirma, in Bereichen, in denen man für das Existenzminimum arbeitet. Ein Studium oder ein besser bezahlter Beruf rücken in die Ferne, so geht es den meisten aus sozial oder wirtschaftlich schwachen Familien. Das Stipendium hilft mit monatlicher finanzieller Unterstützung, sodass die jungen Leute nicht nebenher noch jobben müssen oder sich keine Hefte und Schulmaterial leisten können. Sie bekommen einen Computer, werden individuell betreut bei Problemen in der Schule, aber auch bei Problemen zu Hause, und sie werden in Seminaren gestärkt. Also alles Dinge, die Kinder und Jugendliche aus besser situierten Familien für gewöhnlich erhalten. Einen Computer, jemanden, der mal bei den Schulaufgaben hilft, Nachhilfeunterricht, und zur Ablenkung mal einen coolen Ausflug in den Kletterpark.

Nun sollte also ich, die die Probleme der Jugendlichen gut nachvollziehen kann, aus mehreren Bewerberinnen und Bewerbern drei heraussuchen, die das Stipendium bekommen sollten. Ich war zu früh da, an diesem Auswahltag, einem sonnigen Tag mit angenehmen Temperaturen. Er fand auf dem Gelände der Robert-Bosch-Stiftung statt, einem beeindruckenden Areal mit Herrenhaus und einem großen modernen Gebäude, wo die Gespräche mit den Kindern stattfinden sollten. Ich blickte von der Aussichtsplattform hinunter ins Tal und versuchte mir vorzustellen, wie es für mich als 16-jähriges Mädchen wohl gewesen wäre, von dort unten aus einer Hochhaussiedlung in die Tram zu steigen und hier hochzufahren. Zur Robert-Bosch-Stiftung, der Stiftung einer so bekannten und reichen Familie, die so vieles geleistet hat und eine deutsche Institution ist. Wo alles so herrschaftlich und gepflegt aussah, wo kleine Saftfläschchen aneinandergereiht in der hellen Empfangshalle Kinder und Jugendliche erfrischen sollten, die mittags wohl eher gläserweise Cola oder Sprite tranken. Hätte mich diese Szenerie, die auch auf mich etwas surreal wirkte, obwohl ich als Journalistin schon viel gesehen hatte, in viele Welten eingetaucht war, die so ganz anders waren als meine, hätte mich diese Szenerie verunsichert, abgeschreckt, hätte ich gedacht: Worauf habe ich mich da eingelassen, kann ich das überhaupt?

Ich beobachtete, wie nach und nach Jugendliche mit ihren Eltern auf das Gelände kamen, sich umschauten, erstaunt waren, teils unsicher wirkten. Doch bei den meisten sah ich auch einen gewissen Stolz, eine Vorfreude, es bis hierhin geschafft zu haben und die Möglichkeit zu haben, es vielleicht noch viel weiter zu schaffen. Hier kamen Kinder, deren Eltern keine Anwälte oder PR-Manager oder Geschäftsführerinnen als Freunde hatten. Es kamen junge Leute, die bei der alleinerziehenden Mutter lebten, mit vier Geschwistern, und deren Mama putzen ging und kaum zu Hause war. Die sich und ihren Geschwistern irgendwie selbst das Frühstück zubereiten mussten und die allein zur Schule gingen und wenn sie nach Hause kamen, genauso allein weitermachten.

Ich kannte dieses Gefühl und ich war froh, teilhaben zu dürfen an dieser Chance, die ihnen gegeben wird, es später mal einfacher zu haben. Und so saßen diese jungen Mädchen und Jungen vor mir, erzählten mir von ihren Schwierigkeiten, dem wenigen Geld, mit dem sie leben mussten. Der vielen Hausarbeit und Verantwortung, die schon von Kindesbeinen an auf ihnen lasteten. Von Geschwistern, mit denen sie sich ein Zimmer teilten und die keine Rücksicht auf die Fleißige im Bunde nahmen, die für die nächste Klassenarbeit lernen wollte, aber einfach keine Zeit und Ruhe dafür fand. Von ihren Eltern, die liebevoll, aber überfordert waren. Auch von Eltern, die gewalttätig waren und ihre Kinder vernachlässigten. Es waren Geschichten, die mir teils an die Substanz gingen und mich sehr bewegten.

Ich bin froh, sie gehört zu haben. Es ist Teil der deutschen Realität, dass viele Kinder und Jugendliche unter dem Radar laufen, dass keiner mitbekommt, wie sie eigentlich leben und dass sie es meist aus eigener Kraft kaum schaffen können, diesem Teufelskreis zu entkommen. Mich beeindruckte, wie stark viele dieser Mädchen und Jungen dennoch waren. Trotz der Schwierigkeiten brachten sie gute Noten nach Hause, trotz der finanziellen Probleme schafften sie es, Geld für die Schule beiseitezulegen. Weil sie ihnen wichtig war. Sie sogen alles an Informationen auf, was ihnen in die Quere kam, liehen sich Bücher aus und lasen wie verrückt oder halfen ehrenamtlich anderen, denen es noch schlechter ging. Und viele hatten eine klare Vorstellung von ihrer Zukunft. Wenn man sie fragte, was sie sich wünschten, ohne Rücksicht zu nehmen auf ihre derzeitige Situation, wenn sie sich einfach wünschen könnten, wie ihr weiteres Leben an der Schule oder im Beruf aussehen sollte – dann wollten fast alle studieren, mal ins Ausland reisen, einen Job haben, der ihre Familie gut ernähren würde und Raum ließe für in ihren Augen luxuriöse Dinge wie neue Schuhe oder eine Uhr.

Selten hatten sie abgehobene Träume, sie wollten einfach ein Teil der Gesellschaft sein, der sich gesellschaftliches Leben leisten kann. Und dieses Stipendium war ein Weg dorthin. Die meisten wussten, dass am Ende sie es in der Hand haben, was sie daraus machen. Dass das Stipendium kein Freifahrtschein ist oder die Erlösung. Es gibt auch einige, die es nicht schaffen. Die in der Stipendiatszeit abbrechen müssen, weil sie dem Druck nicht gewachsen sind. Die Seminare werden zu viel, das Lernen für die Schule, meist sind es familiäre Gründe, die sie dazu bewegen. Und doch sind viele unter ihnen, die das erste

Mal in ihrem Leben Unterstützung erfahren und sich ernst genommen fühlen. Und die etwas daraus machen wollen.

Nach den beiden Tagen mit den Jugendlichen blieb für mich der Eindruck, dass es ein langer Weg für sie werden wird. Mit vielen Aufs und Abs. Dass sie vielleicht sogar den Tag verfluchen werden, an dem sie auf das schicke Areal der Robert-Bosch-Stiftung gekommen sind. Weil es etwas in ihnen weckte. Den Ehrgeiz, ihrer vermeintlich verfahrenen Situation zu entkommen. Ich würde nur zu gerne wissen, was die Kids heute so machen.

Was ist es, das einem hilft, später im Leben andere Blickwinkel einzunehmen? Das einem hilft, Selbstbewusstsein für einen neuen Lebensweg zu entwickeln, obwohl es einem nicht in die Wiege gelegt wurde?

Für mich war es immer wichtig, Ansporn zu haben, und den bekam ich durch andere Lebensgeschichten in meinem Umfeld. Oder durch jene, die rein fiktiv waren, also aus Büchern. Für Bildungsbürger ist es wohl kaum vorstellbar, aber rund ein Drittel aller Eltern lesen ihren Kindern nur selten oder gar nicht vor. Sie haben entweder keine Zeit oder sie haben vielleicht auch keine Lust. Vielleicht haben sie einfach keinen Zugang zu Büchern, weil sie selbst nie in den Genuss kamen. Oft ist es so, dass sie es sich einfach nicht zutrauen. Die Stiftung Lesen hat in einer Studie herausgefunden, dass die befragten Eltern zum Durchschnitt der Bevölkerung etwas öfter eine formal niedrigere Bildung aufwiesen, etwas häufiger einen Migrationshintergrund hatten und öfter alleinerziehend waren. Allerdings wird auch in Akademikerfamilien oder bei Eltern ohne ausländische Wurzeln nicht oder selten vorgelesen. Ausschlaggebend für das Nichtvorlesen ist oft die fehlende Energie, es passt nicht in den stressigen Alltag – manche denken auch, sie könnten einfach nicht gut vorlesen. Und viele sagen: Mir wurde in der Kindheit auch nicht vorgelesen. Auch ich kann mich ehrlich gesagt nicht daran erinnern, dass meine Eltern mir vorlasen.

Meine Schwester war dagegen eine Leseratte, ihre Leselust ging so weit, dass sie Mitglied im Bertelsmann-Club wurde und somit regelmäßig Bücher in unser Haus flatterten. Ab und an suchte auch ich mir etwas aus, blätterte stundenlang in den bunten Bertelsmann-Broschüren und war überrascht, wie vielfältig das Angebot war. Jede Investition musste gut überlegt sein, ich hatte nicht sonderlich viel Geld zur Verfügung, und so dauerte es oft, bis ich etwas gefunden hatte. Bezahlt von meinem Taschengeld kaufte ich mir meist dicke Wälzer und versank dann tagelang in ihnen. Ich bin froh, dass so die Literatur den Weg zu uns nach Hause fand. Meine Eltern hatten wenig Zeit, selbst zu lesen, sie waren zudem in ihrer eigenen Kindheit außerhalb der Schulbücher ohne Lesestoff groß geworden. Und uns dann auch noch ein deutsches Buch vorzulesen, das haben sie sich wohl nicht zugetraut.

Also lernte ich schnell, selbst gut zu lesen, um nicht darauf angewiesen zu sein, dass mir jemand vorliest. Meinen Eltern gefiel, dass auch ich zur kleinen Leseratte wurde, und so wurde mir gelegentlich ein Buch geschenkt. Nach einer gewissen Zeit hatte ich so viele von ihnen, dass ich in meinem Kinderzimmer eine eigene kleine Bücherei eröffnete. Feinsäuberlich aneinandergereiht in meinem Vitrinen-Schrank warteten Astrid Lindgrens *Pippi Langstrumpf* oder *Gullivers Reisen* von Jonathan Swift auf Kundschaft. Nachbarskinder und Freundinnen konnten sich für 50 Pfennig ein Buch von mir ausleihen. Und das Geschäft lief, denn in der Straße, in der wir lebten, hatte nicht jeder das Glück, eine bücherverrückte Schwester zu haben und Eltern, die sich freuten, wenn ihr Kind las. Und so teilte ich regelmäßig meine Lieblingsgeschichten und verdiente mir die ein oder andere Gummibärchen-Tüte hinzu.

Es ist so wichtig, Kinder in die wunderbare Welt der Bücher mitzunehmen. Egal in welcher Sprache sie geschrieben sind. Heutzutage gibt es zum Glück unzählige Möglichkeiten, an unterschiedlichste Bücher heranzukommen, das Netz macht es möglich. Und wenn man sie nicht kaufen kann, dann leiht man sie sich eben aus, das galt schon damals. Eines meiner liebsten Bücher war übrigens, neben der Buchserie »Geheimnis um ….« von Enid Blyton, ein Pferdebuch. Keines, in der Mädchen mit wallenden Haaren über Stoppelfelder ritten und sich im Pferdestall selbige gegenseitig ausreißen wollten. Sondern ein Sachbuch. Wie viel wiegt ein Pferd, welche Krankheiten kann es haben, welches Futter verträgt es besonders gut? Ich hatte schon immer einen Hang zu Fakten.

tagesthemen
und Sechser im Lotto

Sie kommt immer wieder, diese eine Frage. Wie kam es,
dass ich damals zu den tagesthemen gelangte? Auch der
Untertitel dieses Buches lautet: »Wie ich als Arbeiterkind
den Weg ins deutsche Fernsehen fand« – also: Ich hatte
knapp vier Stunden Zugfahrt vor mir. Beladen mit einem
großen Koffer, meiner Laptoptasche und Handtasche setzte
ich mich in ein Sechser-Abteil der Deutschen Bahn und
machte mich von Hamburg aus auf Richtung Frankfurt am
Main. Von dort sollte es nach einem kurzen Zwischenstopp
weitergehen nach Israel, Tel Aviv. Ich sollte an einer Jubi-
läumsreise der Bundeszentrale für politische Bildung teilnehmen. Mehrere Journalistinnen und Journalisten waren
eingeladen worden, um Israels Politik und Gesellschaft
besser verstehen zu lernen, Einblicke zu bekommen in den
nicht enden wollenden israelisch-palästinensischen Kon-
flikt, beide Seiten zu hören. Politikerinnen und Politiker zu
treffen, andere Journalistinnen und Journalisten, Schrift-
stellerinnen und Schriftsteller. Und die Gastfreundschaft
und Wärme dieses Landes zu erfahren. Es war meine erste
Reise nach Israel und meine erste mit der Bundeszentrale
für politische Bildung. Ich war voller Vorfreude und gut

ausgestattet mit Literatur über das spannende Land, die meine Zugfahrt gefühlt verkürzen sollte.

Der Zug fuhr und fuhr, ab und an stiegen Leute ein und Leute aus, eine gewöhnliche Bahnfahrt von Deutschlands Norden in den Süden. Doch diese Fahrt war keine gewöhnliche. Ich werde sie nie vergessen. Kaum hatte ich mich etwas in meine Bücher vertieft, wurde ich schon wieder rausgerissen. Mein Smartphone vibrierte, aber ich konnte es kaum nutzen, der Empfang brach immer wieder ab. Wer kennt es nicht: Deutsche Bahn und Handyempfang, das ist eine Story für sich. Gelegentlich erreichte mich eine Nachricht, als SMS. Doch schon beim Versuch zu antworten brach das Netz wieder zusammen und damit auch meine Kommunikation mit der Außenwelt. Ein Balken, vielleicht mal zwei. Höchststrafe für jemanden wie mich, der immer online und möglichst erreichbar sein will. Dann klingelte das Telefon. Ein Balken. »Anonym« stand auf dem Display. Auch das noch. Ich eilte aus dem Abteil in den Gang in der Hoffnung, einen Balken mehr auf dem Display zu bekommen.

»Pinar Atalay, hallo?!«

»Hallo Frau Atalay, hier ist Thomas Hinrichs.« Thomas Hinrichs. ARD-aktuell. tagesthemen. Mein Herz klopfte. Auf diesen Anruf hatte ich gewartet. Dieses Telefonat sollte darüber entscheiden, ob ich künftig die tagesthemen moderieren würde oder nicht. Der Zweite Chefredakteur, wir hatten uns Wochen zuvor zu einem Gespräch in der Sendezentrale in Hamburg getroffen. Es war unsere erste längere Begegnung. Bislang kannten wir uns eher von Veranstaltungen und einem kurzen Hallo auf dem Flur. Und aus dem Fernsehen. Ich ihn als tagesthemen-Kommentator. Er mich als Phoenix-Runden-Moderatorin und NDR-Nachrichtenmoderatorin.

Hinrichs hatte mich in sein Büro eingeladen, das zur Hälfte aus Fernsehbildschirmen bestand. In der Mitte stand ein Tisch mit mehreren blauen Sesseln drum herum, auf einem von ihnen nahm ich Platz. Ich war gespannt und vor allem neugierig, was er mir zu sagen hatte. Denn aus unserem kurzen Telefonat, dass dem Treffen vorausgegangen war, ließ sich nicht viel schließen. Dann die für mich überraschende News: Es wurde ein neues Gesicht für die tagesthemen gesucht. Und ich sollte es werden. Doch ganz so einfach war es nicht. Das Gespräch wurde zu einem »Grill-die-Pinar«, im besten Sinne. Ich wurde quasi inhaltlich auseinandergenommen. Wie schätzte ich mögliche Koalitionen vor der anstehenden Bundestagswahl ein? Was sagte ich zum Syrien-Konflikt? Und mit wie vielen Punkten führte eigentlich der FC Bayern München in der Fußball-Bundesliga vor den anderen Vereinen? Dazu muss man wissen, dass dies wohl die tückischste aller Fragen war, Hinrichs ist ein Hardcore-Bayernfan.

Eine gefühlte Ewigkeit saßen wir zusammen, er fragte, ich antwortete. Es war ein anstrengendes, aber genauso anregendes und spannendes Gespräch. Wir waren auf Augenhöhe. Danach fühlte ich mich allerdings, als sei ich fünfmal Karussell gefahren. Vorwärts und rückwärts und kopfüber. Nach der Aufregung, gerade erfahren zu haben, dass ich »auserwählt« worden war, diese große Aufgabe in der ARD zu übernehmen, fiel die Anspannung ab, gerade auf Herz und Nieren journalistisch durchleuchtet worden zu sein. Nun hieß es warten, wie die endgültige Entscheidung ausfallen würde. Nach dieser Begegnung gingen die Wochen ins Land. Ich wartete täglich auf den erlösenden Anruf.

Und so kann man sich vorstellen, wie es sich anfühlte,

nun ausgerechnet in einem Zug gefangen zu sein. Mit einem Balken Empfang! Thomas Hinrichs hat sicherlich in seiner ihm eigenen angenehmen, klugen Art wunderschön verpackt erklärt, dass ich den Job habe. Nur habe ich es kaum verstanden. »Si ... hab ... das ... gut ... hie ...« war so gut wie alles, was ich von dem abgehackten Telefonat aufnehmen konnte. Aber die wichtigste Botschaft kam an: Ich würde im kommenden Jahr zum tagesthemen-Team gehören. Bäm. Als ich aufgelegt hatte, musste ich mich erst einmal sammeln. Am liebsten hätte ich laut geschrien, vor Freude. Oder die Korken knallen lassen. Doch allein im Bordbistro auf mich selbst anzustoßen, kam mir dann doch schräg vor, und so freute ich mich erst einmal im Stillen. Der zweite Gedanke war: Ich will diese Nachricht sofort mit meinen Liebsten teilen! Es reichte für einen kurzen Austausch mit meinem Mann. »Ich ... tagest ... jaaaa«. Als ich Stunden später aus dem Zug stieg, holte ich die Freude nach, ich telefonierte und schrieb, bis mein Akku alle war.

Diesen Tag werde ich also nicht vergessen. Auch die Reaktionen der Mitreisenden nicht, die ich am nächsten Tag kurz vor dem Abflug nach Israel erstmals traf. Alle gratulierten mir, denn es war mittlerweile eine Pressemitteilung mit der tagesthemen-News rausgegangen und mein Telefon stand nicht still. Es war schön, die Freude mit Kolleginnen und Kollegen zu teilen, und so begann die Journalistenreise nach Israel noch besser, als gedacht.

Es sollten dann noch einige Wochen vergehen, bis ich das erste Mal aus dem ehrwürdigen Studio von tagesthemen und tagesschau auf Sendung gehen durfte. Das war noch das »alte« Studio, aus dem einst Ulrich Wickert und Anne Will, Sabine Christiansen und der unvergessliche Hanns Joachim Friedrichs gesendet hatten. Noch hinter einem Tisch, halb sitzend auf einem unsichtbaren Hocker. Es fühlte sie gut und richtig an, von hier aus jetzt selbst Millionen Zuschauerinnen und Zuschauer auf ihren Sofas begrüßen zu dürfen. Es war ein Freitagabend, der 07. März 2014. Ich war früher als nötig im Büro und wurde von meinen netten Kolleginnen mit einem Blumenstrauß und frisch gepresstem Orangensaft begrüßt.

Die tagesthemen beginnen bereits vormittags mit einer ersten Redaktionskonferenz, in der die Themen des Tages diskutiert werden, in der wir über mögliche Gesprächspartnerinnen und -partner beraten. Es waren für mich immer lange Tage voller Zeitungslektüre und Nachrichtengucken, Telefonate mit den Korrespondentinnen und Korrespondenten und weiteren Redaktionskonferenzen. Ich war für meine Moderationen selbst verantwortlich, und jedes Wort musste gut überlegt und abgewogen sein. Es konnte durchaus passieren, dass ich für einen Satz mehr als eine Stunde benötigte. Weil mir die Formulierung doch nicht passte, weil die Aktualität das gerade Geschriebene einholte oder der Beitrag des Reporters anders wurde, als gedacht. Es war herausfordernd und machte mir ungeheuer viel Spaß, Spracharbeiterin zu sein, die viele Informationen in einem kurzen Text zusammenfasst. Der dann den Zuschauerinnen und Zuschauern helfen soll, die Geschehnisse auf der Welt besser einordnen zu können. Vor allem Interviews bereitete ich sorgfältig vor, schließlich hatte ich es oft mit Interviewprofis wie gecoachten Politikerinnen und Politikern zu tun, die gerne mal einer Frage ausweichen. Es war also ein voller Tag der Recherche, des Abwägens, Einordnens, Verwerfens, bis die Sendung dann startete. »Guten Abend, meine Damen und Herren.« Das waren meine ersten Worte am 07. März 2014, meinem ersten tagesthemen-Tag.

Es folgten Berichte zum Streit um die Krim, mit Schalten zu unseren Korrespondenten in Simferopol und Moskau. Ein Beitrag über den damaligen europäischen Spitzenkandidaten Jean-Claude Juncker; es war das erste Mal, dass für die Europawahl Spitzenkandidaten aufgestellt worden waren. Und wir sendeten einen Film über den damaligen Bundespräsidenten Joachim Gauck, der nach dem Wehrmachtsmassaker 1943 in Griechenland, bei dem mehr als 80 Menschen ermordet wurden, um Entschuldigung bat.

Auch die nächsten Tage waren geprägt von Weltpolitik und den wichtigsten Themen des Tages in Deutschland. Ich führte ein Interview mit Frank-Walter Steinmeier, der damals noch Bundesaußenminister war. Und fragte Kardinal Reinhard Marx, der damals zum neuen Vorsitzenden der Deutschen Bischofskonferenz gewählt wurde, was er in der katholischen Kirche verändern wolle. Es war eine ungemein spannende Woche. Und seitdem gleicht kein Arbeitstag dem anderen. Jeden Tag aufs Neue lese ich mich in verschiedene Themen ein. Hinterfrage politische Prozesse, studiere wissenschaftliche Texte wie die Wirksamkeit von Impfstoffen. Recherchiere zu dem neuen Werk Frank Castorfs am Theater oder versuche nachzuvollziehen, warum die Viererkette der Fußball-Nationalmannschaft nicht gehalten hat.

Politik, Wirtschaft, Wissenschaft, Kunst, Kultur, Sport. Ich könnte das Feld noch größer aufziehen, mit dem ich mich jeden Tag beschäftige und bei dem ich jeden Tag aufs Neue etwas lerne. Das ist sowohl die herausfordernde als auch die wunderbare Seite dieses Berufs. Ich lerne nie aus, ich werde kaum Expertin in einem Thema sein, ich bin keine Facharbeiterin, sondern es geht um ein breites Wissen und vor allem darum, die Zusammenhänge zu verstehen. Gerade bei Interviews muss ich all das jederzeit spontan abrufen können. Ich bin also kein wandelndes Lexikon, aber ich habe in fast allen Bereichen das sogenannte gesunde journalistische Halbwissen, das mich neugierig und wissensdurstig bleiben lässt. Ich bin die Anwältin der Zuschauerinnen und Zuschauer, die die richtigen Fragen stellt und versucht zu helfen, die aktuellen Entwicklungen besser zu verstehen.

Gerade in unserer heutigen Zeit, in der alles immer schneller und komplexer wird, ist die Bedeutung von Nachrichtensendungen gestiegen. Ich will helfen, zu verstehen, was um uns herum und auf der Welt passiert. Denn in einer so eng verzahnten, globalisierten Welt prasseln im Minutentakt Informationen und Nachrichten auf uns ein. Schon lange nicht mehr nur über das Fernsehen, das Radio oder die Zeitung. Die sozialen Medien lassen uns nonstop teilhaben und verlangen jeder und jedem viel ab. Was auf der einen Seite wunderbar ist, haben doch mehr Menschen Zugang zu Informationen und können ihre Meinung sagen. Was aber auch gefährlich werden kann, da sich Falschmeldungen um ein Vielfaches schneller und weiter verbreiten als die Richtigstellung dieser falschen Information. Und da Menschen in höchsten Ämtern, wie der ehemalige US-Präsident Donald Trump, diese Online-Macht für sich und ihre Zwecke nutzen können und zu einer Gefahr werden. Daher weiß ich es zu schätzen, dass ich tagtäglich mit einer prominenten Sendung zur besten Sendezeit dazu beitragen kann, die Menschen in ihrer Meinungsbildung zu unterstützen. Mit meinem Handwerk. Dem Journalismus.

Dieser Job macht Dinge möglich, die ich mir nicht hätte vorstellen können. Meine Eltern sich sicher auch nicht. Hätte ich ihnen vor zehn Jahren erzählt, dass ich einmal den türkischen Ministerpräsidenten interviewen und ihm eine wichtige Nachricht entlocken würde, sie hätten mich wohl für übermütig gehalten. Doch so sollte es kommen. Ich sprach den türkischen Ministerpräsidenten, Binali Yildirim, in besonders angespannten Zeiten. Es wurde ein besonderes Interview, das für Schlagzeilen sorgte, politisches Gewicht hatte und am Ende zu einem Puzzleteil bei der Freilassung des Journalisten Deniz Yücel wurde. Ich hatte gerade eine Jurysitzung für den »Civis Medienpreis« in Wien beendet und wartete am Flughafen auf meinen Flieger nach Hamburg, als die Redaktion anrief. Es war Freitagnachmittag. Schon am Montag sollte ich in die Türkei fliegen, nach einem langen Hin und Her mit den Presseleuten der türkischen Regierung hatte der Ministerpräsident einem Interview für die tagesthemen zugestimmt. Immer wieder hatten wir den Präsidenten Recep Tayyip Erdoğan und den damaligen Ministerpräsidenten Binali Yıldırım angefragt für ein Gespräch. Immer wieder hatte es Absagen gegeben, diesmal sollte es also klappen, und zwar sehr kurzfristig, unsere Vehemenz hatte sich ausgezahlt.

Es war Februar 2018. Zwischen Deutschland und der Türkei herrschte Krisenstimmung. Vor allem, weil der deutsche Journalist mit türkischen Wurzeln, Deniz Yücel, seinerzeit Türkeikorrespondent der Zeitung *Die Welt*, seit fast einem Jahr hinter Gittern saß. Weil er schlichtweg seinen Job gemacht hatte, er hatte kritische Fragen gestellt und pointierte Texte über Erdoğan und die Regierung geschrieben. Für das Ausüben journalistischer Arbeit landete er also im Gefängnis, saß die meiste Zeit in Einzelhaft und wurde gefoltert. In Deutschland startete eine einzigartige Solidaritätsaktion, mit Autokorsos und Zeitungsanzeigen, mit Lesungen und einer Social-Media-Kampagne.

»Free Deniz«, das ganze Land sorgte sich um das Schicksal des Journalisten. Der Druck auf die deutsche Politik wurde immer größer. Warum kam er nicht frei, warum halfen offensichtlich die diplomatischen Verhandlungen nicht, Deniz Yücel aus dem Hochsicherheitsgefängnis Silivri rauszukriegen? Immer wenn die türkische Regierung mit den Vorwürfen konfrontiert wurde, hieß es: Wir haben eine unabhängige Justiz, die Richter werden entscheiden. Doch es passierte nichts, keine Anklageschrift, kein Verfahren. Nur Knast. Dass die türkische Justiz tatsächlich unabhängig entscheiden würde, daran glaubten viele nicht.

Der deutsche Journalist war nicht der Einzige, der im Gefängnis saß. So viele bekannte türkische Journalistinnen und Journalisten wurden verhaftet, weil sie über die Regierung und den Präsidenten Berichte brachten, die diesen nicht passten. Unzählige türkische Oppositionelle, kritische Bürgerinnen und Bürger und, nicht zu vergessen, der Mäzen Osman sitzen hinter Gittern, heute noch. Nun sollte also ich, eine deutsche Journalistin, die in der Türkei durchaus wahrgenommen wird und selbst türkische Wurzeln hat, die Regierung mit all diesen Vorwürfen konfrontieren, persönlich in einem Eins-zu-eins-Gespräch und dazu in der Türkei.

Es gab nicht wenige, die sich sorgten, ob das so eine gute Idee war. Wie gesagt, wegen klitzekleiner kritischer Anmerkungen oder eines Likes in den sozialen Medien oder wegen eines verfassten Zeitungsartikels, der in Deutschland erschienen war, konnte man bereits zum Feind erklärt werden. Und dass das Interview mit dem türkischen Regierungschef genau beobachtet würde, von allen Seiten, das stand außer Zweifel. Dass ich es kritisch führen würde, so wie es sich für ein Interview, zumal eines mit einem Politiker, gehört, ohnehin.

Ich musste allerdings nicht lange nachdenken, ob ich dieses Risiko eingehen würde, ich machte einfach meinen Job. So flog ich also gemeinsam mit meiner Kollegin, einer leitenden Redakteurin der tagesthemen, an einem Montagmorgen nach Istanbul. Übrigens gemeinsam mit meiner Tochter, sie war noch sehr klein und ich verreiste nie ohne sie. Mein Mann sollte uns in Istanbul unterstützen, zum Interview selbst konnte ich eine Einjährige wohl kaum mitnehmen. Ich war auf eine Weise angespannt, wir hatten wenig Zeit, das Interview vorzubereiten, und nach der Ankunft in Istanbul sollten wir noch eine lange Weiterreise vor uns haben. Der Türkeikorrespondent der ARD, Oliver Mayer-Rüth, war eine große Stütze, und so trafen wir uns nach der Ankunft in dem Istanbuler ARD-Studio, um das Gespräch mit dem Ministerpräsidenten vorzubereiten. Schnell war klar, es sollte in erster Linie um die Beziehungen zu Deutschland gehen, die an einem Tiefpunkt angekommen waren. Das lag vor allem daran, dass Deniz Yücel noch immer im Gefängnis saß. Bis in die Nacht hinein bereitete ich das Gespräch sorgfältig vor, durchdachte immer wieder, wo Fallstricke sein könnten. War fest davon überzeugt, das Binali Yıldırım, wie so oft, kaum Stellung zu der Verhaftung nehmen und immer wieder auf die Justiz verweisen würde.

Doch es sollte anders kommen. Früh am Morgen, der Muezzin hatte noch nicht zum Morgengebet gerufen, saß ich bereits mit meiner Kollegin und meinem Kollegen im Auto, um zum Flughafen zu fahren. Wir mussten von der europäischen Seite in Taksim auf die asiatische zum Flughafen Sabiha Gökçen kommen, was in Istanbul sehr lange dauern kann. Bis zum Zielort hatten wir einen achtstündigen Trip vor uns, denn der Ministerpräsident wollte uns in Erzincan treffen, dort war er zeitweise Abgeordneter und dort sollte er am selben Tag ein neues Presse- und Informationsamt eröffnen. Welch Ironie, dachte ich.

Von Istanbul aus ging es mit dem Flugzeug erst zum Flughafen Erzurum, einem verschneiten Städtchen im Osten der Türkei, von wo aus wir mit mehreren Wagen über die glatten Straßen rasten und zu einem anderen Flughafen gebracht wurden, an dem Yildirim landen sollte und wo das Interview geplant war. Nach der langen Reise begann das lange Warten, die Stunden vergingen, wir hatten alle kaum geschlafen, und ich war damit beschäftigt, die neuesten Nachrichten aus der Türkei zu verfolgen und bei türkischem Tee und Börek wach genug zu bleiben, um in dieses wichtige Interview zu starten. Doch, und das ist nicht nur türkischen Politikern vorbehalten, verschob sich das Gespräch weiter nach hinten und es stand sogar kurz davor, auf den nächsten Tag verschoben zu werden. Was für uns absolut nicht machbar war. Es ist der Beharrlichkeit Oliver Mayer-Rüths zu verdanken, dass wir das Gespräch doch noch führen konnten. Allerdings wurde es kurzfristig vom Flughafen in das neue Presse- und Informationsamt verlegt, offensichtlich schien das Umfeld dann doch attraktiver, und der Ministerpräsident war ohnehin mittlerweile dort.

Also bauten wir die Kameras wieder ab, fuhren so schnell es ging zu dem neuen Interview-Ort, um dort wieder zu warten. Ich denke, es war noch nicht mal Taktik, der Zeitplan schien durcheinander. Und doch hätte das lange Warten, das Hin und Her, mich mürbe machen können. Dann ging auf einmal alles ganz schnell. Der Ministerpräsident sollte sofort interviewt werden, und auch uns saß die Zeit im Nacken. Wir mussten den letzten Flug nach Istanbul erwischen, die Aufnahme musste schnell aus dem ARD-Studio Istanbul zu ARD-aktuell in Hamburg überspielt werden, um dann in den tagesthemen ausgestrahlt zu werden.

Es blieben etwa anderthalb Stunden, meine Anspannung stieg. Ich war bereits seit 13 Stunden auf den Beinen, hatte eine lange Reise hinter und das Wichtigste noch vor mir. Der türkische Ministerpräsident kam zu uns in den Raum, er begrüßte mich freundlich und machte nicht den Eindruck, es eilig zu haben. Umgeben von seinen Beratern und Mitarbeitern nahm er mir gegenüber Platz, stellte kurz fest, dass ich ja durchaus gut Türkisch sprechen würde, und platzierte ein paar Zeitungen neben sich auf dem Boden. Er lächelte viel, vielleicht dachte er sich, es käme jetzt ein nettes Gespräch mit einer türkischstämmigen jungen Frau. Schließlich passte ihm der Zeitpunkt des Interviews durchaus gut, er sollte zwei Tage später nach Deutschland reisen, um auf der Münchener Sicherheitskonferenz über die deutsch-türkischen Beziehungen zu sprechen. Er wollte wohl Optimismus und Stärke ausstrahlen. Da kam es ihm gelegen, jetzt schon mal damit anzufangen.

»Seit genau einem Jahr ist Deniz Yücel im Gefängnis. Wann kommt er frei?«, lautete meine erste Frage.

»Das entscheide nicht ich, die Gerichte entscheiden das. Ich hoffe, dass er in kurzer Zeit freigelassen wird. Ich bin der Meinung, dass es in kurzer Zeit eine Entwicklung geben wird.«

Meine Überraschung über diese Aussage des Ministerpräsidenten merkte man mir an, ich vermischte Türkisch und Deutsch, ich fragte »niye«, also »warum«, ich wollte wissen, wie er zu dieser Annahme kam, wenn doch die

Gerichte entschieden und nicht er. Mir flog ein kaum merkliches Lächeln über das Gesicht, ich musste mich sammeln und Worte finden. Hatte ich richtig verstanden? Ich hatte mit allem gerechnet, aber dass er mir quasi sagen würde, Yücel käme bald frei? Diese Möglichkeit hatte ich durchaus durchdacht, ich spiele meine Interviews immer auf mögliche Antworten durch. Aber ich hatte es für sehr unwahrscheinlich gehalten, dass er so antworten würde. Nach einem Jahr, in dem sich so wenig bewegt hatte und die türkische Regierung immer wieder jede Verantwortung von sich wies, saß mir nun also der Regierungschef der Türkei gegenüber und machte Hoffnung, dass Yücel bald aus der Gefangenschaft entlassen werden würde.

Das Interview machte überall Schlagzeilen. Der Rest des Gesprächs, es sollte ein Schlagabtausch werden, in dem der Ministerpräsident immer weniger lächelte und ich ebenso, drehte sich noch weiter um die Verhaftung des Journalisten, um die Meinungsfreiheit und die deutsch-türkischen Beziehungen. Aber die wichtigste Nachricht, das Yücel offensichtlich freikommen sollte, erreichte den Journalisten auch selbst. In seiner Zelle im Hochsicherheitsgefängnis Silivri. Und wenige Tage später, am 16. Februar 2018, war er auf freiem Fuß. Ich habe mich später für meine ARD-Dokumentation über Deniz Yücel »Die Story im Ersten – Wenn Pressefreiheit im Gefängnis landet« lange mit Deniz über diesen Moment unterhalten können. Diese Aussage des Ministerpräsidenten gegenüber einer Journalistin der ARD, sie hatte damals Gewicht, und sie war ein Puzzleteil in der Freilassung des Journalisten.

Erleichtert über den Ausgang des Gesprächs, aber noch immer angespannt ob der Tatsache, dass wir möglicherweise unseren Flug verpassen würden, verließen wir so schnell es ging das Presse- und Informationsamt, um zum Flughafen zu kommen. Diese 30 Minuten bis zum Check-in des Flughafens Erzincan, ich werde sie nicht vergessen. Da nun mal der Regierungschef der Türkei da war, wurde das Gebiet rund um das Zentrum hermetisch abgeriegelt. Die Fahrzeuge der Männer, die uns zum Flughafen bringen sollten, waren zugeparkt. Solange der Ministerpräsident selbst das Zentrum nicht verlassen hatte, solange sollte sich auch nichts tun, aus Sicherheitsgründen. Ich konnte es nicht fassen, wir hatten alles im Kasten, wir hatten es geschafft, diese wichtige Aussage auf Band zu haben, und nun sollte es an der Fahrt zum Flughafen scheitern?

Da kam mir mein Türkisch zugute. Ich rannte zu einer Gruppe Polizisten und bat sie völlig außer Atem, uns zu helfen. Es waren nette, junge Männer, die nicht wussten, wer wir sind, die einfach nur abgestellt waren, das Areal zu sichern. Sie rannten voraus und brachten uns zu einem Taxistand, den wir auf die Schnelle selbst kaum gefunden hätten. Völlig außer Puste packten die Kolleginnen und Kollegen unser Kamera-Equipment, das übrigens verdammt schwer ist, in den Kofferraum und wir fuhren los. Richtung Flughafen, Richtung Istanbul.

Am nächsten Tag trafen wir uns wieder im Istanbuler ARD-Studio, um das Material, das wir gedreht hatten, zu verschicken. Es sollte noch am selben Abend in den tagesthemen gesendet werden. Wenig später reisten wir ab. Als ich im Flugzeug saß und wir diese faszinierende Metropole Istanbul überflogen, mit ihren Schiffen auf dem Bosporus, den Millionen Häusern dicht an dicht, diesen vollen Straßen und historischen Moscheen, erfasste mich Wehmut und die Hoffnung, das Deniz Yücel schon bald den gleichen Blick auf diese Stadt werfen würde. Als ich zwei Tage später las, er sei am Berliner Flughafen gelandet, nach einem Jahr in Haft, fiel mir ein Stein vom Herzen, ein großer.

Später drehte ich dann also über Deniz Yücel und die, die an seinem Fall und der Freilassung beteiligt waren, eine Fernsehdokumentation für »Das Erste«. Es war eine Geschichte, die mich nicht so schnell losließ, und es war mir wichtig, sie ausführlich zu betrachten und zu erzählen. Und es ist mir auch etwas ganz Handfestes geblieben von dem Interview mit dem damaligen Ministerpräsidenten Yıldırım. Sein Pressesprecher schenkte mir zum Abschied ein großes buntes Seidentuch, das man sicher, wenn man wollte, auch als Kopftuch nutzen könnte. Fein säuberlich zusammengefaltet und verpackt in einem hellbeigen Karton mit der Aufschrift »Türkiye Basbakaanliği«, also ein Geschenk des türkischen Ministerpräsidenten. Mittlerweile ein Relikt, das ich im Wohnzimmerschrank aufbewahre. Denn wenige Zeit später wurde das Amt des Ministerpräsidenten in der Türkei abgeschafft. Von Präsident Recep Tayyip Erdoğan, der damit noch mächtiger wurde. Und damit war Binali Yıldırım Geschichte.

Fazit

Was ist es, das mich diesen ganzen Weg hat gehen lassen? Den Weg zur Nachrichtenjournalistin und Moderatorin. Zum NDR, zur ARD, zu RTL. Das mir Welten und Möglichkeiten eröffnet hat, von denen ich nicht gewagt hätte, zu träumen. Das es mir erlaubt, diesen wichtigen Job auszuüben, etwas zu bewegen, Menschen zu informieren, ihnen bei ihrer Meinungsbildung über die Geschehnisse auf der Welt zu helfen. Welche Faktoren kamen zusammen, dass aus einem Mädchen vom Dorf, dessen Eltern einst aus der Türkei nach Deutschland kamen, als fleißige Arbeiter ohne besondere eigene Schulbildung, eine Journalistin und Moderatorin wurde, die eine ehrwürdige Sendung wie die tagesthemen moderieren und beim ersten Triell im Bundestags-Wahlkampf 2021 die KanzlerkandidatInnen befragen würde?

Vielleicht muss man diese Frage gar nicht stellen, vielleicht kann man es einfach so hinnehmen, wie man es auch bei anderen ungefragt hinnimmt. Mit der Erklärung, dass er oder sie eben Glück hatte und Talent. Der Vermutung, dass der- oder diejenige gut ausgebildet und gefördert eben die besten Chancen hatte, mal einen solchen Job auszuüben. Dass er oder sie sein Bestes gab und gibt und es die logische Konsequenz war.

Mir wird diese Frage aber immer wieder gestellt. Bei mir ist es nicht so einfach, und das liegt auch daran, dass die Außensicht eine andere ist. Man hätte es dem Kind aus dem Dorf, aus dem bildungsfernen, türkischen Arbeiterhaushalt nicht zugetraut, und noch immer ist es besonders und fällt auf. Da diese Geschichten noch selten sind. Es war eher kein privilegiertes Leben für mich vorgesehen. Ich wäre vielleicht nicht unglücklicher geworden, das Leben kann so oder so verlaufen und zufrieden machen. Doch ich wollte in diesem Beruf sein, ich wollte etwas bewegen, die Welt sehen und sie verstehen. Politische Zusammenhänge erkennen und analysieren, das Schwere und das Leichte auf der Welt kennenlernen und darüber diskutieren. Ja, es gehört Interesse dazu, auch Talent und Ausdauer, ein gesunder Ehrgeiz und ab und an auch der richtige Schachzug.

Ich war mir nie für etwas zu schade und versuche immer, so gut es geht an mich zu glauben. Aber es gehört bei Menschen wie mir meist noch mehr dazu. Eltern, die einen besonders fördern, die über ihren Schatten springen und ihre Kinder herauswachsen lassen aus dem eigenen, gewohnten Umfeld. Das wurde in den vielen Interviews, die ich für dieses Buch geführt habe, deutlich, die Eltern spielten bei allen eine wichtige Rolle. Wenn die Eltern aber selbst nicht die Kraft haben, ihre Kinder zu unterstützen, sie zu bestärken und trotz geringer finanzieller Mittel zu fördern, dann muss ein »System« greifen. Es braucht Hilfe von außen, von der Schule, vom Staat, von Ehrenamtlichen und Organisationen. Lehrerinnen und Lehrer, die Talente der Kinder entdecken und nicht auf Noten starren, sind unabdingbar. Die vorurteilsfrei auch dem Kind anderer Herkunft oder dem armen Kind die Chance eröffnen, eine gute Schullaufbahn hinzulegen, da hätten sich manche meiner Gesprächspartnerinnen und -partner mehr Unterstützung gewünscht. Politikerinnen und Politiker, die sich genau dafür einsetzen, die es nicht nur bei gut gemeinten Worten belassen, sondern Taten folgen lassen und dafür auch ordentlich Geld in die Hand nehmen, sie sind immens wichtig. Wohlwissend, dass es nicht immer der politischen Agenda entspricht und bei manchen Wählerinnen und Wählern nicht gut ankommen wird. Ich habe drei dieser Politiker und Politikerinnen gesprochen, die etwas verändern können und auch wollen. Der Staat hat die Mittel, durch Förderung von Ganztagsschulen, den Ausbau von Kitas und durch außerschulische Angebote in Sport und Kultur allen Kindern Bildung zu ermöglichen.

Es braucht außerdem Chefinnen und Chefs in den Unternehmen, auch in den staatlichen Behörden oder eben dem öffentlich-rechtlichen Rundfunk und dem privaten Sektor, die unabhängig von den Leistungen auf dem Papier, unabhängig vom Geschlecht oder der Herkunft Talente erkennen und fördern. Die mutig genug sind, Mitarbeiterinnen und Mitarbeiter in Positionen zu bringen, die ihnen bislang verwehrt blieben, weil sie dafür nicht vorgesehen waren. Die sich trauen, vom Üblichen abzuweichen und Seilschaften zu entwirren – dass es geht, ließ sich durch mein Gespräch mit dem NDR-Chefredakteur gut erkennen.

Und es braucht Menschen, die ihre Stimme erheben und ihre persönliche Geschichte erzählen, mit den dazugehörenden Niederlagen und Erfolgen, so wie sie es in diesem Buch getan haben. Die Frage, wie wir mit Vielfalt in Deutschland umgehen, ob wir wirklich Chancengerechtigkeit wollen, diese Frage sollten wir uns als Gesellschaft stellen. Denn sie betrifft, auch wenn manche es nicht wahrhaben wollen, letztendlich uns alle. Macht sie doch die Leistungsfähigkeit, die Stabilität und Zufriedenheit in einer Gesellschaft mit aus. Wie weit wir schon sind und dass es nicht um Einzelschicksale geht, zeigen die vielen Gespräche, die ich für dieses Buch geführt habe. Es sind, wie ich finde, Mut machende Frauen und Männer, die sich offen und analytisch mit ihrer eigenen Lebensgeschichte auseinandersetzen und gleichzeitig gesellschaftliche und politische Veränderungen bewegen können. An ihren Geschichten lässt sich die komplexe Multikausalität erkennen, was dazu dienen kann, Strukturen zu überdenken und zu verändern.

Meine eigene Geschichte soll ihren Beitrag dazu leisten, meine individuelle Auseinandersetzung mit Chancengleichheit und Gerechtigkeit, mit Bildungsaufstieg und Herkunft. All das hat mich immer begleitet, mehr oder weniger freiwillig, und wird mich immer weiter begleiten. Und ich werde nie aus der Opferperspektive darauf blicken, sondern mit den Möglichkeiten, die sich daraus ergeben, versuchen, Veränderungen anzustoßen. Dabei geht es mir nicht darum, den Eindruck zu erwecken, als hätte ich die Weisheit mit Löffeln gefressen. Ich möchte zum Nachdenken anregen, denn es wird in den kommenden Jahren, verschärft durch die Corona-Pandemie, viel zu tun geben in diesem Land.

Es wird schmerzlich und anstrengend werden, aber auch hoffnungsvoll und hoffnungsfroh. Wenn jeder und jede daran teilhaben kann, die Gesellschaft zu stärken, kann dies nur eine Bereicherung sein. So wie dieses Buch in der Debatte um Aufsteiger, Chancen und Herkunft ein Beitrag sein soll, der etwas bewegen kann. Der zum Nachdenken und Umdenken anregt. Der aus meinem Gefühl entstand, etwas beitragen zu wollen, als eine, der vieles nicht in die Wiege gelegt wurde. Die anderen aber vielleicht Mut machen kann, ebenso den eigenen Weg zu gehen, ohne nur Hindernisse zu sehen. Die helfen kann, dass Menschen an sich glauben. Und die die Privilegierteren und Menschen mit Macht ermuntert, das eigene Handeln zu hinterfragen und Chancen zu geben. Weil es sich lohnt. Als eine, die weiß – und da wiederhole ich mich gern: Schwimmen muss man selbst.

Und das noch: Wie Sie sicher gemerkt haben, sind mein Leben und mein Werdegang immer für eine Überraschung gut. Nachdem ich im Herbst 2020 mit diesem Buch begonnen und es im Frühling 2021 eigentlich fertig geschrieben hatte, passierte etwas, mit dem auch ich nicht gerechnet hatte. Ich bekam ein Angebot von der Mediengruppe RTL, das ich bekanntlich nicht ausgeschlagen habe. Im August 2021 begann also ein neues Kapitel in meinem beruflichen Leben, nach mehr als 15 Jahren im NDR und mehr als 7 Jahren bei den tagesthemen. Die spannende Aufgabe als Topjournalistin bei RTL, als Nachrichtenmoderatorin und politische Journalistin bei Europas größtem privaten Fernsehsender, sie ist der nächste Schritt, den ich voller Freude gehe. Es war eine besondere Zeit in der ARD, für die ich dankbar bin. Jetzt in zentraler Rolle die journalistischen Stärken des Senders RTL weiter ausbauen zu können, mitzugestalten, während dieses spannenden Umbruchs auf dem TV-Markt, ist genauso besonders und erfüllt mich auch mit Dankbarkeit. Vor allem das erste Triell mit den KanzlerkandidatInnen im Superwahljahr 2021, in dem ich also wieder auf Armin Laschet treffen sollte, ist ein Kapitel für sich.

Wieder einmal taten sich aus dem Nichts Chancen auf, die ich dann nutzte. Man entwickelt sich weiter, man muss sich nicht immer neu erfinden, aber nach vorne gehen, und das habe ich getan. Was bleibt, ist meine Leidenschaft für meinen Beruf und meine neu entdeckte Freude am Schreiben. Und so war es mir doch wichtig, zumindest noch ein paar Zeilen hinzuzufügen, auch wenn das Buch eigentlich schon abgegeben war und auf den Druck wartete. So ist das manchmal im Leben, unverhofft kommt oft. Und so schwimme ich weiter.

Literatur und Quellen

Zu den Plänen von Helmut Kohl zum Umgang mit »türkischen Gastarbeitern«:
Thatcher-Protokoll (Akte PREM19/1036), zitiert in Claus Hecking: »Kohl wollte offenbar jeden zweiten Türken loswerden«, *Spiegel*, 1.8.2013.

Zum Thema Medien und Diversität:
»Viel Wille, kein Weg. Diversity im deutschen Journalismus. Eine Recherche über interkulturell vielfältiges Medienpersonal in deutschen Redaktionen und die Ansichten von Führungskräften im Journalismus zu Diversity in den Medien«, *Neue Deutsche Medienmacher*, Mai 2020.
Fabian Goldmann: »Corona macht deutsche Polit-Talkshows noch weniger divers«, *Übermedien*, 15. Juli 2020.
Thomas Hestermann: »Berichterstattung über Eingewanderte und Geflüchtete: Die Unsichtbaren. Eine Expertise für den Mediendienst Integration«, Juli 2020.

Zum Themenkomplex sozioökonomischer Status und Bildungschancen:
Zur Copsy Studie (Corona und Psyche) des Universitätsklinikums Hamburg-Eppendorf: www.uke.de/copsy
»Jedes fünfte Kita-Kind spricht zu Hause kaum Deutsch«, 5.9.2020 (abgerufen bei zdf.de)

Zum Hochschulbildungsreport 2020 des Stifterverbandes siehe www.stifterverband.org

www.arbeiterkind.de

Hanna Dumont/Kai Maaz/Marko Neumann/Michael Becker: »Soziale Ungleichheiten beim Übergang von der Grundschule in die Sekundarstufe I, in: *Zeitschrift für Erziehungswissenschaft* 17 (2014) Suppl.24, S. 141–165 (abrufbar unter www.pedocs.de)

Jutta Allmendinger: »Fünf schädliche Bildungsmythen«, *Süddeutsche Zeitung*, 3.8.2019.

»Bildungsexpansion und Bildungschancen«, *Bundeszentrale für politische Bildung*, Nr. 324/2014 (abrufbar unter www.bpb.de)

Statistik von Matthias Janson zur Studienentscheidung zitiert in: »Wenn die Eltern nicht studiert haben«, *FAZ*, 28.9.2020.

Weitere Literatur:

Aladin El-Mafaalani: *Das Integrationsparadox: Warum gelungene Integration zu mehr Konflikten führt*, Köln 2018.

Armin Laschet: *Die Aufsteiger-Republik. Zuwanderung als Chance*, Köln 2009.

Deniz Ohde: *Streulicht. Roman*, Berlin 2020.

Hans-Dieter Schütt: *Andreas Dresen: Glücks Spiel*, Berlin 2013.

Düzen Tekkal: *#GermanDream. Wie wir ein besseres Deutschland schaffen*, Berlin 2020.

Aminata Touré: *Wir können mehr sein. Die Macht der Vielfalt*, Berlin 2021.

Penguin Random House Verlagsgruppe FSC® N001967

1. Auflage
Copyright © 2021 Penguin Verlag
in der Penguin Random House Verlagsgruppe GmbH,
Neumarkter Str. 28, 81673 München

Umschlaggestaltung: Favoritbuero, München
Umschlagabbildung: Frank P. Wartenberg
Satz: Vornehm Mediengestaltung GmbH, München
Druck und Bindung: GGP Media GmbH, Pößneck
Printed in Germany
ISBN 978-3-328-60201-9
www.penguin-verlag.de